特別支援学校学習指導要領解説

聴覚障害者専門教科編（高等部）

平成 31 年 2 月

文部科学省

ま え が き

　文部科学省では，平成31年２月４日に学校教育法施行規則の一部改正と特別支援学校の高等部学習指導要領の改訂を行った。新特別支援学校学習指導要領等は，高等学校の新学習指導要領等の実施時期に合わせて，平成34年度から，年次進行で実施することとし，平成30年度から一部を移行措置として先行して実施することとしている。

　今回の改訂は，平成28年12月の中央教育審議会答申を踏まえ，

①　教育基本法，学校教育法などを踏まえ，これまでの我が国の学校教育の実績や蓄積を生かし，子供たちが未来社会を切り拓くための資質・能力を一層確実に育成することを目指すこと。その際，子供たちに求められる資質・能力とは何かを社会と共有し，連携する「社会に開かれた教育課程」を重視すること。

②　知識及び技能の習得と思考力，判断力，表現力等の育成のバランスを重視する平成20年改訂の学習指導要領等の枠組みや教育内容を維持した上で，知識の理解の質を更に高め，確かな学力を育成すること。

③　先行する特別教科化など道徳教育の充実や体験活動の重視，体育・健康に関する指導の充実により，豊かな心や健やかな体を育成すること。

を基本的なねらいとして行った。

　本書は，大綱的な基準である学習指導要領等の記述の意味や解釈などの詳細について説明するために，文部科学省が作成するものであり，特別支援学校高等部学習指導要領の総則，各教科，自立活動等について，その改善の趣旨や内容を解説している。

　各学校においては，本書を御活用いただき，学習指導要領等についての理解を深め，創意工夫を生かした特色ある教育課程を編成・実施されるようお願いしたい。

　本書は，編集協力者の協力を得て編集した。本書の作成に御協力くださった各位に対し，心から感謝の意を表する次第である。

　　平成31年２月

文部科学省初等中等教育局長

永 山 賀 久

目　次（聴覚障害者専門教科編）

● 付録
　● 付録1：参考法令

全 体 目 次

全編共通

総則等編

視覚障害者専門教科編

第1編

総　説

第1章　改訂の経緯及び基本方針

第1節　改訂の経緯

　今の子供たちやこれから誕生する子供たちが，成人して社会で活躍する頃には，我が国は厳しい挑戦の時代を迎えていると予想される。生産年齢人口の減少，グローバル化の進展や絶え間ない技術革新等により，社会構造や雇用環境は大きく，また急速に変化しており，予測が困難な時代となっている。また，急激な少子高齢化が進む中で成熟社会を迎えた我が国にあっては，一人一人が持続可能な社会の担い手として，その多様性を原動力とし，質的な豊かさを伴った個人と社会の成長につながる新たな価値を生み出していくことが期待される。

　こうした変化の一つとして，進化した人工知能（AI）が様々な判断を行ったり，身近な物の働きがインターネット経由で最適化されたりするIoTが広がるなど，Society5.0とも呼ばれる新たな時代の到来が，社会や生活を大きく変えていくとの予測もなされている。また，情報化やグローバル化が進展する社会においては，多様な事象が複雑さを増し，変化の先行きを見通すことが一層難しくなってきている。そうした予測困難な時代を迎える中で，選挙権年齢が引き下げられ，さらに令和4年度からは成年年齢が18歳へと引き下げられることに伴い，高校生にとって政治や社会は一層身近なものとなるとともに，自ら考え，積極的に国家や社会の形成に参画する環境が整いつつある。

　このような時代にあって，学校教育には，子供たちが様々な変化に積極的に向き合い，他者と協働して課題を解決していくことや，様々な情報を見極め，知識の概念的な理解を実現し，情報を再構成するなどして新たな価値につなげていくこと，複雑な状況変化の中で目的を再構築することができるようにすることが求められている。

　このことは，本来我が国の学校教育が大切にしてきたことであるものの，教師の世代交代が進むと同時に，学校内における教師の世代間のバランスが変化し，教育に関わる様々な経験や知見をどのように継承していくかが課題となり，子供たちを取り巻く環境の変化により学校が抱える課題も複雑化・困難化する中で，これまでどおり学校の工夫だけにその実現を委ねることは困難になってきている。

　また，障害のある子供たちをめぐる動向として，近年は特別支援学校だけではなく幼稚園や小学校，中学校及び高等学校等において発達障害を含めた障害のある子供が学んでおり，特別支援教育の対象となる子供の数は増加傾向にある。そのような中，我が国は，平成19年に「障害者の権利に関する条約（平成18年国

連総会で採択）」に署名し，平成26年にこれを批准した。同条約では，人間の多様性の尊重等を強化し，障害のある者がその能力等を最大限に発達させ，社会に効果的に参加することを可能とするため，障害のある者と障害のない者とが共に学ぶ仕組みとしての「インクルーシブ教育システム」の理念が提唱された。こうした状況に鑑み，同条約の署名から批准に至る過程においては，平成23年の障害者基本法の改正，平成25年の就学先決定に関する学校教育法施行令の改正，平成25年の障害を理由とする差別の解消の推進に関する法律の制定（平成28年施行）など，教育分野を含め，同条約の趣旨を踏まえた様々な大きな制度改正がなされたところである。

　特に，教育分野では，上述の学校教育法施行令の改正のほか，平成22年7月に中央教育審議会初等中等教育分科会の下に「特別支援教育の在り方に関する特別委員会」を設置し，同条約に示された教育の理念を実現するための特別支援教育の在り方について審議を行った。そして，平成24年7月に「共生社会の形成に向けたインクルーシブ教育システム構築のための特別支援教育の推進（報告）」が取りまとめられた。この報告では，インクルーシブ教育システムを構築するためには，最も本質的な視点として，「それぞれの子どもが，授業内容が分かり学習活動に参加している実感・達成感を持ちながら，充実した時間を過ごしつつ，生きる力を身に付けていけるかどうか」とした上で，障害のある者とない者とが同じ場で共に学ぶことを追求するとともに，個別の教育的ニーズのある子供に対し，自立と社会参加を見据え，その時々で教育的ニーズに最も的確に応える指導を提供できる，多様で柔軟な仕組みを整備することが重要であるとしている。その際，小・中学校等の通常の学級，通級による指導及び特別支援学級や，特別支援学校といった，子供たちの多様な教育的ニーズに対応できる連続性のある「多様な学びの場」において，子供一人一人の十分な学びを確保していくことが重要であると報告は指摘している。

　このように，障害者の権利に関する条約に掲げられたインクルーシブ教育システムの構築を目指し，特別支援教育を更に推進していくために，大きな制度改正がなされたところである。

　こうした状況の下で，平成26年11月には，文部科学大臣から新しい時代にふさわしい学習指導要領等の在り方について中央教育審議会に諮問を行った。中央教育審議会においては，2年1か月にわたる審議の末，平成28年12月21日に「幼稚園，小学校，中学校，高等学校及び特別支援学校の学習指導要領等の改善及び必要な方策等について（答申）」（以下「平成28年12月の中央教育審議会答申」という。）を示した。

　平成28年12月の中央教育審議会答申においては，"よりよい学校教育を通じてよりよい社会を創る"という目標を学校と社会が共有し，連携・協働しなが

ら，新しい時代に求められる資質・能力を子供たちに育む「社会に開かれた教育課程」の実現を目指し，学習指導要領等が，学校，家庭，地域の関係者が幅広く共有し活用できる「学びの地図」としての役割を果たすことができるよう，次の6点にわたってその枠組みを改善するとともに，各学校において教育課程を軸に学校教育の改善・充実の好循環を生み出す「カリキュラム・マネジメント」の実現を目指すことなどが求められた。

① 「何ができるようになるか」（育成を目指す資質・能力）

② 「何を学ぶか」（教科等を学ぶ意義と，教科等間・学校段階間のつながりを踏まえた教育課程の編成）

③ 「どのように学ぶか」（各教科等の指導計画の作成と実施，学習・指導の改善・充実）

④ 「子供一人一人の発達をどのように支援するか」（子供の発達を踏まえた指導）

⑤ 「何が身に付いたか」（学習評価の充実）

⑥ 「実施するために何が必要か」（学習指導要領等の理念を実現するために必要な方策）

これらに加えて，特別支援教育に関しては，

① インクルーシブ教育システム構築のための特別支援教育の推進

② 子供の障害の重度・重複化，多様化

③ 社会の急速な変化と卒業後を見据えた教育課程の在り方

などに対応し，障害のある子供一人一人の教育的ニーズに対応した適切な指導や必要な支援を通して，自立と社会参加に向けて育成を目指す資質・能力を身に付けていくことができるようにする観点から，教育課程の基準の改善を図ることが示されている。

これを踏まえ，文部科学省においては，平成29年3月31日に幼稚園教育要領，小学校学習指導要領及び中学校学習指導要領を，同年4月28日に特別支援学校幼稚部教育要領及び小学部・中学部学習指導要領を，平成30年3月30日に高等学校学習指導要領を公示した。

特別支援学校高等部については，平成31年2月4日に，特別支援学校高等部学習指導要領を公示するとともに，学校教育法施行規則の関係規定について改正を行ったところであり，今後，令和4年4月1日以降に高等部の第1学年に入学した生徒から年次進行により段階的に適用することとしている。また，それに先立って，新学習指導要領に円滑に移行するための措置（移行措置）を実施することとしている。

今回の改訂は平成28年12月の中央教育審議会答申を踏まえ，次の基本方針に基づき行った。

1　次に示す①から⑤までの基本方針に基づき，高等学校の教育課程の基準の改善に準じた改善を図る。

①　今回の改訂の基本的な考え方

ア　教育基本法，学校教育法などを踏まえ，これまでの我が国の学校教育の実践や蓄積を生かし，子供たちが未来社会を切り拓（ひら）くための資質・能力を一層確実に育成することを目指す。その際，求められる資質・能力とは何かを社会と共有し，連携する「社会に開かれた教育課程」を重視すること。

イ　知識及び技能の習得と思考力，判断力，表現力等の育成とのバランスを重視する平成21年改訂の学習指導要領の枠組みや教育内容を維持した上で，知識の理解の質を更に高め，確かな学力を育成すること。

ウ　道徳教育の充実や体験活動の重視，体育・健康に関する指導の充実により，豊かな心や健やかな体を育成すること。

②　育成を目指す資質・能力の明確化

平成28年12月の中央教育審議会答申においては，予測困難な社会の変化に主体的に関わり，感性を豊かに働かせながら，どのような未来を創っていくのか，どのように社会や人生をよりよいものにしていくのかという目的を自ら考え，自らの可能性を発揮し，よりよい社会と幸福な人生の創り手となる力を身に付けられるようにすることが重要であること，こうした力は全く新しい力ということではなく学校教育が長年その育成を目指してきた「生きる力」であることを改めて捉え直し，学校教育がしっかりとその強みを発揮できるようにしていくことが必要とされた。また，汎用的な能力の育成を重視する世界的な潮流を踏まえつつ，知識及び技能と思考力，判断力，表現力等をバランスよく育成してきた我が国の学校教育の蓄積を生かしていくことが重要とされた。

このため「生きる力」をより具体化し，教育課程全体を通して育成を目指す資質・能力を，ア「何を理解しているか，何ができるか（生きて働く「知識・技能」の習得）」，イ「理解していること・できることをどう使うか（未知の状況にも対応できる「思考力・判断力・表現力等」の育成）」，ウ「どの

ように社会・世界と関わり，よりよい人生を送るか（学びを人生や社会に生かそうとする「学びに向かう力・人間性等」の涵養_{かん}）」の三つの柱に整理するとともに，各教科等の目標や内容についても，この三つの柱に基づく再整理を図るよう提言がなされた。

今回の改訂では，知・徳・体にわたる「生きる力」を生徒に育むために「何のために学ぶのか」という各教科等を学ぶ意義を共有しながら，授業の創意工夫や教科書等の教材の改善を引き出していくことができるようにするため，全ての教科等の目標及び内容を「知識及び技能」，「思考力，判断力，表現力等」，「学びに向かう力，人間性等」の三つの柱で再整理した。

③ 「主体的・対話的で深い学び」の実現に向けた授業改善の推進

子供たちが，学習内容を人生や社会の在り方と結び付けて深く理解し，これからの時代に求められる資質・能力を身に付け，生涯にわたって能動的に学び続けることができるようにするためには，これまでの学校教育の蓄積も生かしながら，学習の質を一層高める授業改善の取組を活性化していくことが必要である。

特別支援学校における教育については，キャリア教育の視点で学校と社会の接続を目指す中で実施されるものである。改めて，特別支援学校学習指導要領の定めるところに従い，各学校において生徒が卒業までに身に付けるべきものとされる資質・能力を育成していくために，どのようにしてこれまでの授業の在り方を改善していくべきかを，各学校や教師が考える必要がある。

また，選挙権年齢及び成年年齢が18歳に引き下げられ，生徒にとって政治や社会が一層身近なものとなる高等部においては，社会で求められる資質・能力を育み，生涯にわたって探究を深める未来の創り手として送り出していくことが，これまで以上に重要となっている。「主体的・対話的で深い学び」の実現に向けた授業改善（アクティブ・ラーニングの視点に立った授業改善）とは，我が国の優れた教育実践に見られる普遍的な視点を学習指導要領に明確な形で規定したものである。

今回の改訂では「主体的・対話的で深い学び」の実現に向けた授業改善を進める際の指導上の配慮事項を総則に記載するとともに，各教科等の「3指導計画の作成と内容の取扱い」において，単元や題材など内容や時間のまとまりを見通して，その中で育む資質・能力の育成に向けて，「主体的・対話的で深い学び」の実現に向けた授業改善を進めることを示した。

その際，以下の点に留意して取り組むことが重要である。

ア　授業の方法や技術の改善のみを意図するものではなく，生徒に目指す資

質・能力を育むために「主体的な学び」，「対話的な学び」，「深い学び」の視点で，授業改善を進めるものであること。

イ　各教科等において通常行われている学習活動（言語活動，観察・実験，問題解決的な学習など）の質を向上させることを主眼とするものであること。

ウ　1回1回の授業で全ての学びが実現されるものではなく，単元や題材など内容や時間のまとまりの中で，学習を見通し振り返る場面をどこに設定するか，グループなどで対話する場面をどこに設定するか，生徒が考える場面と教師が教える場面をどのように組み立てるかを考え，実現を図っていくものであること。

エ　深い学びの鍵として「見方・考え方」を働かせることが重要になること。各教科等の「見方・考え方」は，「どのような視点で物事を捉え，どのような考え方で思考していくのか」というその教科等ならではの物事を捉える視点や考え方である。各教科等を学ぶ本質的な意義の中核をなすものであり，教科等の学習と社会をつなぐものであることから，生徒が学習や人生において「見方・考え方」を自在に働かせることができるようにすることにこそ，教師の専門性が発揮されることが求められること。

オ　基礎的・基本的な知識及び技能の習得に課題がある場合には，それを身に付けさせるために，生徒の学びを深めたり主体性を引き出したりといった工夫を重ねながら，確実な習得を図ることを重視すること。

④　各学校におけるカリキュラム・マネジメントの推進

　　各学校においては，教科等の目標や内容を見通し，特に学習の基盤となる資質・能力（言語能力，情報活用能力（情報モラルを含む。以下同じ。），問題発見・解決能力等）や現代的な諸課題に対応して求められる資質・能力の育成のために教科等横断的な学習を充実することや，主体的・対話的で深い学びの実現に向けた授業改善を単元や題材など内容や時間のまとまりを見通して行うことが求められる。これらの取組の実現のためには，学校全体として，生徒や学校，地域の実態を適切に把握し，教育内容や時間の配分，必要な人的・物的体制の確保，教育課程の実施状況に基づく改善などを通して，教育活動の質を向上させ，学習の効果の最大化を図るカリキュラム・マネジメントに努めることが求められる。

　　このため，総則において，「生徒や学校，地域の実態を適切に把握し，教育の目的や目標の実現に必要な教育の内容等を教科等横断的な視点で組み立てていくこと，教育課程の実施状況を評価してその改善を図っていくこと，教育課程の実施に必要な人的又は物的な体制を確保するとともにその改善を

図っていくことなどを通して，教育課程に基づき組織的かつ計画的に各学校の教育活動の質の向上を図っていくこと（以下「カリキュラム・マネジメント」という。）に努める。その際，生徒に何が身に付いたかという学習の成果を的確に捉え，第2款の3の(5)のイに示す個別の指導計画の実施状況の評価と改善を，教育課程の評価と改善につなげていくよう工夫すること。」について新たに示した。

⑤　教育内容の主な改善事項

このほか，言語能力の確実な育成，理数教育の充実，伝統や文化に関する教育の充実，道徳教育の充実，外国語教育の充実，職業教育の充実などについて，総則，視覚障害者，聴覚障害者，肢体不自由者又は病弱者である生徒に対する教育を行う特別支援学校においては，各教科に属する科目（以下「各教科・科目」という。以下同じ。），総合的な探究の時間，特別活動及び自立活動（以下「各教科・科目等」という。以下同じ。），及び知的障害者である生徒に対する教育を行う特別支援学校においては，国語，社会，数学，理科，音楽，美術，保健体育，職業，家庭，外国語，情報，家政，農業，工業，流通・サービス及び福祉の各教科（以下「各教科」という。以下同じ。），特別の教科である道徳（以下「道徳科」という。以下同じ。），総合的な探究の時間，特別活動及び自立活動（以下「各教科等」という。以下同じ。）において，その特質に応じて内容やその取扱いの充実を図った。

2　インクルーシブ教育システムの推進により，障害のある子供たちの学びの場の柔軟な選択を踏まえ，小・中・高等学校の教育課程との連続性を重視

近年，時代の進展とともに特別支援教育は，障害のある子供の教育にとどまらず，障害の有無やその他の個々の違いを認め合いながら，誰もが生き生きと活躍できる社会を形成していく基礎となるものとして，我が国の現在及び将来の社会にとって重要な役割を担っていると言える。そうした特別支援教育の進展に伴い，例えば，近年は幼稚園，小・中・高等学校等において発達障害を含めた障害のある子供たちが多く学んでいる。また，特別支援学校においては，重複障害者である子供も多く在籍しており，多様な障害の種類や状態等に応じた指導や支援の必要性がより強く求められている。

このような状況の変化に適切に対応し，障害のある子供が自己のもつ能力や可能性を最大限に伸ばし，自立し社会参加するために必要な力を培うためには，一人一人の障害の状態等に応じたきめ細かな指導及び評価を一層充実することが重要である。

このため，以下のアからウの観点から，改善を図っている。

ア　学びの連続性を重視した対応

(ｱ)「第8款重複障害者等に関する教育課程の取扱い」について，生徒の学びの連続性を確保する視点から，基本的な考え方を明確にした。

(ｲ) 知的障害者である生徒のための高等部の各教科の目標や内容について，育成を目指す資質・能力の三つの柱に基づき整理した。その際，各学部や各段階，小・中学校の各教科及び高等学校の各教科・科目とのつながりに留意し，次の点を充実した。

・　高等部の各段階に目標を設定した。

・　高等部の2段階に示す各教科の内容を習得し目標を達成している者については，高等学校学習指導要領第2章に示す各教科・科目，中学校学習指導要領第2章に示す各教科又は小学校学習指導要領第2章に示す各教科及び第4章に示す外国語活動の目標及び内容の一部を取り入れることができること，また，主として専門学科において開設される各教科の内容を習得し目標を達成している者については，高等学校学習指導要領第3章に示す各教科・科目の目標及び内容の一部を取り入れることができるよう規定した。

(ｳ) 知的障害者である生徒に対する教育を行う特別支援学校において，道徳を道徳科とした。

イ　一人一人の障害の状態等に応じた指導の充実

(ｱ) 視覚障害者，聴覚障害者，肢体不自由者及び病弱者である生徒に対する教育を行う特別支援学校における各教科・科目の内容の取扱いについて，障害の特性等に応じた指導上の配慮事項を充実した。

(ｲ) 発達障害を含む多様な障害に応じた自立活動の指導を充実するため，その内容として，「障害の特性の理解と生活環境の調整に関すること。」を示すなどの改善を図るとともに，個別の指導計画の作成に当たっての配慮事項を充実した。

ウ　自立と社会参加に向けた教育の充実

(ｱ) 卒業までに育成を目指す資質・能力を育む観点からカリキュラム・マネジメントを計画的・組織的に行うことを規定した。

(ｲ) 幼稚部，小学部，中学部段階からのキャリア教育の充実を図ることを規定した。

(ｳ) 生涯を通して主体的に学んだり，スポーツや文化に親しんだりして，自らの人生をよりよくしていく態度を育成することを規定した。

(ｴ) 社会生活に必要な国語の特徴や使い方〔国語〕，数学の生活や学習への活用〔数学〕，社会参加ときまり，公共施設の役割と制度〔社会〕，勤労の

意義〔職業〕，家庭生活での役割と地域との関わり，家庭生活における健康管理と余暇，消費者の基本的な権利と責任，環境に配慮した生活〔家庭〕など，各教科の目標及び内容について，育成を目指す資質・能力の視点から充実した。

第1章
改訂の経緯及び基本方針

第2章
改訂の要点

10

第1節　学校教育法施行規則改正の要点

　高等部の教育課程を構成する各教科・科目又は各教科及び領域等の編成，卒業までに修得すべき単位数等については，学校教育法施行規則第8章に規定している。

　今回の改正では，各学科に共通する教科として「理数」を新設したほか，別表第3に掲げられている各教科・科目の見直しを行った。また，総合的な学習の時間について，より探究的な活動を重視する視点から位置付けを明確にするため，総合的な学習の時間を「総合的な探究の時間」に改めた（学校教育法施行規則の一部を改正する省令（平成30年文部科学省令第13号））。

　また，知的障害者である生徒に対する教育を行う特別支援学校において，従前から位置付けられている道徳を「特別の教科　道徳」と改めるため，学校教育法施行規則128条第2項を「前項の規定にかかわらず，知的障害者である生徒を教育する場合は，国語，社会，数学，理科，音楽，美術，保健体育，職業，家庭，外国語，情報，家政，農業，工業，流通・サービス及び福祉の各教科，第百二十九条に規定する特別支援学校高等部学習指導要領で定めるこれら以外の教科，特別の教科である道徳，総合的な探究の時間，特別活動並びに自立活動によつて教育課程を編成するものとする。」と規定した（学校教育法施行規則の一部を改正する省令（平成31年文部科学省令第3号）。

● 1　前文の趣旨及び要点

　学習指導要領等については，時代の変化や子供たちの状況，社会の要請等を踏まえ，これまでおおよそ10年ごとに改訂を行ってきた。今回の改訂は，本解説第1編第1章第2節で述べた基本方針の下に行っているが，その理念を明確にし，社会で広く共有されるよう新たに前文を設け，次の事項を示した。

(1) 教育基本法に規定する教育の目的や目標とこれからの学校に求められること

　学習指導要領は，教育基本法に定める教育の目的や目標の達成のため，学校教育法に基づき国が定める教育課程の基準であり，いわば学校教育の「不易」として，平成18年の教育基本法の改正により明確になった教育の目的及び目標を明記した。

　また，これからの学校には，急速な社会の変化の中で，一人一人の生徒が自分のよさや可能性を認識できる自己肯定感を育むなど，持続可能な社会の創り手となることができるようにすることが求められることを明記した。

(2) 「社会に開かれた教育課程」の実現を目指すこと

　教育課程を通して，これからの時代に求められる教育を実現していくためには，よりよい学校教育を通してよりよい社会を創るという理念を学校と社会とが共有することが求められる。

　そのため，それぞれの学校において，必要な学習内容をどのように学び，どのような資質・能力を身に付けられるようにするのかを教育課程において明確にしながら，社会との連携及び協働によりその実現を図っていく，「社会に開かれた教育課程」の実現が重要となることを示した。

(3) 学習指導要領を踏まえた創意工夫に基づく教育活動の充実

　学習指導要領は，公の性質を有する学校における教育水準を全国的に確保することを目的に，教育課程の基準を大綱的に定めるものであり，それぞれの学校は，学習指導要領を踏まえ，各学校の特色を生かして創意工夫を重ね，長年にわたり積み重ねられてきた教育実践や学術研究の蓄積を生かしながら，生徒や地域の現状や課題を捉え，家庭や地域社会と協力して，教育活動の更なる充実を図っていくことが重要であることを示した。

　総則については，今回の改訂の趣旨が教育課程の編成や実施に生かされるようにする観点から構成及び内容の改善を図っている。

(1) 総則改正の基本的な考え方

　今回の改訂における総則の改善は，①資質・能力の育成を目指す主体的・対話的で深い学びの実現に向けた授業改善を進める，②カリキュラム・マネジメントの充実を図る，③生徒の調和的な発達の支援，家庭や地域との連携・協働等を重視するといった基本的な考え方に基づき行った。これらの考え方は今回の学習指導要領全体に通底するものであり，改訂の趣旨が教育課程の編成及び実施に生かされるようにする観点から，総則において特に重視しているものである。

①　資質・能力の育成を目指す主体的・対話的で深い学びの実現に向けた授業改善

- 　学校教育を通して育成を目指す資質・能力を「知識及び技能」，「思考力，判断力，表現力等」，「学びに向かう力，人間性等」に再整理し，それらがバランスよく育まれるよう改善した。
- 　言語能力，情報活用能力，問題発見・解決能力等の学習の基盤となる資質・能力や，現代的な諸課題に対応して求められる資質・能力が教科等横断的な視点に基づき育成されるよう改善した。
- 　資質・能力の育成を目指し，主体的・対話的で深い学びの実現に向けた授業改善が推進されるよう改善した。
- 　言語活動や体験活動，ICT等を活用した学習活動等を充実するよう改善した。

②　カリキュラム・マネジメントの充実

- 　カリキュラム・マネジメントの実践により，校内研修の充実等が図られるよう，章立てを改善した。
- 　生徒の実態等を踏まえて教育の内容や時間を配分し，授業改善や必要な人的・物的資源の確保などの創意工夫を行い，組織的・計画的な教育の質的向上を図るカリキュラム・マネジメントを推進するよう改善した。

③ 生徒の調和的な発達の支援，家庭や地域との連携・協働
・ 生徒一人一人の調和的な発達を支える視点から，ホームルーム経営や生徒指導，キャリア教育の充実について示した。
・ 海外から帰国した生徒，日本語の習得に困難のある生徒への指導と教育課程の関係について示した。
・ 教育課程外の学校教育活動である部活動について，教育課程との関連が図られるようにするとともに，持続可能な運営体制が整えられるようにすることを示した。
・ 教育課程の実施に当たり，家庭や地域と連携・協働していくことを示した。

④ 重複障害者等に関する教育課程の取扱い
・ カリキュラム・マネジメントの視点から，本規定を適用する際の基本的な考え方を整理して示した。

(2) 構成の大幅な見直しと内容の主な改善事項

今回の改訂においては，カリキュラム・マネジメントの実現に資するよう，総則の構成を大幅に見直した。すなわち，各学校における教育課程の編成や実施等に関する流れを踏まえて総則の項目立てを改善することで，校内研修等を通じて各学校がカリキュラム・マネジメントを円滑に進めていくことができるようにしている。

上記の観点から，総則は以下のとおりの構成としている。

第1節　教育目標

第2節　教育課程の編成

　第1款　高等部における教育の基本と教育課程の役割

　第2款　教育課程の編成

　第3款　教育課程の実施と学習評価

　第4款　単位の修得及び卒業の認定

　第5款　生徒の調和的な発達の支援

　第6款　学校運営上の留意事項

　第7款　道徳教育に関する配慮事項

　第8款　重複障害者等に関する教育課程の取扱い

　第9款　専攻科

それぞれの款の内容及び主な改善事項を以下に示す。

ア　教育目標（第1章第1節）

　　特別支援学校については，学校教育法第72条を踏まえ，学習指導要領において教育目標を示している。学校教育法第51条に規定する高等学校教育の目標とともに，生徒の障害による学習上又は生活上の困難を改善・克服し自立を図るために必要な知識，技能，態度及び習慣を養うという目標の達成に努めることを示している。

イ　高等部における教育の基本と教育課程の役割（第1章第2節第1款）

　　従前，「一般方針」として規定していた内容を再整理し，教育課程編成の原則（第1章第2節第1款の1）を示すとともに，生徒に生きる力を育む各学校の特色ある教育活動の展開（確かな学力，豊かな心，健やかな体，自立活動）（第1章第2節第1款の2），育成を目指す資質・能力（第1章第2節第1款の3），就業やボランティアに関わる体験的な学習の指導（第1章第2節第1款の4），カリキュラム・マネジメントの充実（第1章第2節第1款の5）について示している。

　　今回の改訂における主な改善事項としては，育成を目指す資質・能力を，①知識及び技能，②思考力，判断力，表現力等，③学びに向かう力，人間性等の三つの柱で整理したこと，各学校が教育課程に基づき組織的かつ計画的に各学校の教育活動の質の向上を図るカリキュラム・マネジメントの充実について明記したことが挙げられる。これは，今回の改訂全体の理念とも深く関わるものである。

　　なお，就業やボランティアに関わる体験的な学習の指導については，従前同様適切に行うこととし，それらを通じて，「勤労の尊さ」，「創造することの喜び」の体得，「望ましい勤労観，職業観」の育成，「社会奉仕の精神」の涵養を図ることとしている。

ウ　教育課程の編成（第1章第2節第2款）

　　各学校の教育目標と教育課程の編成（第1章第2節第2款の1），教科等横断的な視点に立った資質・能力の育成（第1章第2節第2款の2），教育課程の編成における共通的事項（第1章第2節第2款の3），学部段階間及び学校段階等間の接続（第1章第2節第2款の4）について示している。

　　主な改善事項を以下に示す。

(ア) 各学校の教育目標と教育課程の編成（第1章第2節第2款の1）

　　本項は，今回新たに加えたものである。各学校における教育課程の編成に当たって重要となる各学校の教育目標を明確に設定すること，教育課程の編成についての基本的な方針を家庭や地域と共有すべきこと，各学校の教育目標を設定する際に総合的な探究の時間について各学校の定

める目標との関連を図ることについて規定している。

（イ）教科等横断的な視点に立った資質・能力の育成（第１章第２節第２款の２）

　　本項も，今回新たに加えたものである。生徒に「生きる力」を育むことを目指して教育活動の充実を図るに当たっては，言語能力，情報活用能力，問題発見・解決能力等の学習の基盤となる資質・能力や，現代的な諸課題に対応して求められる資質・能力を教科等横断的に育成することが重要であることを示している。

（ウ）教育課程の編成における共通的事項（第１章第２節第２款の３）

　　（1）視覚障害者，聴覚障害者，肢体不自由者又は病弱者である生徒に対する教育を行う特別支援学校における各教科・科目等の履修，（2）知的障害者である生徒に対する教育を行う特別支援学校における各教科等の履修等，（3）選択履修の趣旨を生かした適切な教育課程の編成，（4）各教科・科目等又は各教科等の内容等の取扱い，（5）指導計画の作成に当たっての配慮すべき事項，（6）キャリア教育及び職業教育に関して配慮すべき事項の６項目で再整理して示すなど構成の改善を図っている。

　　また，高等学校に準じ「共通性の確保」と「多様性への対応」を軸に，視覚障害者，聴覚障害者，肢体不自由者又は病弱者である生徒に対する教育を行う特別支援学校の高等部において育成を目指す資質・能力を踏まえて教科・科目等の構成の見直しを図っている。一方で，標準単位数の範囲内で合計が最も少なくなるように履修した際の必履修教科・科目の単位数の合計（35単位）や専門学科（専門教育を主とする学科をいう。以下同じ。）において全ての生徒に履修させる専門教科・科目（第１章第２款の３の（1）のアの（ウ）に掲げる各教科・科目，同表に掲げる教科に属する学校設定科目及び専門教育に関する学校設定教科に関する科目をいう。以下同じ。）の単位数の下限（25単位）については従前と変更しておらず，高等部において共通に履修しておくべき内容は，引き続き担保しているところである。

（エ）学部段階間及び学校段階等間の接続（第１章第２節第２款の４）

　　本項は，今回新たに加えたものである。初等中等教育全体を見通しながら，教育課程に基づく教育活動を展開する中で，生徒に求められる資質・能力がバランスよく育まれるよう，卒業後の進路を含めた学部段階間及び学校段階等の接続について明記したものである。

エ　教育課程の実施と学習評価（第１章第２節第３款）

　　各学校におけるカリキュラム・マネジメントの充実のためには，教育課程の編成のみならず，実施，評価，改善の過程を通じて教育活動を充実し

ていくことが重要である。

今回の改訂においては，カリキュラム・マネジメントに資する観点から，教育課程の実施及び学習評価について独立して項目立てを行い，主体的・対話的で深い学びの実現に向けた授業改善（第1章第2節第3款の1）及び学習評価の充実（第1章第2節第3款の3）について規定している。

主な改善事項を以下に示す。

(ア) 主体的・対話的で深い学びの実現に向けた授業改善（第1章第2節第3款の1）

今回の改訂では，育成を目指す資質・能力を確実に育むため，単元や題材な内容や時間のまとまりを見通しながら，生徒の主体的・対話的で深い学びの実現に向けた授業改善を行うことを明記した。加えて，言語環境の整備と言語活動の充実，コンピュータ等や教材・教具の活用，見通しを立てたり振り返ったりする学習活動，体験活動，学校図書館，地域の公共施設の利活用について，各教科・科目等又は各教科等の指導に当たっての配慮事項として整理して示している。

(イ) 学習評価の充実（第1章第2第3款の3）

学習評価は，学校における教育活動に関し，生徒の学習状況を評価するものである。生徒の学習の成果を的確に捉え，教師が指導の改善を図るとともに，生徒自身が自らの学習を振り返って次の学習に向かうことができるためにも，学習評価の在り方は重要であり，教育課程や学習・指導方法の改善と一貫性のある取組を進めることが求められる。今回の改訂においては，こうした点を踏まえ，学習評価に関する記載を充実している。

また，カリキュラム・マネジメントを推進する観点から，個別の指導計画に基づいて行われた学習状況や結果を適切に評価し，指導目標や指導内容，指導方法の改善に努め，より効果的な指導ができるようにすることについて新たに示している。

オ 単位の修得及び卒業の認定（第1章第2節第4款）

本項については，視覚障害者，聴覚障害者，肢体不自由者又は病弱者である生徒に対する教育を行う特別支援学校及び知的障害者である生徒に対する教育を行う特別支援学校それぞれに整理して示している。

なお，学校教育法施行規則等においては，学校外における学修等について単位認定を可能とする制度が設けられており，それらの制度についても適切な運用がなされるよう，本解説第2編第2部第1章第5節に説明を加えている。

カ　生徒の調和的な発達の支援（第1章第2節第5款）

今回の改訂においては，生徒の調和的な発達の支援の観点から，従前の規定を再整理して独立して項目立てを行うとともに，記載の充実を図っている。具体的には，生徒の発達を支える指導の充実，特別な配慮を必要とする生徒への指導及び個別の教育支援計画などについて規定しているところである。

主な改善事項を以下に示す。

(ア) 生徒の調和的な発達を支える指導の充実（第1章第2節第5款の1）

生徒一人一人の調和的な発達を支える視点から，ホームルーム経営や生徒指導，キャリア教育の充実と教育課程との関係について明記するとともに，個に応じた指導の充実に関する記載を充実した。

(イ) 特別な配慮を必要とする生徒への指導（第1章第2節第5款の2）

海外から帰国した生徒などの学校生活への適応や，日本語の習得に困難のある生徒に対する日本語指導など，特別な配慮を必要とする生徒への対応について明記した。

キ　学校運営上の留意事項（第1章第2節第6款）

各学校におけるカリキュラム・マネジメントの充実に資するよう，「教育課程を実施するに当たって何が必要か」という観点から，教育課程の改善と学校評価等，教育課程外の活動との連携等（第1章第2節第6款の1），家庭や地域社会との連携及び協働と学校間の連携（第1章第2節第6款の2）について記載を充実している。

具体的には，教育課程の編成及び実施に当たっての各分野における学校の全体計画等との関連，教育課程外の学校教育活動（特に部活動）と教育課程の関連，教育課程の実施に当たっての家庭や地域との連携・協働について記載を充実している。

ク　道徳教育に関する配慮事項（第1章第2節第7款）

小・中学部学習指導要領総則と同様に，道徳教育の充実の観点から，高等部における道徳教育推進上の配慮事項を第7款としてまとめて示すこととした。

詳細は，次節に記載している。

ケ　重複障害者等に関する教育課程の取扱い（第1章第2節第8款）

カリキュラム・マネジメントの視点から，本規定を適用する際の基本的な考え方を整理して示した。

(3) 各教科・科目及び各教科

① 視覚障害者，聴覚障害者，肢体不自由者及び病弱者である生徒に対する
　教育を行う特別支援学校

　　　　・　各教科・科目等の目標及び内容等について，高等学校に準ずること
　　　　　は従前と同様であるが，生徒の障害の種類と程度に応じた指導の一層
　　　　　の充実を図るため，各障害種別に示されている指導上の配慮事項につ
　　　　　いて改善及び充実を図った。

② 知的障害者である生徒に対する教育を行う特別支援学校

　　　　・　各教科の目標及び内容について，育成を目指す資質・能力の三つの
　　　　　柱に基づき整理した。その際，各段階，小学校，中学校及び高等学校
　　　　　とのつながりに留意し，各教科の目標及び内容等の見直しを行った。
　　　　・　各段階に目標を設定した。
　　　　・　段階ごとの内容を充実するとともに，教科ごとの指導計画の作成と
　　　　　内容の取扱いを新たに示した。

(4) 道徳科

　　知的障害者である生徒に対する教育を行う特別支援学校における，従前ま
　での道徳を「特別の教科　道徳」と改めた。

　　指導計画の作成に当たって，各教科等との関連を密にしながら，経験の拡
　充を図り，豊かな道徳的心情を育て，将来の生活を見据え，広い視野に立っ
　て道徳的判断や行動ができるようにすることを新たに示した。

(5) 総合的な探究の時間

　　従前までの総合的な学習の時間を総合的な探究の時間と改めた。

　　総合的な探究の時間の目標及び内容等については，高等学校に準ずること
　は従前と同様であるが，知的障害者である生徒に対する配慮事項を新たに示
　した。

(6) 自立活動

① 内容

　　今回の改訂では，六つの区分は従前と同様であるが，発達障害や重複障
　害を含めた障害のある生徒の多様な障害の種類や状態等に応じた指導を一
　層充実するため，「1 健康の保持」の区分に「(4)障害の特性の理解と生
　活環境の調整に関すること。」の項目を新たに示した。

　　また，自己の理解を深め，主体的に学ぶ意欲を一層伸長するなど，発達
　の段階を踏まえた指導を充実するため，「4 環境の把握」の区分の下に設

19

けられていた「(2)感覚や認知の特性への対応に関すること。」の項目を「(2)感覚や認知の特性についての理解と対応に関すること。」と改めた。

さらに，「(4)感覚を総合的に活用した周囲の状況の把握に関すること。」の項目を「(4)感覚を総合的に活用した周囲の状況についての把握と状況に応じた行動に関すること。」と改めた。

② 　個別の指導計画の作成と内容の取扱い

今回の改訂では，個別の指導計画の作成について更に理解を促すため，実態把握から指導目標や具体的な指導内容の設定までの手続きの中に「指導すべき課題」を明確にすることを加え，手続きの各過程を整理する際の配慮事項をそれぞれ示した。

また，生徒自身が活動しやすいように環境や状況に対する判断や調整をする力を育むことが重要であることから，「個々の生徒に対し，自己選択・自己決定する機会を設けることによって，思考・判断・表現する力を高めることができるような指導内容を取り上げること。」を新たに示した。

さらに，生徒自らが，自立活動の学習の意味を将来の自立と社会参加に必要な資質・能力との関係において理解したり，自立活動を通して，学習上又は生活上の困難をどのように改善・克服できたか自己評価につなげたりしていくことが重要であることから，「個々の生徒が，自立活動における学習の意味を将来の自立や社会参加に必要な資質・能力との関係において理解し，取り組めるような指導内容を取り上げること。」を新たに示した。

● 1　高等部における道徳教育に係る改訂の基本方針と要点

(1) 改訂の基本方針

　　今回の改訂は，平成28年12月の中央教育審議会の答申を踏まえ，次のような方針の下で行った。

　　視覚障害者，聴覚障害者，肢体不自由者又は病弱者である生徒に対する教育を行う特別支援学校の高等部における道徳教育は，人間としての在り方生き方に関する教育として，学校の教育活動全体を通じて行うというこれまでの基本的な考え方は今後も引き継ぐとともに，各学校や生徒の実態に応じて重点化した道徳教育を行うために，校長の方針の下，高等部において道徳教育推進を主に担当する教師（以下「道徳教育推進教師」という。）を新たに位置付けた。

　　また，高等部の道徳教育の目標等については，先に行われた小学部・中学部学習指導要領の改訂を踏まえつつ，学校の教育活動全体を通じて，答えが一つではない課題に誠実に向き合い，それらを自分のこととして捉え，他者と協働しながら自分の答えを見いだしていく思考力，判断力，表現力等や，これらの基になる主体性を持って多様な人々と協働して学ぶ態度の育成が求められていることに対応し，公民科に新たに設けられた「公共」及び「倫理」並びに特別活動を，人間としての在り方生き方に関する教育を通して行う高等部の道徳教育の中核的な指導の場面として関連付けるなど改善を行う。

　　知的障害者である生徒に対する教育を行う特別支援学校における道徳教育においては，これまでの「道徳の時間」を要（かなめ）として学校の教育活動全体を通じて行うという道徳教育の基本的な考え方を，今後も引き継ぐとともに，道徳の時間を「特別の教科である道徳」として新たに位置付けた。

　　それに伴い，目標を明確で理解しやすいものにするとともに，道徳教育の目標は，最終的には「道徳性」を養うことであることを前提としつつ，各々の役割と関連性を明確にした。

(2) 改訂の要点

　　今回の特別支援学校高等部学習指導要領においては，総則の中で，道徳教育に関連して以下のとおり改善を図っている。

ア　高等部における教育の基本と教育課程の役割

　　道徳教育の目標について、「人間としての在り方生き方を考え、主体的な判断の下に行動し、自立した人間として他者と共によりよく生きるための基盤となる道徳性を養うこと」と簡潔に示した。また、道徳教育を進めるに当たっての留意事項として、道徳教育の目標を達成するための諸条件を示しながら「主体性のある日本人の育成に資することとなるよう特に留意すること」とした。また、第1章第2節第7款を新たに設け、小・中学部と同様に、道徳教育推進上の配慮事項を示した。

イ　道徳教育に関する配慮事項

　　学校における道徳教育は、学校の教育活動全体を通じて行うものであることから、その配慮事項を以下のように付け加えた。

(ア) 道徳教育は、学校の教育活動全体で行うことから、全体計画の作成においては、校長の方針の下に、道徳教育推進教師を中心に、全教師が協力して道徳教育を行うこと。その際、視覚障害者、聴覚障害者、肢体不自由者又は病弱者である生徒に対する教育を行う特別支援学校においては、公民科の「公共」及び「倫理」並びに特別活動が、人間としての在り方生き方に関する中核的な指導の場面であることを示した。

(イ) 知的障害者である生徒に対する教育を行う特別支援学校における道徳教育は、道徳科の指導方針及び道徳科に示す内容との関連を踏まえた各教科、総合的な探究の時間、特別活動及び自立活動における指導の内容及び時期並びに家庭や地域社会との連携の方法を示すことを示した。

(ウ) 各学校において指導の重点化を図るために、高等部において道徳教育を進めるに当たっての配慮事項を示した。

(エ) 就業体験活動やボランティア活動、自然体験活動、地域の行事への参加などの豊かな体験の充実とともに、道徳教育がいじめの防止や安全の確保等に資するよう留意することを示した。

(オ) 学校の道徳教育の全体計画や道徳教育に関する諸活動などの情報を積極的に公表すること、家庭や地域社会との共通理解を深め、相互の連携を図ることを示した。

第2編

高等部学習指導要領解説

第2章　視覚障害者，聴覚障害者，肢体不自由者又は病弱者である生徒に対する教育を行う特別支援学校の各教科

※聴覚障害者である生徒に対する教育部分抜粋

● 第1　各教科の目標及び各科目の目標と内容等（第2章第1節第1款及び第2款）

第2章　各　教　科

第1節　視覚障害者，聴覚障害者，肢体不自由者又は病弱者である生徒に対する教育を行う特別支援学校

第1款　各教科の目標及び各科目の目標と内容

　各教科の目標及び各科目の目標と内容については，当該各教科及び各科目に対応する高等学校学習指導要領第2章及び第3章に示す各教科の目標及び各科目の目標と内容に準ずるほか，視覚障害者である生徒に対する教育を行う特別支援学校については第3款から第5款まで，聴覚障害者である生徒に対する教育を行う特別支援学校については第6款から第9款までに示すところによるものとする。

第2款　各科目に関する指導計画の作成と内容の取扱い

　各科目に関する指導計画の作成と内容の取扱いについては，高等学校学習指導要領第2章及び第3章に示すものに準ずるほか，視覚障害者である生徒に対する教育を行う特別支援学校については第3款から第5款まで，聴覚障害者である生徒に対する教育を行う特別支援学校については第6款から第9款までに示すところによるものとするが，生徒の障害の状態や特性及び心身の発達の段階等を十分考慮するとともに，特に次の事項に配慮するものとする。

　視覚障害者，聴覚障害者，肢体不自由者又は病弱者である生徒に対する教育を行う特別支援学校の高等部の各教科の目標及び各科目の目標及び内容並びに各科目に関する指導計画の作成と内容の取扱いについては，従前より，高等学校学習

指導要領第2章及び第3章に示されているものに準ずることとしている。ここでいう「準ずる」とは，原則として同一ということを意味している。しかしながら，指導計画の作成と内容の取扱いについては，高等学校学習指導要領に準ずるのみならず，生徒の障害の状態や特性及び心身の発達の段階等を十分考慮しなければならない。

このようなことから，各教科の指導に当たっては，高等学校学習指導要領解説のそれぞれの教科の説明に加え，本章に示す視覚障害者，聴覚障害者，肢体不自由者又は病弱者である生徒に対する教育を行う特別支援学校ごとに必要とされる指導上の配慮事項についての説明も十分に踏まえた上で，適切に指導する必要がある。

今回の改訂では，視覚障害者，聴覚障害者，肢体不自由者又は病弱者である生徒に対する教育を行う特別支援学校ごとに必要とされる指導上の配慮事項について，それぞれの学校に在籍する生徒の実態を考慮して見直しを行った。これらは，視覚障害者，聴覚障害者，肢体不自由者又は病弱者である生徒に対する教育を行う特別支援学校の各教科・科目全般にわたって特色があり，しかも基本的な配慮事項であるが，これらがそれぞれの学校における配慮事項の全てではないことに留意する必要がある。

● 第3　聴覚障害者である生徒に対する教育を行う特別支援学校

1　抽象的，論理的な思考力の伸長（第2章第1節第2款の2の(1)）

> 2　聴覚障害者である生徒に対する教育を行う特別支援学校
> (1) 生徒の興味・関心を生かして，主体的な言語活動を促すとともに，抽象的，論理的な思考力の伸長に努めること。

学習内容の確実な理解や定着を図るためには，言語活動の活発化とともに，これらの活動を通して，抽象的な言語表現の理解を図ったり，筋道を立てて考えることができるようにしたりするなど，抽象的かつ論理的な思考力の伸長を目指すことが必要である。聴覚障害者である生徒の言語活動の活発化を図るためには，個々の生徒の興味・関心に即するとともに，それぞれの有する言語力を駆使して，言語による積極的な活動を促すことが大切である。

「生徒の興味・関心を生かして」とは，小学部・中学部では「体験的な活動を通して」指導してきたことを踏まえ，高等部では生徒の興味・関心を生かすよう発展させたものである。例えば，生徒が興味・関心のある時事問題などの話題を扱ったり，身近な話題を取り上げ生徒の経験と結び付けるようにしたりするな

ど，生徒の言語力や学力に応じた扱い方を工夫することが考えられる。

また，高等部における学習の範囲の広がりや内容の深まりに応じ，言語による抽象的，論理的な思考力の伸長が求められる。その際，生徒が自己の学びに対して目的意識をもったり，他との関わり合いを通して学びを深めたりするといった生徒の主体的な学習活動を行うことが重要である。このため，今回の改訂では，「積極的な言語活動」を「主体的な言語活動」に改めた。ここでいう「言語活動」とは，生徒が日常使用している音声や文字，手話や指文字等を適切に活用して，日本語による言語活動を積極的に促すことを示している。特に，高等部においては，生徒同士の話合い活動やこれまでに形成された言語概念を用いた学習活動などを重視する必要がある。

また，抽象的，論理的な思考力の伸長を図るよう，例えば，経験した事柄や既習事項などを分類したり一般化したりする活動，既習事項に基づき批判的に読む活動，各教科の学習過程における思考・判断に関する活動などを取り上げるなどして，指導の工夫を行うことが必要である。

2 読書習慣や書いて表現する力の育成と情報の活用（第2章第1節第2款の2の(2)）

> (2) 生徒の言語力等に応じて，適切な読書習慣や書いて表現する力の育成を図り，主体的に情報を収集・獲得し，適切に選択・活用する態度を養うようにすること。

聴覚に障害のある高等部の生徒の読書や，文字による表現に関する指導は，幼稚部から中学部までの「読むこと」や「書くこと」に関する指導に基盤を置く必要があることはもちろんである。また，これらの言語活動は相互に結び付いており，それらの基礎となる生徒個々の力には，個人差が著しいことを十分踏まえておくことが大切である。

読書習慣の育成については，生徒自らが分からないことを分かりたいと思うことが読書に興味・関心をもったり，成就感を得たりすることなどの内面的な必要感を養うことにつながるようにする必要がある。読書指導が生徒の生活経験を拡充したり，教科指導の基礎を豊かにしたりすることを生徒自身が実感するように配慮するとともに，様々な分野に関する図書などを意図的に紹介して，生徒の興味・関心を高めるようにすることが大切である。

また，情報機器や情報通信ネットワーク等の進歩により，文字情報を活用する方法が多様化し，活用する機会も増えている。聴覚障害のある生徒が自立と社会参加を果たしていくためには，自分の感じたことや考えを適切に表現したり，書

かれたものから情報を得たり考えを深めたりする力を育成することが重要である。このため，適切な読書習慣や書いて表現する力を育成することがより一層求められている。「書いて表現する力」とは，文字を書くことに限らず，電子メールの文章を入力したり，コンピュータを用いて文章を作成したりする力も含まれている。小学部・中学部段階では，実際に書く活動に重点を置き，高等部では，文字情報の伝達のための様々な活動を取り上げることが大切である。

　一般に，生徒による読書活動や読書感想文を書かせて文集にまとめさせる活動などは，他人の作文を読むことによって経験や感情の交流となったり，成就感を満足させたりすることになることから，読書や書いて表現する習慣の育成にも役立つ点で有効な方法と言える。このようにして，日常的に読んだり書いたりする力を育てるよう努めることも大切である。

　情報の獲得や活用について，今回の改訂では，学習の基盤となる資質・能力である言語能力や情報活用能力を育成する観点から「主体的に情報を収集・獲得し，適切に選択・活用する態度」と「収集」を加えた。

　聴覚に障害のある生徒が主体的に情報を収集・獲得する手立てとしては，身近にある新聞や雑誌，広告，情報通信ネットワーク等における文字や図表などを活用することが考えられる。したがって，新聞等に親しませるよう配慮して指導するとともに，こうした多種多様な情報の中から，自分にとって必要なものは何かを見極めたり，事実かどうかを確かめたりする態度の形成に努めることも重要である。

　学校図書館は，生徒の読書活動を支える重要な場である。したがって，多彩な図書やDVDなどの映像資料を用意することが望まれる。また，生徒の読書意欲を高めるために，新刊図書の紹介や読書調査の報告など幅広い広報活動が行われることが必要である。

3　正確かつ効率的な意思の相互伝達（第2章第1節第2款の2の(3)）

> (3)　生徒の聴覚障害の状態等に応じて，音声，文字，手話，指文字等を適切に活用して，発表や生徒同士の話合いなどの学習活動を積極的に取り入れ，正確かつ効率的に意思の相互伝達が行われるよう指導方法を工夫すること。

　高等部における授業では，生徒と教師，生徒間の意思の相互伝達がより正確かつ効率的に行われることが求められる。今回の改訂では，「指文字」を加え「音声，文字，手話，指文字等を適切に活用して」と改めた。また，対話的な学習活

動を通して学習内容の理解を図ったり，深い学びにつなげたりするため，「発表や生徒同士の話合いなどの学習活動を積極的に取り入れ」を加えた。高等部では，発表や意見交換，話合いによる考えの共有や交流，案の練り上げや議論などの学習活動が考えられる。

　個々の生徒の聴覚障害の状態等が異なることは当然であるが，高等部の生徒においては，聴覚障害の程度だけでなく，障害の生じた部位や時期といった要因が言語発達や学習に影響を及ぼすことから，言語面や思考力などの発達の状況，更にそれまでの学習状況等についても考慮することが必要である。

　「音声，文字，手話，指文字等を適切に活用」するとは，それぞれの機能や特徴，生徒の実態等を踏まえ，教科の指導目標が達成され指導内容が習得されるよう選択・活用されることを示している。

　音声，文字，手話，指文字等の選択・活用に当たって留意すべき点は，まず，第一に，それぞれの方法が学習活動を進めていく上でどのような意義を有しているかについて，十分に理解することが重要である。意思の相互伝達を行うための方法として，音声，文字，手話，指文字，聴覚活用，読話，発音・発語，キュード・スピーチなどが挙げられる。

　第二に，それぞれの方法には，特有の機能があり，これらの選択に当たっては，学習内容との関連から，その機能を十分に考慮する必要がある。一般的には，話し言葉の形で直接意思を伝達する方法として，聴覚活用，読話，発音・発語等が挙げられる。これに加えて，音素に分けて意思を伝達する方法にはキュード・スピーチが挙げられる。さらに，文字を単位として意思を伝達する方法には文字や指文字が，意味を単位として意思を伝達する方法には手話が挙げられる。

　こうしたことを踏まえ，学習活動を進める上で，生徒と教師，あるいは生徒同士の意思の相互伝達が正確かつ効率的に行われるためにはどのような方法が適切かという視点が大切である。

　第三に，その選択・活用に当たっては，基本的には生徒個人に即する必要がある。前述したように，生徒一人一人の聴覚障害の状態等が異なること，また，高等部の生徒であることに配慮し，指導内容等も考慮しながら慎重に行うようにすることが大切である。

　学校生活における全ての教育活動は，相互のコミュニケーションによる意思の疎通が基盤となって進行する。このことから，音声，文字，手話，指文字等の適切な選択・活用により，意思の相互伝達が正確かつ効率的に行われることが重要である。このため，教師は，授業や学校生活などにおける生徒のコミュニケーションの状況を的確に理解し，適切なコミュニケーション手段の選択・活用を行うことが必要である。

4　保有する聴覚の活用（第2章第1節第2款の2の(4)）

> (4)　生徒の聴覚障害の状態等に応じて，補聴器や人工内耳等の利用により，生徒の保有する聴覚を最大限に活用し，効果的な学習活動が展開できるようにすること。

　医療や科学技術の進歩等に応じて，聴覚補償機器等の性能は向上している。特に，近年人工内耳の手術が普及し，特別支援学校に在籍する人工内耳装用者数も増加している。この結果，在籍する生徒の聞こえの程度や聞こえ方はより一層多様化しており，個に応じた適切な指導や配慮が求められる。

　そこで，今回の改訂では，「生徒の聴覚障害の状態等に応じて」を加えるとともに，従前の「補聴器等」を「補聴器や人工内耳等」に改めた。生徒一人一人の保有する聴覚を最大限に活用することは，聴覚障害者である生徒に対する教育を行う特別支援学校の教育全般にわたって重要なことであるが，各教科の指導においても，このことは特に配慮すべきことである。

　聴覚活用の可能性は，聴覚障害の程度だけではなく，他の様々な条件によって左右されるものである。その時点における生徒の聴覚障害の状態そのものについては，オージオグラムに示された聴力型や補充現象の程度などが補聴器の効果に影響を及ぼすものと考えられる。また，障害発生の時期や進行の経過，あるいは幼児期の指導の在り方なども，聴取能力に大きな影響を及ぼす。こうした諸条件については，生徒一人一人で異なることから，聴覚活用について一律の扱いをすることは適切ではない。

　大部分の生徒が，以上のような諸条件に応じて聴覚活用の指導を受けてきたことを前提として考慮すれば，高等部においては，生徒が自分の聴覚活用の効果や意義を自覚して，これを学習や生活に生かすようにすることが主眼になる。

　このため，個々の生徒の聴覚障害の状態や指導の経過，現在の聴覚活用の可能性や限界を把握し，指導に当たることが大切である。また，個別に補聴器や人工内耳等の保守・管理についての指導・助言を行ったり，教室等の聴覚学習関連機器の整備や活用に努めたりすることが必要である。

　なお，予想される聴覚活用の可能性と生徒の実態とが著しく異なる場合には，その原因を調べて対策を講ずる必要がある。また，教育歴等の事情から，保有する聴覚が十分に生かされていない場合も考えられる。このような場合は，精密な聴力測定を行うなど必要な情報を収集した上で作成された個別の指導計画に基づき，最大限の聴覚活用を図るための指導を行うことが大切である。

5 指導内容の精選等 (第2章第1節第2款の2の(5))

> (5) 生徒の言語力等に応じて，指導内容を適切に精選し，基礎的・基本的な事項に重点を置くなど指導を工夫すること。

今回の改訂においては，生徒の「生きる力」を明確にした資質・能力の三つの柱で各教科の目標及び内容が整理された。これを踏まえ，従前重視されてきたそれぞれの発達段階における基礎的・基本的な知識・技能の確実な習得を図ることがより一層求められる。このため，各教科の指導計画の作成に当たっては，生徒一人一人の聴覚障害の状態等を的確に把握し，指導内容を適切に精選して学習活動を設定していくことが重要である。

従前，指導内容の精選の観点として，生徒の「聴覚障害の状態等」を示していたが，その内容をより分かりやすくするよう，今回の改訂では，小学部・中学部では「言語概念や読み書きの力などに応じて」とし，高等部では「生徒の言語力等に応じて」と改めた。「生徒の言語力等」とは，聴覚障害や言語習得の状況等を示しており，例えば，これまでの教育歴，対人関係，言語の受容及び表出能力，思考等概念の形成状況，興味・関心等について的確に把握し，これらを指導計画に反映させるとともに，実際の指導に役立てることが大切である。

また，今回の改訂では，従前の「指導すること」を「指導を工夫すること」と改めた。これは，指導内容をどのように適切に精選して指導するかという点において指導の工夫が重要であることから改めたものである。

「基礎的・基本的な事項に重点を置くなど」とは，今回の改訂においても重視されている基礎的・基本的な知識及び技能の確実な習得を図ることを踏まえた指導の工夫例である。例えば，基礎的・基本的な知識及び技能の習得に課題がある場合は，生徒の学習状況等を踏まえ，生徒の主体性を引き出しつつ基礎的・基本的な事項に重点を置いて指導するよう指導内容の精選を図る必要がある。また，基礎的・基本的な知識及び技能が習得されている場合など，生徒の実態等を踏まえ，基礎的・基本的な事項のみに留まることなく，各教科で育成を目指す資質・能力が育まれるよう指導内容を設定するといった指導の工夫を行うことも大切である。

6 教材・教具やコンピュータ等の活用 (第2章第1節第2款の2の(6))

> (6) 視覚的に情報を獲得しやすい教材・教具やその活用方法等を工夫するとともに，コンピュータ等の情報機器などを有効に活用し，指導の効果

を高めるようにすること。

　高等部において指導すべき全ての分野において，その範囲や量，内容の抽象性や困難度等は，中学部と比較して著しく増大する。これらの課題を解決する方法の一つとしては，視覚的に情報を獲得しやすいように工夫された教材・教具や生徒の興味・関心に応じて取り組めるようなソフトウェアを使用できるコンピュータ等の情報機器，障害の状態に対応した周辺機器の活用が考えられる。生徒の実態等に応じて，これらの教材・教具やコンピュータ等の情報機器等を適切に活用して，生徒の学習活動を効率よく進めたり，学習内容の理解を容易にしたりすることは，各教科・科目の指導上極めて重要なことである。

　例えば，視覚教材としては，地理歴史科の地図類，理科における人体模型などのほか，図書や種々の図等がある。また，実験の動画，指導事項となる概念又は物事の関係などを表す図や動画など，情報機器を活用した視覚教材の活用も考えられる。視覚教具としては，液晶プロジェクター，実物投影機，DVDプレーヤー，タブレット端末などの情報機器等がある。ソフトウェアについても，文書作成や表計算，デザイン関係，諸現象のシミュレーションなど，専門教科の内容等に関連するものも含め，多種多様ある。また，情報通信ネットワークを利用した視覚的な情報の提示や情報保障なども可能となっている。

　実際の指導に当たっては，生徒の理解を支援するという側面及び効率的な時間の使用という側面から，それぞれの教材・教具やソフトウェアの特徴や機能を熟知し，これらを有効に活用することによって，指導の効果を高めるよう配慮することが必要である。その際，生徒が視覚的に受け取った情報に対して，例えば，動画や図を見て理解したことを発表したり書いたりするなど言語的な側面から確認するなどして，指導内容の的確な理解が図られるよう配慮することも大切である。

　これらの教材・教具を利用する際には，教科の趣旨や目標などを踏まえて利用する目的や指導の意図を明確にすることが必要である。その上で，提示的に用いて興味・関心を引き出したり，写真や動画などで学習の記録を取って振り返りの手掛かりにしたりするなど，その活用の方法に工夫を加えることが大切である。さらに，生徒の自主的な学習場面でこれらの教材・教具やコンピュータ等の情報機器などが有効に使用されるよう配慮することが必要である。

　なお，いずれの教材・教具を活用する場合においても，綿密な教材研究の下に，教師による発問や板書など，授業を展開していく上での創意工夫がなされることが重要である。

● 第1　印刷科改訂の要点

1　目標の改善

　教科及び科目の目標については，産業界で必要とされる資質・能力を見据えて三つの柱に沿って整理し，育成を目指す資質・能力のうち，(1)には「知識及び技術」を，(2)には「思考力，判断力，表現力等」を，(3)には「学びに向かう力，人間性等」を示した。

　今回の改訂では，「見方・考え方」を働かせた学習活動を通して，目標に示す資質・能力の育成を目指すこととした。これは平成28年12月の中央教育審議会答申において，「見方・考え方」は各教科等の学習の中で働き，鍛えられていくものであり，各教科等の特質に応じた物事を捉える視点や考え方として整理されたことを踏まえたものである。

2　内容の改善

(1)〔指導項目〕について

　今回の改訂では，教科に属する全ての科目の「2内容」においては〔指導項目〕として「(1)，(2)」などの大項目，「ア，イ」などの小項目を，柱書においては「1に示す資質・能力を身に付けることができるよう，次の〔指導項目〕を指導する」と示した。これは，〔指導項目〕として示す学習内容の指導を通じて，目標において三つの柱に整理した資質・能力を身に付けることを明確にしたものである。

　なお，項目の記述については，従前どおり事項のみを大綱的に示した。

(2) 科目構成について

　科目構成については，情報社会の進展，印刷産業を巡る状況や印刷技術等の進歩に対応し，体系的・系統的な知識と技術，課題を発見し合理的かつ創造的に解決する力，職業人に求められる倫理観，自ら学ぶ力，主体的かつ協働的に取り組む態度を身に付けた人材を育成する観点から，従前の10科目を「印刷概論」，「印刷デザイン」，「印刷製版技術」，「ＤＴＰ技術」，「印刷情報技術」，「デジタル画像技術」，「印刷総合実習」，「課題研究」の8科目に改めた。

(3) 指導計画の作成と内容の取扱いについての改善

指導計画の作成と内容の取扱いに関する主な改善事項は次のとおりである。

ア　単元など内容や時間のまとまりを見通して，その中で育む資質・能力の育成に向けて，生徒の主体的・対話的で深い学びの実現を図るようにした。

イ　印刷に関する学科において育む資質・能力の育成に向け，原則として全ての生徒に履修させる科目（原則履修科目）を2科目示すとともに，各科目の履修においては実験・実習を充実させるようにした。

ウ　印刷産業に関する課題の発見や解決の過程において，協働して分析，考察，討議するなど言語活動の充実を図ることとした。

エ　個人情報や知的財産の保護と活用について扱うとともに，情報モラルや職業人として求められる倫理観の育成を図ることとした。

● 第2　印刷科の目標及び内容

教科の目標は，次のとおりである。

第1　目　標

　印刷に関する見方・考え方を働かせ，実践的・体験的な学習活動を行うことなどを通して，情報デザインと印刷物の作成を通じ，地域や社会の健全で持続的な発展を担う職業人として必要な資質・能力を次のとおり育成することを目指す。

(1) 印刷の各工程について体系的・系統的に理解するとともに，関連する技術を身に付けるようにする。

(2) 印刷産業に関する課題を発見し，職業人としての倫理観をもって合理的かつ創造的に解決する力を養う。

(3) 職業人として必要な豊かな人間性を育み，よりよい社会の構築を目指して自ら学び，印刷産業の創造と発展に主体的かつ協働的に取り組む態度を養う。

今回の改訂においては，情報社会の進展，印刷産業を巡る状況や印刷技術等の進歩などを踏まえ，印刷の各分野における専門性に関わる資質・能力を「知識及び技術」，「思考力，判断力，表現力等」，「学びに向かう力，人間性等」という三つの柱に基づいて示した。

1 「印刷に関する見方・考え方を働かせ，実践的・体験的な学習活動を行うことなどを通して，情報デザインと印刷物の作成を通じ，地域や社会の健全で持続的な発展を担う職業人として必要な資質・能力を次のとおり育成する」について

　印刷に関する見方・考え方とは，人々の情報伝達を支えてきた印刷産業に関する事象を情報伝達やコミュニケーションの視点で捉え，公益事業やマーケティングをはじめとする様々な産業活動と関連付けることやその技術を異なる産業技術に応用したり，新たな情報伝達サービスを創造したりすることを意味している。

　実践的・体験的な学習活動を行うことなどとは，具体的な課題の発見・解決の過程で，調査，研究，実験を行ったり，協働して作品を制作したりするなどの実践的な活動，産業現場等における実習などの体験的な活動を行うことが重要であることを意味している。

　情報デザインと印刷物の作成を通じ，地域や社会の健全で持続的な発展を担う職業人として必要な資質・能力とは，印刷に関する基礎的・基本的な知識と技術の習得，情報社会における印刷や印刷産業の意義や役割の理解及び諸課題の解決などに関わる学習は，最終的には印刷産業を通じ，地域や社会の健全で持続的な発展を担う職業人として必要な資質・能力の育成につながるものであることを意味している。

2 「(1) 印刷の各工程について体系的・系統的に理解するとともに，関連する技術を身に付けるようにする。」について

　体系的・系統的に理解するとともに，関連する技術を身に付けるようにするとは，印刷の各工程などの学習活動を通して，印刷に関する個別の事実的な知識，一定の手順や段階を追って身に付く個別の技術のみならず，相互に関連付けられるとともに，変化する状況や課題に応じて社会の中で主体的に活用することができる知識と技術及び将来の職業を見通して更に専門的な学習を続けることにつながる知識と技術を身に付けるようにすることを意味している。

3 「(2) 印刷産業に関する課題を発見し，職業人としての倫理観をもって合理的かつ創造的に解決する力を養う。」について

　印刷産業に関する課題を発見しとは，印刷の各工程などの学習を通して身に付けた様々な知識，技術などを活用し，地域や社会が健全で持続的に発展する上での印刷産業に関する諸課題を広い視野から課題を発見することを意味している。

　職業人としての倫理観をもって合理的かつ創造的に解決する力を養うとは，情報化などが進展する社会において，変化の先行きを見通すことが難しい予測困難な時代を迎える中で，単に生産性や効率を高めることのみを優先するのではな

く，職業人に求められる倫理観等を踏まえ，印刷物などが社会に及ぼす影響に責任をもち，印刷産業の進展に対応するなどして解決策を考え，科学的な根拠に基づき結果を検証し改善することができるといった，印刷に関する確かな知識や技術などに裏付けられた思考力，判断力，表現力等を養うことを意味している。

4 「(3) 職業人として必要な豊かな人間性を育み，よりよい社会の構築を目指して自ら学び，印刷産業の創造と発展に主体的かつ協働的に取り組む態度を養う。」について

職業人として必要な豊かな人間性を育みとは，印刷技術が現代社会で果たす意義と役割を踏まえ，単に技術的課題を改善するだけではなく，職業人に求められる倫理観，社会に貢献する意識などを育むことを意味している。

よりよい社会の構築を目指して自ら学びとは，ものづくりを通じ，印刷産業の発展が社会の発展と深く関わっており，ともに発展していくために，地域や社会の健全で持続的な発展を目指して印刷の各工程について主体的に学ぶ態度を意味している。

印刷産業の創造と発展に主体的かつ協働的に取り組む態度を養うとは，絶え間のない技術革新などを踏まえ，既存の印刷物や印刷工程を改善・改良するのみならず，ものづくりにおける協働作業などを通してコミュニケーションを図り，異分野の技術を融合・組み合わせるなどして，新しい製品や生産プロセスを創造する中で，法規に基づいて印刷産業の発展に責任をもって協働的に取り組む態度を養うことを意味している。このような態度を養うためには，職業資格の取得や競技会への出場などを通して自ら学ぶ意欲を高めるなどの学習活動，課題の解決策を考案する中で，自己の考えを整理し伝え合ったり，討論したりするなどの学習活動，就業体験活動を活用して，様々な職業や年代などとつながりをもちながら，協働して課題の解決に取り組む学習活動などが大切である。なお，職業資格などの取得や競技会への出場については，目的化しないよう留意して取り扱うことが重要である。

● 第3　印刷科の内容構成

印刷科は，情報社会の進展，印刷産業を巡る状況や印刷技術等の進歩などを踏まえ，科目の整理統合，名称変更などを行い，従前の10科目を8科目で構成した。改訂前の科目との関連については，次の表に示すとおりである。

新旧科目対照表

改　　訂	改　訂　前	備　考
印刷概論	印刷概論	
印刷デザイン	印刷デザイン	
印刷製版技術 ─┐	写真製版	
�└─	写真化学・光学	整理統合
ＤＴＰ技術	文書処理・管理	名称変更
印刷情報技術	印刷情報技術基礎	名称変更
デジタル画像技術	画像技術	名称変更
印刷総合実習 ─┐	印刷総合実習	
�└─	印刷機器・材料	整理統合
課題研究	課題研究	

● 第4　印刷科の各科目

1　印刷概論

　この科目は，印刷とメディアに関する知識及び技能を身に付け，印刷とメディアに関する課題を発見し解決する力，印刷産業の創造と発展に寄与する態度など，印刷産業を通じ，地域や社会の健全で持続的な発展を担う職業人として必要な資質・能力を育成することを主眼としたもので，印刷に関する各学科においては，原則として全ての生徒に履修する科目として位置付けている。

　今回の改訂においては，印刷技術の進歩とそれに伴う印刷物や印刷産業の在り方も変化していることを踏まえ，指導項目の(1)メディアの基礎，と(2)情報メディアの特性と活用を取り入れて学習内容を整理し，改善を図った。

(1) 目標

> 1　目　標
> 　印刷に関する見方・考え方を働かせ，実践的・体験的な学習活動を行うことなどを通して，地域や社会の健全で持続的な発展を担う職業人として必要な資質・能力を次のとおり育成することを目指す。
> (1) 印刷とメディアについて体系的・系統的に理解するとともに，印刷の文化的価値を理解し，印刷メディアに関する技術を身に付けるようにする。
> (2) 印刷とメディアに関する課題を発見し，職業人としての倫理観をも

って合理的かつ創造的に解決する力を養う。

(3) 印刷とメディアについて，よりよい社会の構築を目指して自ら学び，印刷産業の創造と発展に主体的かつ協働的に取り組む態度を養う。

　この科目においては，印刷とメディアに関する知識と技術を身に付け，産業における印刷とメディアに関する課題を発見し，職業人として合理的かつ創造的に解決する力，印刷産業の創造と発展に主体的かつ協働的に参画し寄与する態度を養うことをねらいとしている。

　目標の(1)については，印刷とメディアについて体系的・系統的に理解するとともに，印刷の文化的価値を理解し，印刷とメディアに関する基礎的な知識と技術を身に付けるようにすることを意味している。

　目標の(2)については，現代社会における印刷とメディアに関する課題を発見し，単に生産性や効率だけを優先させるのではなく，印刷が社会に与える影響に責任をもち，科学的な根拠に基づき，印刷技術の進展に対応し創造的に解決する力を養うことを意味している。

　目標の(3)については，職業人として必要な豊かな人間性を育み，よりよい社会の構築を目指して自ら学び，印刷産業の創造と発展に主体的かつ協働的に取り組む態度を養うことを意味している。

(2) 内容とその取扱い

① 内容の構成及び取扱い

　この科目は，目標に示す資質・能力を身に付けることができるよう，(1)メディアの基礎，(2)情報メディアの特性と活用，(3)印刷と社会の三つの指導項目で，2〜4単位程度履修されることを想定して内容を構成している。また，内容を取り扱う際の配慮事項は次のように示している。

　(内容を取り扱う際の配慮事項)

　3　内容の取扱い
　(1) 内容を取り扱う際には，次の事項に配慮するものとする。
　　ア　教科の基礎科目であることを踏まえ，視聴覚教材・教具の活用及び産業現場の見学等により，生徒の学習意欲の向上に努めること。
　　イ　情報伝達やコミュニケーションの目的に応じて情報メディアを適切に選択し，効果的に活用することを理解させるとともに，著作権などの知的財産の取扱いにも留意することを理解させること。

　内容を取り扱う際は，この科目が印刷科の基礎科目として位置付けられている

ことから，印刷科を核に展開する産業教育全般の導入として基礎的な内容を取り扱うことが大切である。

アについては，印刷の沿革やメディアについて，視聴覚教材・教具や具体物を活用したり，産業現場の見学等を通して，できる限り実際に行われていることに触れさせたりするなどして，印刷やメディアに対する興味・関心を喚起するように努めながら指導することが大切である。

イについては，メディアに関する身近な具体例を多く取り上げ，情報伝達やコミュニケーションの目的に応じた情報メディアの選択と効果的な活用について具体的に理解することができるよう工夫することが大切である。また，印刷産業においては，情報通信ネットワークの活用が進んでいることから，情報活用における著作権などの知的財産の取扱いについて留意する必要があることを具体的な例を取り上げて理解させることが重要である。

② 内容

> 2 内容
>
> 　1に示す資質・能力を身に付けることができるよう，次の〔指導項目〕を指導する。

〔指導項目〕

> (1) メディアの基礎
> 　ア　メディアの定義と機能
> 　イ　メディアの種類と特性

（内容の範囲や程度）

> (2) 内容の範囲や程度については，次の事項に配慮するものとする。
> 　ア　〔指導項目〕の(1)のアについては，メディアが社会や情報産業に果たしている役割について取り扱うこと。イについては，多様なメディアについて取り扱うこと。

(1) メディアの基礎

ここでは，科目の目標を踏まえ，メディアの種類と特性について理解するとともに，メディアの適切な選択と効果的な活用に必要な基礎的な知識と技術を習得することをねらいとしている。

このねらいを実現するため，次の①から③までの事項を身に付けることができるよう，〔指導項目〕を指導する。

① メディアの基礎について理解し，関連する技術を身に付けること。

② メディアに関する基本的な課題を発見し，職業人としての倫理観をもって合理的かつ創造的に解決策を見いだすこと。

③ メディアについて自ら学び，印刷産業の創造と発展を目指す印刷への活用に主体的かつ協働的に取り組むこと。

ア メディアの定義と機能

ここでは，メディアの定義と機能について取り扱う。ここでのメディアとは，情報を表現し伝達する手段・媒体となるものとして取り扱い，時間や空間を超えて情報を伝達する機能があることについても取り扱う。また，新聞，出版，音楽，放送，映画などにおける情報の配信や受信の方法が多様化していることなど，メディアが社会や産業に大きな影響を及ぼしていることについても触れる。

イ メディアの種類と特性

ここでは，新聞や雑誌など情報を人々に伝えるための情報メディア，文字や画像など伝えたい情報を表現するための表現メディア，紙やDVDなど情報を物理的に伝達するための伝達メディアを取り上げ，それぞれの特性などについて取り扱う。また，情報を表現し伝達するためは，これらのメディアを相互に関連付けて活用していくことも取り扱う。

〔指導項目〕

---

(2) 情報メディアの特性と活用
  ア 情報メディアの種類と特性
  イ 情報メディアの活用

（内容の範囲や程度）

イ 〔指導項目〕の(2)のアについては，新聞，テレビ，電話などを取り上げ，それぞれの情報メディアの特徴や働きについて取り扱うこと。イについては，情報の収集，分析，発信などにおいて情報メディアを効果的に活用するために必要な基礎的な知識と技術について取り扱うこと。

---

(2) 情報メディアの特性と活用

ここでは，科目の目標を踏まえ，情報メディアの特性を理解し，活用することをねらいとしている。

このねらいを実現するため，次の①から③までの事項を身に付けることができるよう，〔指導項目〕を指導する。

① 情報メディアの特性と活用について理解し，関連する技術を身に付けること。

② 情報メディアに関する基本的な課題を発見し，倫理観を踏まえて合理的かつ創造的に解決策を見いだすこと。

③ 情報メディアについて自ら学び，印刷産業の創造と発展を目指す印刷への活用に主体的かつ協働的に取り組むこと。

ア　情報メディアの種類と特性

ここでは，情報伝達やコミュニケーションの視点から新聞，テレビ，電話などを取り上げ，それぞれの意義や特性及び情報産業を含む社会に果たしている役割，及ぼしている影響などについて取り扱う。例えば，社会に対する情報伝達については，活版印刷技術の発達により情報の流通量や範囲が爆発的に広がったり，ラジオ放送やテレビ放送などの情報通信技術の発達により，伝達の即時性や伝達する内容のリアリティが高まったりしていることなどを取り上げることが考えられる。また，個人に対する情報伝達については，電話など直接人と会うことなく連絡をとることができたり，電子メールの普及により伝達の即時性や利便性が高まったりしていることなどを取り上げることなどが考えられる。

イ　情報メディアの活用

ここでは，身近にある情報メディアを活用したサービスを取り上げ，情報を適切に活用することの必要性や重要性など情報メディアを効果的に活用するために必要な基礎的な知識と技術について取り扱う。また，情報メディアの特性，情報を活用する目的や内容，情報の受信者の状況などに応じて情報メディアを適切に選択したり，組み合わせたりして活用することについても事例を取り上げ具体的に取り扱う。

〔指導項目〕

(3) 印刷と社会

　　ア　印刷と技術の進歩

　　イ　印刷商品の形態と機能

　　ウ　印刷物が社会に及ぼす影響

　　エ　印刷と情報産業

（内容の範囲や程度）

> ウ 〔指導項目〕の(3)のイからエまでについては，印刷産業の動向や様々な産業分野における印刷技術の利活用を含めた今後の展望について取り扱うこと。

(3) 印刷と社会

ここでは，科目の目標を踏まえ，印刷と社会との関係や印刷産業の状況について理解し，関連する技術を身に付けることをねらいとしている。

このねらいを実現するため，次の①から③までの事項を身に付けることができるよう，〔指導項目〕を指導する。

① 印刷と社会について理解し，関連する技術を身に付けること。

② 印刷と社会に関する基本的な課題を発見し，倫理観を踏まえて合理的かつ創造的に解決策を見いだすこと。

③ 印刷と社会について自ら学び，印刷産業の創造と発展を目指す印刷への活用に主体的かつ協働的に取り組むこと。

ア 印刷と技術の進歩

ここでは，絵や文字が人類の文明や文化の発達に果たしてきた役割，印刷物とその技術の進歩について取り扱う。木版印刷，活版印刷などからオフセット印刷へといった技術の変遷と現在のプリンター技術への進歩について取り扱い，印刷技術の進歩が社会にどのような影響を与えてきたのかについても触れる。

イ 印刷商品の形態と機能

ここでは，身の回りに流通している印刷商品などを具体的に取り上げ，印刷商品の形態や機能の視点から分類するなどし，それぞれの役割と意義について取り扱う。また，高精細印刷，高輝度印刷，UV（Ultra Violet）印刷，箔押し，スクラッチ印刷，香料印刷なども取り上げ，人々の生活と印刷物がどのように結び付いているのかについても取り扱う。

ウ 印刷物が社会に及ぼす影響

ここでは，印刷メディアのメリットとデメリットについて取り上げ，印刷物が果たしている役割と価値について取り扱う。特に，情報社会における印刷物の必要性や役割，社会に及ぼす影響について取り扱う。その際，環境保護や個人情報保護等の社会的責任についても関連させながら取り扱う。

エ 印刷と情報産業

ここでは，グローバル化した情報社会において，今後も情報メディアの価値が創造されることを取り上げ，これからの印刷メディアの在り方や印刷産業の発展について取り扱う。その際，これまで培われてきた印刷技術の他の産業への応

用，印刷物に代わる新しい情報メディアの登場など，具体的な事例を取り扱い，新しい情報産業が生じていることについても触れる。

2 印刷デザイン

　この科目は，印刷デザインに関する知識及び技能を身に付け，印刷デザインに関する課題を発見し解決する力，印刷産業の創造と発展に寄与する態度など，印刷産業を通じ，地域や社会の健全で持続的な発展を担う職業人として必要な資質・能力を育成することを主眼としたものである。

　今回の改訂においては，印刷技術の進歩とそれに伴う印刷物や印刷産業の在り方も変化していることを踏まえ，従前の六つの内容を統合整理して三つの指導項目を設定した。また，指導項目の(4)デザインの制作を新設し，印刷デザインについて体系的・系統的かつ実践的に学習することができるよう改善を図った。

(1) 目標

> 　1　目　標
> 　印刷に関する見方・考え方を働かせ，実践的・体験的な学習活動を行うことなどを通して，地域や社会の健全で持続的な発展を担う職業人として必要な資質・能力を次のとおり育成することを目指す。
> (1) 印刷デザインについて体系的・系統的に理解するとともに，関連する技術を身に付けるようにする。
> (2) 印刷デザインに関する課題を発見し，職業人としての倫理観をもって合理的かつ創造的に解決する力を養う。
> (3) 印刷デザインについて，よりよい社会の構築を目指して自ら学び，印刷産業の創造と発展に主体的かつ協働的に取り組む態度を養う。

　この科目においては，印刷デザインに関する知識と技術を身に付け，印刷産業における情報デザインに関する課題を発見し，職業人として合理的かつ創造的に解決する力，印刷産業の創造と発展に主体的かつ協働的に取り組む態度を養うことをねらいとしている。

　目標の(1)については，情報伝達やコミュニケーションの手段としての役割を担う印刷デザインについて体系的・系統的に理解するとともに，印刷物に求められるデザインに関する基礎的な知識と技術を身に付けるようにすることを意味している。

　目標の(2)については，印刷デザインに関する課題を発見し，単に生産性や効率だけを優先させるのではなく，印刷物が社会に及ぼす影響に責任をもち，科学

的な根拠に基づき，印刷技術の進展に対応し創造的に解決する力を養うことを意味している。

目標の(3)については，職業人として必要な豊かな人間性を育み，よりよい社会の構築を目指して自ら学び，印刷産業の創造と発展に主体的かつ協働的に取り組む態度を養うことを意味している。

(2) 内容とその取扱い
① 内容の構成及び取扱い

この科目は，目標に示す資質・能力を身に付けることができるよう，(1)視覚の原理とデザイン，(2)構成とデザイン，(3)印刷技術とデザイン，(4)デザインの制作の四つの指導項目で，2～8単位程度履修されることを想定して内容を構成している。また，内容を取り扱う際の配慮事項は次のように示している。

（内容を取り扱う際の配慮事項）

3　内容の取扱い
(1) 内容を取り扱う際には，次の事項に配慮するものとする。
　ア　具体的な資料の活用や作品の鑑賞などを通して，生徒が意欲的に作品制作を行うことができるようにすること。
　イ　〔指導項目〕の(1)及び(2)については，具体的な事例を提示して指導すること。
　ウ　〔指導項目〕の(3)については，実習を通して指導すること。
　エ　〔指導項目〕の(4)については，アからウまでのうち，一つ以上を選択し，(1)から(3)までの内容の指導で身に付けたことをもとに作品の制作ができるようにすること。

内容を取り扱う際は，基礎的なグラフィックデザインの知識や技術を身に付け，美的感覚や想像力，感性を養い，作品として表現できるよう指導することが大切である。

また，デザインは，社会情勢などの課題や伝達する目的に応じて実践されるものであり，多様な要素を組み合わせて構成されているものであることから，産業や流通現場，美術館や博物館などの見学や各種情報メディア教材など，実際のデザイン事例を通して具体的に理解できるよう工夫して指導することが大切である。

さらに，デザインが社会に及ぼす影響やデザインに携わる職業人に求められる倫理観を踏まえ，意匠権などの知的財産権に関わる法規など法的な側面からも考察できるよう工夫して指導することが大切である。

アについては，身近で様々な印刷物を鑑賞する学習活動を設定し，印刷デザインに対する興味・関心を喚起し，生徒が意欲的に作品制作を行うことができるように指導することが必要である。さらに，印刷物の目的や意図などについて分析的に観察をしたり評価したりする機会を設定するなどし，自らの作品制作へ生かすことができるようにすることが大切である。

② 内容

> 2　内　容
>
> 　1に示す資質・能力を身に付けることができるよう，次の〔指導項目〕を指導する。

〔指導項目〕

> (1)　視覚の原理とデザイン
> 　ア　視覚の仕組みと認知
> 　イ　印刷デザインの歴史
> 　ウ　視覚情報の伝達とメディア

(1)　視覚の原理とデザイン

　ここでは，科目の目標を踏まえ，視覚の原理を土台として，印刷デザインによる視覚情報の効果的な伝達について理解することをねらいとしている。

　このねらいを実現するため，次の①から③までの事項を身に付けることができるよう，〔指導項目〕を指導する。

　①　視覚の原理とデザインについて理解し，関連する技術を身に付けること。

　②　視覚の原理とデザインに関する基本的な課題を発見し，倫理観を踏まえて合理的かつ創造的に解決策を見いだすこと。

　③　視覚の原理とデザインについて自ら学び，印刷産業の創造と発展を目指す印刷への活用に主体的かつ協働的に取り組むこと。

ア　視覚の仕組みと認知

　ここでは，人間が視覚を通して情報を捉える仕組みについて取り扱う。また，認知については，見えることと見ることとの違い，ものが見える条件，見る目的や意義とその効果などを取り扱う。

イ　印刷デザインの歴史

　ここでは，情報伝達を目的とした印刷デザインの歴史について取り扱う。その際，様々なコミュニケーションツールの誕生から今日の情報メディアへと発展し

てきた歴史について取り扱うとともに，それらが生み出された社会的な背景についても取り上げ，印刷デザインとして用いられる視覚伝達デザインの今日的意義について触れるようにする。

ウ　視覚情報の伝達とメディア

　ここでは，情報を表に整理したり，図やグラフなど可視化して表現したりするなど視覚情報の伝達に関する身近な事例を取り上げ，情報を正確かつ効果的に伝達するためのメディアについて取り扱う。

　特に，適切な情報伝達が行われるための条件，情報を効果的にデザインすることの意義や重要性についても取り扱う。

〔指導項目〕

---

(2) 構成とデザイン
　ア　デザインの概要と構成要素
　イ　構成による視覚心理
　ウ　デザインの基礎技法

---

(2) 構成とデザイン

　ここでは，科目の目標を踏まえ，構成の原理とデザインに関する基礎技法に関する基礎的な知識と技術を習得することをねらいとしている。

　このねらいを実現するため，次の①から③までの事項を身に付けることができるよう，〔指導項目〕を指導する。

①　構成とデザインについて理解し，関連する技術を身に付けること。

②　構成とデザインに関する基本的な課題を発見し，倫理観を踏まえて合理的かつ創造的に解決策を見いだすこと。

③　構成とデザインについて自ら学び，印刷産業の創造と発展を目指す印刷への活用に主体的かつ協働的に取り組むこと。

ア　デザインの概要と構成要素

　ここでは，デザインの概要として，その目的や役割について取り扱う。特に，デザインには社会における情報伝達に関する課題を合理的に解決するという役割があること，デザインされたものが一定の目的にかなった状態で存在していることを取り扱う。その際，目的にかなうデザインに仕上げていくための過程で，デザインの評価と改善を繰り返すことの重要性についても触れる。

　デザインの構成要素として，その形態，色彩，光や材質などを取り上げ，形態については，具象・抽象，点，線，面などを，色彩については，色の三属性，色の体系，配色，混色などを取り扱う。

イ　構成による視覚心理

　　ここでは，造形や色彩を用いるなどといった構成による表現が人間の心理に与える影響について取り上げ，適切な情報伝達を行うための造形と色彩の組み合わせについて取り扱う。その際，造形については，図と地の関係，錯視，ゲシュタルト要因，数理的造形，図形の反復と変化などを，色彩については，暖色，寒色，膨張色，収縮色，進出色，後退色などを取り扱う。また，造形や色彩が人間の心理に与える影響の具体的な事例として，商品パッケージや標識のデザインなどを取り上げ，これらの色彩や造形を変化させたときの印象の変化，人間の心理的影響を考慮したデザインなどについても取り扱う。

ウ　デザインの基礎技法

　　ここでは，効果的な情報伝達やコミュニケーションを実現するために，レイアウトや配色，演出手法の選択などといった基礎技法について取り扱う。レイアウトについては，グリッドシステム，要素のグループ化，ジャンプ率，対称，非対称などを，配色については，補色配色，分裂補色配色，3色配色，類似色相配色などを，演出手法については造形要素のデフォルメ，分割，繰り返し，要素の占有率による空間の使い方，造形による行動の誘導，フォントの使い分け，主題の強調のさせ方などを取り扱う。

〔指導項目〕

---

(3) 印刷技術とデザイン
　　ア　デザインのワークフロー
　　イ　フィニッシュワーク
　　ウ　タイポグラフィー
　　エ　カラー理論
　　オ　レイアウトデザイン
　　カ　インフォグラフィックス

（内容の範囲や程度）

---

(2) 内容の範囲や程度については，次の事項に配慮するものとする。
　　ア　〔指導項目〕の(3)については，レタリングについても取り扱うこと。

---

(3) 印刷技術とデザイン

　　ここでは，科目の目標を踏まえ，印刷物を構成するに当たり基本となる印刷技術とデザインに関する知識と技術を習得することをねらいとしている。

このねらいを実現するため，次の①から③までの事項を身に付けることができるよう，〔指導項目〕を指導する。

① 印刷技術とデザインについて理解し，関連する技術を身に付けること。

② 印刷技術とデザインに関する基本的な課題を発見し，倫理観を踏まえて合理的かつ創造的に解決策を見いだすこと。

③ 印刷技術とデザインについて自ら学び，印刷産業の創造と発展を目指す印刷への活用に主体的かつ協働的に取り組むこと。

ア デザインのワークフロー

ここでは，印刷における企画立案，ＤＴＰ編集，校正，刷版，印刷，製本加工の各工程の概要とワークフローについて取り扱う。企画立案については，印刷物を企画するに当たっての情報収集の手法や収集した情報を基にデザインのコンセプトを立案することなど，伝達する情報を形に変えていくデザインの流れと手順とともに端物，ページ物を企画するに当たっての台割りやレイアウト用紙について取り扱う。また，サムネール，ラフ，カンプ・コンプについても取り扱う。

イ フィニッシュワーク

ここでは，編集・制作工程における製版・印刷工程に入れるための完全原稿の制作に必要な知識と技術を取り扱う。印刷物の構成要素となる文章原稿，写真原稿などに求められる形態や条件を取り扱うとともに，レイアウト指示に必要なトンボ，グラデーション，平網，カラーチャート，特色，色見本，ノセとヌキなどの用語についても取り扱う。

ウ タイポグラフィー

ここでは，印刷における文字原稿となる活字を美しく組み上げるために必要な知識と技術，効果的な視覚伝達を実現するための文字デザインについて取り扱う。その際，書体の種類，文字サイズと行間，文字揃え，文字のジャンプ率などについても取り扱う。

エ カラー理論

ここでは，色の理論と効果的な配色や色の調和について取り扱い，光と色の関係や光の三原色，色の三原色，色の見え方，色の混合，色の三属性，色相，彩度，明度などを取り扱う。また，印刷インクにおける色の再現性や特色などについても触れる。

オ レイアウトデザイン

ここでは，紙面構成の知識や技術について扱う。紙面のトータルバランスを考えた構成やより目的に応じた紙面を構成する要素や見せ方について取り扱う。その際，版面率，図版率，視線の流れ，ジャンプ率，グリッドの拘束率などについて触れる。

カ　インフォグラフィックス

　ここでは，伝達する情報やデータを視覚的に表現するための知識や技術について取り扱う。点や線，面で構成されたチャート，表やグラフなどを取り上げ，造形や配色を工夫し，図式化することで適切な情報伝達やコミュニケーションが実現できることを取り扱う。

〔指導項目〕

```
(4) デザインの制作
　ア　名刺，カレンダー
　イ　広告チラシ，ポスター
　ウ　パッケージ
```

(4) デザインの制作

　ここでは，科目の目標を踏まえ，印刷原稿となる紙面をデザインすることができるようにすることをねらいとしている。

　このねらいを実現するため，次の①から③までの事項を身に付けることができるよう，〔指導項目〕を指導する。

　①　デザインの制作について理解し，関連する技術を身に付けること。

　②　デザインの制作に関する基本的な課題を発見し，倫理観を踏まえて合理的かつ創造的に解決策を見いだすこと。

　③　デザインの制作について自ら学び，印刷産業の創造と発展を目指す印刷への活用に主体的かつ協働的に取り組むこと。

ア　名刺，カレンダー

　ここでは，名刺やカレンダーのデザインを取り上げ，実際に印刷物を企画制作することを取り扱う。特に，レイアウト，配色，演出手法の選択について取り扱い，多様なデザインを観察し，その意図を考察したり，演出の可能性について考えたりするなど実際的な活動を取り扱う。

イ　広告チラシ，ポスター

　ここでは，啓発ポスターや広告チラシのデザインを取り上げ，実際に印刷物を企画制作することを取り扱う。特に，デザインには社会における情報伝達やコミュニケーションに関する課題を合理的に解決するという役割があること，デザインされたものが一定の目的にかなった仕方で存在していることを体験を通して理解できるよう取り扱う。

ウ　パッケージ

　ここでは，商品パッケージや標識のデザインなどを取り上げ，実際に印刷物を

企画制作することを取り扱う。特に，これらの色彩や造形を変化させたときの印象の変化，人間の心理的影響を考慮した印刷デザインなどについて体験を通して理解できるよう取り扱う。

3 印刷製版技術

　この科目は，印刷製版技術に関する知識及び技術を身に付け，印刷製版技術に関する課題を発見し解決する力，印刷産業の創造と発展に寄与する態度など，印刷産業を通じ，地域や社会の健全で持続的な発展を担う職業人として必要な資質・能力を育成することを主眼としたものである。

　今回の改訂においては，印刷技術の進歩を踏まえ，従前の二つの科目「写真製版」と「写真化学・光学」とを統合整理した。現在の印刷における製版技術において，写真製版の理論や技術が応用されていることを踏まえ，製版技術に関する基礎的な内容と新しい製版技術を取り入れて整理し，改善を図った。

(1) 目標

> 1　目　標
> 　印刷に関する見方・考え方を働かせ，実践的・体験的な学習活動を行うことなどを通して，地域や社会の健全で持続的な発展を担う職業人として必要な資質・能力を次のとおり育成することを目指す。
> (1) 印刷製版技術について体系的・系統的に理解するとともに，関連する技術を身に付けるようにする。
> (2) 印刷製版技術に関する課題を発見し，職業人としての倫理観をもって合理的かつ創造的に解決する力を養う。
> (3) 印刷製版技術について，よりよい社会の構築を目指して自ら学び，印刷産業の創造と発展に主体的かつ協働的に取り組む態度を養う。

　この科目においては，印刷における製版技術に関する知識と技術を身に付け，印刷製版技術に関する課題を発見し，職業人として合理的かつ創造的に解決する力，印刷産業の創造と発展に主体的かつ協働的に参画し寄与する態度を養うことをねらいとしている。

　目標の(1)については，製版技術に関する基礎的な知識を身に付けるとともに，製版工程前後の印刷工程に関する基礎的な知識と技術を身に付けるようにすることを意味している。

　目標の(2)については，印刷における製版技術に関する課題を発見し，単に生産性や効率だけを優先させるのではなく，印刷が社会に与える影響に責任をも

ち，科学的な根拠に基づき，印刷技術の進展に対応し創造的に解決する力を養うことを意味している。

目標の(3)については，職業人として必要な豊かな人間性を育み，よりよい社会の構築を目指して自ら学び，印刷産業の創造と発展に主体的かつ協働的に取り組む態度を養うことを意味している。

(2) 内容とその取扱い
① 内容の構成及び取扱い

この科目は，目標に示す資質・能力を身に付けることができるよう，(1)各種版式の特徴と版式，(2)特色印刷とフルカラー印刷における製版，(3)写真製版，(4)デジタル製版の四つの指導項目で，2〜4単位程度履修されることを想定して内容を構成している。また，内容を取り扱う際の配慮事項は次のように示している。

（内容を取り扱う際の配慮事項）

> 3　内容の取扱い
> (1) 内容を取り扱う際には，次の事項に配慮するものとする。
> 　　ア　「印刷総合実習」と関連させながら取り扱い，製版の基礎的な知識
> 　　　や技術の習得を促すよう留意すること。
> 　　イ　刷版工程を含むフィルム製版，プレート製版を総合的に取り扱い，
> 　　　デジタル製版技術の基礎となる基本的な知識や技術について写真製
> 　　　版等の製版技術を通し習得できるよう留意すること。
> 　　ウ　製版材料の保管や取扱いと共に，現像等により生じる廃液等の処
> 　　　理，技術革新による変化についても触れ，環境保全の重要性も取り
> 　　　扱うこと。

内容を取り扱う際は，製版工程前のプリプレス工程，製版工程後の印刷・製本工程と関連付け，製版技術に関する基礎的な知識や技術の習得が総合的に図られるようにすることが大切である。

アについては，知識と技術を統合的に習得することができるよう，「印刷総合実習」と関連させながら取り扱うことが必要である。

イについては，印刷技術のデジタル化といった技術革新により製版技術を可視化して理解することが難しくなっているが，写真製版技術と比較するなどしてデジタル製版技術の理解を図るようにすることが大切である。

ウについては，製版工程における技術革新を踏まえ，製版工程に用いる薬剤や版材，製版により生じる廃液処理など環境保全の重要性をはじめ，薬剤の取扱いや紫外線やレーザー光に対する安全管理などにも配慮することが必要である。

② 内容

> 2 内 容
>
> 　1に示す資質・能力を身に付けることができるよう，次の〔指導項目〕を指導する。

〔指導項目〕

> (1) 各種版式の特徴と版式
> 　ア　凸版印刷における製版
> 　イ　平版印刷における製版
> 　ウ　凹版印刷における製版
> 　エ　孔版印刷における製版

（内容の範囲や程度）

> (2) 内容の範囲や程度については，次の事項に配慮するものとする。
> 　ア　〔指導項目〕の(1)については，印刷の版式に応じた製版を取り扱い，製版材料や工程にも触れること。

(1) 各種版式の特徴と版式

　ここでは，科目の目標を踏まえ，印刷方式の違いによる各種版式とその特徴について理解し，関連する技術を身に付けることをねらいとしている。

　このねらいを実現するため，次の①から③までの事項を身に付けることができるよう，〔指導項目〕を指導する。

　①　各種版式とその特徴について理解し，関連する技術を身に付けること。

　②　各種版式とその特徴に関する基本的な課題を発見し，倫理観を踏まえて合理的かつ創造的に解決策を見いだすこと。

　③　各種版式とその特徴について自ら学び，印刷産業の創造と発展を目指す印刷への活用に主体的かつ協働的に取り組むこと。

ア　凸版印刷における製版

　ここでは，凸版印刷の特徴と製版について取り扱う。版式の原理から印刷の仕組みや製版方法について取り扱う。また，代表的なフレキソ印刷やドライオフセット印刷とその特徴についても取り扱う。

イ　平版印刷における製版

　ここでは，平版印刷の特徴と製版について取り扱う。版式の原理から印刷の仕

組みや製版方法について取り扱う。また，代表的なオフセット印刷とその特徴についても取り扱う。

ウ　凹版印刷における製版

　ここでは，凹版印刷の特徴と製版について取り扱う。版式の原理から印刷の仕組みや製版方法について取り扱う。また，代表的なグラビア印刷とその特徴についても取り扱う。

エ　孔版印刷における製版

　ここでは，孔版印刷の特徴と製版について取り扱う。版式の原理から印刷の仕組みや製版方法について取り扱う。また，代表的なスクリーン印刷とその特徴についても取り扱う。

〔指導項目〕

```
(2) 特色印刷とフルカラー印刷における製版
　ア　モノクロ製版
　イ　カラー製版
```

(2)　特色印刷とフルカラー印刷における製版

　ここでは，科目の目標を踏まえ，平版印刷における製版技術として，特色印刷とフルカラー印刷における製版について理解し，関連する技術を身に付けることをねらいとしている。

　このねらいを実現するため，次の①から③までの事項を身に付けることができるよう，〔指導項目〕を指導する。

　①　特色印刷とフルカラー印刷における製版について理解し，関連する技術を身に付けること。

　②　特色印刷とフルカラー印刷における製版に関する基本的な課題を発見し，倫理観を踏まえて合理的かつ創造的に解決策を見いだすこと。

　③　特色印刷とフルカラー印刷における製版について自ら学び，印刷産業の創造と発展を目指す印刷への活用に主体的かつ協働的に取り組むこと。

ア　モノクロ製版

　ここでは，写真製版を基礎とし，カメラの仕組み，写真撮影と製版に関する知識と技術について取り扱う。モノクロ製版における網点やスクリーン線数による濃淡や諧調の表現について取り扱う。また，フィルム現像やPS（Presensitized）版を用いた刷版についても取り扱う。

イ　カラー製版

　ここでは，フィルムセッタを用いた色分解によるカラー製版について扱う。C

（Cyan）版，M（Magenta）版，Y（Yellow）版，K（Key plate）版と製版における スクリーン角度，モアレの軽減，AM（Amplitude Modulation）スクリーン，FM（Frequency Modulation）スクリーンなどのスクリーニングについて取り扱う。また，フィルム現像やPS（Presensitized）版を用いた刷版についても取り扱う。

〔指導項目〕

---

(3) 写真製版
　ア　カメラ原理
　イ　写真用感光材料
　ウ　現像処理
　エ　刷版

（内容の範囲や程度）

イ　〔指導項目〕の(3)については，光と色の基礎となる知識に加え，光源と照明，カメラのレンズや絞り，露光と光化学，写真濃度，網点とスクリーン線数についても取り扱うこと。

---

(3) 写真製版

　ここでは，科目の目標を踏まえ，現在の製版技術にも応用されている写真製版について理解し，関連する技術を身に付けることをねらいとしている。
　このねらいを実現するため，次の①から③までの事項を身に付けることができるよう，〔指導項目〕を指導する。
① 写真製版について理解し，関連する技術を身に付けること。
② 写真製版に関する基本的な課題を発見し，倫理観を踏まえて合理的かつ創造的に解決策を見いだすこと。
③ 写真製版について自ら学び，印刷産業の創造と発展を目指す印刷への活用に主体的かつ協働的に取り組むこと。

ア　カメラ原理

　ここでは，カメラに関する基本的な知識や構造など原理的なことについて取り扱う。実際にカメラを用いる場合，取扱い方や保管等についても触れるようにする。

イ　写真用感光材料

　ここでは，感光物質として，特に，フィルムや印画紙の組成について取り扱

う。また，感光材料における光化学反応の理論については，感光材料の光による変化やカラー写真についても取り扱う。

ウ　現像処理

ここでは，潜像を薬品により現像処理することやその方法についての理解が図られるよう各種薬品の性質と使用法，現像液の調合について取り扱う。

エ　刷版

ここでは，オフセット印刷（平版印刷）で使用する刷版について，その種類や工程について取り扱う。

〔指導項目〕

```
(4) デジタル製版
  ア　フィルムセッタとプレートセッタ
  イ　RIP処理
  ウ　色分解と色再現
```

（内容の範囲や程度）

```
ウ　〔指導項目〕の(4)についてはスキャナーによる色分解，コンピュータ
  からの色分解出力，ダイレクト製版について技術革新によるメリットを
  含め具体的に取り扱うこと。また，アナログ製版の知識や技術がデジタ
  ル製版に生かされていることも触れること。
```

(4) デジタル製版

ここでは，科目の目標を踏まえ，製版技術の進歩とデジタル製版の仕組みを理解し，関連する技術を身に付けることをねらいとしている。

このねらいを実現するため，次の①から③までの事項を身に付けることができるよう，〔指導項目〕を指導する。

① デジタル製版について理解し，関連する技術を身に付けること。

② デジタル製版に関する基本的な課題を発見し，倫理観を踏まえて合理的かつ創造的に解決策を見いだすこと。

③ デジタル製版について自ら学び，印刷産業の創造と発展を目指す印刷への活用に主体的かつ協働的に取り組むこと。

ア　フィルムセッタとプレートセッタ

ここでは，フィルムセッタからプレートセッタへの技術革新について取り扱う。特に，プレートセッタの種類や製版方式，プレートの種類と製版の特徴につ

いても取り扱う。また，技術革新によるメリットについても触れる。

イ　RIP（Raster Image Processor）処理

ここでは，ＤＴＰシステムからの製版工程における出力データの処理について取り扱う。ＤＴＰで作成した様々なデータをラスタライズし，ビットマップデータに変換する原理や仕組みとワークフローについて取り扱う。また，スクリーニング，面付けなどについても触れる。

ウ　色分解と色再現

ここでは，印刷における色の再現について取り扱う。特に，色分解における網点作成による色の再現性に対する限界と忠実な色再現を行うための製版と印刷について取り扱う。その際，データ出力前のカラーマッチングや色校正やプロセスインクによる印刷とも関連付けて取り扱う。

4　ＤＴＰ技術

この科目は，ＤＴＰ技術に関する知識及び技能を身に付け，ＤＴＰ技術に関する課題を発見し解決する力，印刷産業の創造と発展に寄与する態度など，印刷産業を通じ，地域や社会の健全で持続的な発展を担う職業人として必要な資質・能力を育成することを主眼としたものである。

今回の改訂においては，印刷技術の進歩とそれに伴う印刷物や印刷産業の在り方も変化していることを踏まえ，従前の「文書処理・管理」の科目の内容を現在主流となっているＤＴＰ技術を中心とした内容構成にするよう学習内容を整理し，改善を図った。

(1) 目標

1　目　標

印刷に関する見方・考え方を働かせ，実践的・体験的な学習活動を行うことなどを通して，地域や社会の健全で持続的な発展を担う職業人として必要な資質・能力を次のとおり育成することを目指す。

(1) ＤＴＰ技術について体系的・系統的に理解するとともに，関連する技術を身に付けるようにする。

(2) ＤＴＰ技術に関する課題を発見し，職業人としての倫理観をもって合理的かつ創造的に解決する力を養う。

(3) ＤＴＰ技術について，よりよい社会の構築を目指して自ら学び，印刷産業の創造と発展に主体的かつ協働的に取り組む態度を養う。

この科目においては，デジタルプリプレスに関する知識と技術を身に付け，Ｄ

ＴＰ技術に関する課題を発見し，職業人として合理的かつ創造的に解決する力，印刷産業の創造と発展に主体的かつ協働的に参画し寄与する態度を養うことをねらいとしている。

目標の(1)については，コンピュータ画面上で行うＤＴＰ編集に関する基礎的な知識を身に付けるとともに，デジタルプリプレスに関する基礎的な知識と技術を身に付けるようにすることを意味している。

目標の(2)については，デジタルプリプレスに関する課題を発見し，単に生産性や効率だけを優先させるのではなく，印刷が社会に及ぼす影響に責任をもち，科学的な根拠に基づき，印刷技術の進展に対応し創造的に解決する力を養うことを意味している。

目標の(3)については，職業人として必要な豊かな人間性を育み，よりよい社会の構築を目指して自ら学び，印刷産業の創造と発展に主体的かつ協働的に取り組む態度を養うことを意味している。

(2) 内容とその取扱い
① 内容の構成及び取扱い

この科目は，目標に示す資質・能力を身に付けることができるよう，(1) ＤＴＰで取り扱う情報メディアの種類と特性，(2) ＤＴＰシステム，(3) デジタルプリプレスの三つの指導項目で，2～8単位程度履修されることを想定して内容を構成している。また，内容を取り扱う際の配慮事項は次のように示している。

（内容を取り扱う際の配慮事項）

3　内容の取扱い
 (1) 内容を取り扱う際には，次の事項に配慮するものとする。
　ア　指導に当たっては，印刷産業における実践的な知識と技術の習得を図るよう，生徒や学校の実態に応じて，適切なアプリケーションソフトウェアを選択し指導すること。また，実習を通し，情報メディアの編集処理に関わる技術を著作権など知的財産の取扱いにも留意して習得させること。
　イ　〔指導項目〕の(2)については，(3)と関連付けて指導すること。
　ウ　他の印刷に関する各科目と関連付けて指導すること。

アについては，専門的なアプリケーションソフトウェアの活用のみならず，汎用アプリケーションソフトウェアで代用することでの活用上の課題や改善工夫を行うなどの学習活動を取り入れ，生徒や学校の実態に応じた適切なアプリケーションソフトウェアを有効利用して行うこと。また，知的財産保護に留意し，イン

ターネット上の画像について適切に利用するよう指導することが必要である。

　イについては，〔指導項目〕の(2)のDTPシステムを取り扱う際は，実際の作業工程を経るなど実際的な活動を通して理解し技術を身に付けることが重要であるため，(3)のアのワークフローと関連付けて指導を行うことが必要である。

　ウについては，内容を取り扱う際は，「印刷情報技術」や「デジタル画像技術」と「印刷総合実習」と関連付けて取り扱うことが大切である。

② 内容

2　内　容
　　1に示す資質・能力を身に付けることができるよう，次の〔指導項目〕を指導する。

〔指導項目〕

---
(1)　DTPで取り扱う情報メディアの種類と特性
　ア　文字
　イ　図形
　ウ　静止画

（内容の範囲や程度）

---
(2)　内容の範囲や程度については，次の事項に配慮するものとする。
　ア　〔指導項目〕の(1)については，具体的な事例を通して，それぞれの表現メディアの特性やデジタル化に関する基本的な原理について取り扱うこと。
---

(1)　DTPで取り扱う情報メディアの種類と特性

　ここでは，科目の目標を踏まえ，DTP作業で取り扱う情報メディアの種類と特性を理解し，活用することをねらいとしている。

　このねらいを実現するため，次の①から③までの事項を身に付けることができるよう，〔指導項目〕を指導する。

　①　DTPで取り扱う情報メディアの種類と特性について理解し，関連する技術を身に付けること。

　②　DTPで取り扱う情報メディアの種類と特性について基本的な課題を発見し，倫理観を踏まえて合理的かつ創造的に解決策を見いだすこと。

③　DTPで取り扱う情報メディアの種類と特性について自ら学び，印刷産業の創造と発展を目指す印刷への活用に主体的かつ協働的に取り組むこと。

ア　文字

ここでは，印刷物を制作する際に活用する文字データの種類，特性について取り扱う。文字コード，機種依存文字，改行コード，書体，文字のアウトライン化などを取り扱う。

イ　図形

ここでは，印刷物を制作する際に活用する図形データの種類，特性について取り扱う。点，線，面，円，多角形などの基本図形の表現や座標変換による図形と投影図の生成などを取り扱う。

ウ　静止画

ここでは，印刷物を制作する際に活用する静止画データの種類や特性について取り扱う。アナログ画像とデジタル画像の比較，画像の標本化と量子化及び符号化，解像度と画像サイズ，階調表現，色彩表現，ペイント系ソフトウェアとドロー系ソフトウェアの特色，様々なファイル形式とその特徴などについて取り扱う。

〔指導項目〕

---

(2)　DTPシステム

　ア　ハードウェア，ソフトウェア

　イ　文書作成，編集，管理

　ウ　画像作成，編集，管理

　エ　DTP編集

（内容の範囲や程度）

イ　〔指導項目〕の(2)のイについては，ビジネス文書をはじめとした様々なドキュメント様式についても取り上げ，それぞれの特性やコンピュータによる編集に必要な基礎的な知識と技術について取り扱うこと。また，校正作業についても取り扱うこと。

ウ　〔指導項目〕の(2)のウについては，ラスタデータ（形式）画像やベクタデータ（形式）画像を取り上げ，それぞれの特性やコンピュータによる編集に必要な基礎的な知識と技術について取り扱うこと。また，図表によるグラフィックスについても取り扱うこと。

---

(2)　ＤＴＰシステム

　ここでは，科目の目標を踏まえ，ＤＴＰシステムを理解し，効果的に活用することをねらいとしている。

　このねらいを実現するため，次の①から③までの事項を身に付けることができるよう，〔指導項目〕を指導する。

①　ＤＴＰシステムについて理解し，関連する技術を身に付けること。

②　ＤＴＰシステムに関する基本的な課題を発見し，倫理観を踏まえて合理的かつ創造的に解決策を見いだすこと。

③　ＤＴＰシステムについて自ら学び，印刷産業の創造と発展を目指す印刷への活用に主体的かつ協働的に取り組むこと。

ア　ハードウェア，ソフトウェア

　ここでは，印刷産業においてＤＴＰシステムの概要を取り扱う。一般的に利用されているコンピュータの性能や使用ソフトウェア，デジタルカメラやスキャナーなどの入力機器，レーザープリンタやインクジェットプリンタをはじめ刷版処理を行うCTP（Computer To Plate）などの出力機器に至るまで，印刷の工程で活用するシステム全般について取り扱う。

イ　文書作成，編集，管理

　ここでは，実践的な文書を作成するための基礎的な知識と技術について取り扱う。産業界で広く利用されている報告書，企画書，提案書，説明書などの文書や新聞や雑誌の記事を取り上げ，文書の構成，定型化，作成目的など情報を文書化することの必要性や重要性について取り扱う。また，収集した情報や作成した文書などを活用しやすくするための分類，整理，保存についても取り扱う。また，情報セキュリティに配慮した情報や文書などの管理手法についても取り扱う。その際，著作権などの知的財産を適切に管理することや情報の管理に関する法規などについても触れる。

ウ　画像作成，編集，管理

　ここでは，実践的な図形や画像を作成するための基礎的な知識と技術について取り扱う。写真やイラストレーションなどを取り上げ，それぞれの特性を取り扱うとともに，スキャナーなどの周辺機器を利用した素材の取り込みやペイント系及びドロー系のアプリケーションソフトウェアの特色と編集技法など，コンピュータによる編集について取り扱う。また，画像データに関する静止画の解像度，加法混色と減法混色，色相・彩度・明度，カラーモード（CMYK（Cyan Magenta Yellow Key plate），RGB（Red Green Blue）など），色調や露出などの補正，キズやごみ取りなどの修正，トリミング，レイヤー，画像合成，様々なファイル形式などについても取り扱う。

エ DTP編集

　ここでは，ページレイアウトに関するアプリケーションソフトウェアなどを使って，印刷出力に対応するデータを制作するために必要な知識や技術について取り扱う。具体的な印刷原稿の制作を通して，紙面設計，文字の入稿と組版，画像の配置と紙面構成，入稿データの整理と点検などを取り扱う。

〔指導項目〕

(3) デジタルプリプレス
　　ア　ワークフロー
　　イ　フォント，組版
　　ウ　カラーマネジメント
　　エ　データの出力，入稿，面付け

（内容の範囲や程度）

エ　〔指導項目〕の(3)のウの詳細は，デジタル画像技術で取り扱うこと。また，エについては，スクリーニングやカンプとプルーフについても触れること。

(3) デジタルプリプレス

　ここでは，科目の目標を踏まえ，ＤＴＰ技術を用いたデジタルプリプレスについて理解し，関連する技術を身に付けることをねらいとしている。

　このねらいを実現するため，次の①から③までの事項を身に付けることができるよう，〔指導項目〕を指導する。

　①　デジタルプリプレスの基礎的事項について理解し，関連する技術を身に付けること。

　②　デジタルプリプレスに関する基本的な課題を発見し，倫理観を踏まえて合理的かつ創造的に解決策を見いだすこと。

　③　デジタルプリプレスについて自ら学び，印刷産業の創造と発展を目指す印刷への活用に主体的かつ協働的に取り組むこと。

ア　ワークフロー

　ここでは，一般的なＤＴＰのワークフローについて取り扱う。その手順は，ページデザイン，ページフォーマット，素材データのチェックと整理，ページレイアウト，校正紙出力と赤字修正，入稿データの作成を基本として取り扱う。

イ　フォント，組版

　ここでは，ＤＴＰ作業にも求められるフォントと組版に関する知識と技術を取り扱う。ビットマップフォントとアウトラインフォント，PostScriptフォント，TrueTypeフォント，文字サイズと行間，字間と文字送り，均等送りとプロポーショナル送り，文字詰め，文字揃えなどに加え，禁則処理やルビなどの組版ルールについて取り扱う。

ウ　カラーマネジメント

　ここでは，ＤＴＰ作業にも求められるカラーマネジメントに関する知識と技術を取り扱う。色をより正確に捉えるための色の数値化および規格については，表色系，ΔE，デバイスインディペンディントカラーについて取り扱う。また，カラーマネジメントの必要性や効果とともにその実際については，カラーマッチング，モニターのキャリブレーションとプロファイルの作成や入手，カラーマネジメントシステム（CMS）運用による補正についても取り扱う。

エ　データの出力，入稿，面付け

　ここでは，ＤＴＰ編集後のセッタ出力データ（入稿データ）に関する知識と技術を取り扱う。フィルムセッタやプレートセッタへの出力前のデータ校正（プルーフ）や確認（プレフライト）及び，デジタル色校正（DDCP），ページを割り付ける面付け，データのRIP（Raster Image Processor）処理やスクリーニングについて取り扱う。

5　印刷情報技術

　この科目は，印刷情報技術に関する知識と技術を身に付け，印刷情報技術に関する課題を発見し解決する力，印刷産業の創造と発展に寄与する態度など，印刷産業を通じ，地域や社会の健全で持続的な発展を担う職業人として必要な資質・能力を育成することを主眼としたものである。

　今回の改訂においては，印刷技術の進歩に伴い印刷情報技術の意義や重要性が増していることを踏まえ，科目名を変更し，従前の四つの内容について整理して五つの指導項目を設定するなど改善を図った。

(1) 目標

> 　１　目　標
> 　　印刷に関する見方・考え方を働かせ，実践的・体験的な学習活動を行うことなどを通して，地域や社会の健全で持続的な発展を担う職業人として必要な資質・能力を次のとおり育成することを目指す。
> 　(1) 印刷情報技術について体系的・系統的に理解するとともに，印刷産

業に関連する技術を身に付けるようにする。

(2) 印刷情報技術に関する課題を発見し，職業人としての倫理観をもって合理的かつ創造的に解決する力を養う。

(3) 印刷情報技術について，よりよい社会の構築を目指して自ら学び，印刷産業の創造と発展に主体的かつ協働的に取り組む態度を養う。

　この科目においては，印刷情報技術に関する知識と技術を身に付け，印刷情報技術に関する課題を発見し，職業人として合理的かつ創造的に解決する力，印刷産業の創造と発展に主体的かつ協働的に参画し寄与する態度を養うことをねらいとしている。

　目標の(1)については，印刷情報技術についての基礎的な知識を身に付けるとともに，印刷産業における情報技術の活用に関する基礎的な知識と技術を身に付けるようにすることを意味している。

　目標の(2)については，印刷情報技術に関する課題を発見し，単に生産性や効率だけを優先させるのではなく，印刷が社会に及ぼす影響に責任をもち，科学的な根拠に基づき，印刷技術の進展に対応し創造的に解決する力を養うことを意味している。

　目標の(3)については，職業人として必要な豊かな人間性を育み，よりよい社会の構築を目指して自ら学び，印刷産業の創造と発展に主体的かつ協働的に取り組む態度を養うことを意味している。

(2) 内容とその取扱い
① 内容の構成及び取扱い

　この科目は，目標に示す資質・能力を身に付けることができるよう，(1)産業社会と情報技術，(2)コンピュータシステム，(3)プログラミングの基礎とコンピュータ制御，(4)コンピュータネットワーク，(5)印刷産業における情報技術の活用の五つの指導項目で，2〜8単位程度履修されることを想定して内容を構成している。また，内容を取り扱う際の配慮事項は次のように示している。

　(内容を取り扱う際の配慮事項)

　3　内容の取扱い
　(1) 内容を取り扱う際には，次の事項に配慮するものとする。
　　ア　指導に当たっては，コンピュータの操作を通して具体的に理解させること。また，生徒の実態や学科の特色に応じて，適切なオペレーティングシステム及びアプリケーションプログラムを選択し，印刷に関する題材やデータなどを用いた実習を通して，情報を主体的

に活用できるように指導すること。また，他の印刷に関する各科目
と関連付けて実習や演習を中心として取り扱うこと。

イ 〔指導項目〕の(2)については，コンピュータシステムの概要につい
て理解させるとともに，利用に必要な基本的な操作を習得させること。
また，印刷産業におけるコンピュータシステムについても触れること。

ウ 〔指導項目〕の(3)については，生徒の実態や学科の特色に応じて，
扱わないことができること。

エ 〔指導項目〕の(5)については，情報機器や情報通信ネットワークを
活用して，適切な情報の収集，整理，分析，表現及び発表をさせるこ
と。また，印刷産業におけるコンピュータネットワークの活用につい
ても触れること。

　内容を取り扱う際は，コンピュータの操作による実習を中心として，数値・文
字・音声・画像などがデジタル情報としてどのように処理されているかを理解さ
せるとともに，その処理技術を身に付けさせることが大切である。また，実際に
これらの技術を活用していく学習の過程で，情報技術が印刷産業の進展に及ぼす
影響を考えさせ，情報社会に生きる職業人としての使命を認識するよう指導する
ことが大切である。

　アについては，価値の高い身近な題材を教材として取り入れ，データの作成と
活用を目的とした情報を主体的に活用できるように指導することが大切である。

　イについては，コンピュータシステムの概要について理解させるとともに，利
用に必要な基本的なコンピュータ操作を習得させる。

② 内容

2 内 容
　1に示す資質・能力を身に付けることができるよう，次の〔指導項目〕
を指導する。

〔指導項目〕

(1) 産業社会と情報技術
　ア 情報化の進展と産業社会
　イ 情報の価値と情報モラル
　ウ 情報のセキュリティ管理

（内容の範囲や程度）

> (2) 内容の範囲や程度については，次の事項に配慮するものとする。
>   ア 〔指導項目〕の(1)については，情報化の進展が産業社会に及ぼす影響について，身近な事例を取り扱うこと。また，個人のプライバシーや著作権など知的財産の保護，収集した情報の管理，発信する情報に対する責任などの情報モラルと情報のセキュリティ管理の方法を取り扱うこと。

(1) 産業社会と情報技術

　ここでは，科目の目標を踏まえ，情報化の進展が産業社会に及ぼす影響や情報の有効活用と管理について理解し，関連する技術を身に付けることをねらいとしている。

　このねらいを実現するため，次の①から③までの事項を身に付けることができるよう，〔指導項目〕を指導する。

　① 産業社会と情報技術について理解し，関連する技術を身に付けること。
　② 産業社会と情報技術に関する基本的な課題を発見し，倫理観を踏まえて合理的かつ創造的に解決策を見いだすこと。
　③ 産業社会と情報技術について自ら学び，印刷産業の創造と発展を目指す印刷への活用に主体的かつ協働的に取り組むこと。

ア 情報化の進展と産業社会

　ここでは，情報化の進展と産業社会との関連について取り扱う。特に，コンピュータの歴史や利用形態など情報技術の進展が産業社会に及ぼしている影響について取り扱う。

イ 情報の価値と情報モラル

　ここでは，情報の価値とその情報を取り扱う際の留意点について取り扱う。情報の収集・発信の際の責任や情報モラル，個人情報などの保護，著作権などの知的財産の制度や保護について取り扱う。

ウ 情報のセキュリティ管理

　ここでは，コンピュータの不正使用，コンピュータウイルスなどを防止するための情報セキュリティについて取り扱う。データの暗号化技術，電子認証技術，コンピュータウイルス対策ソフトウェアなどの活用について取り扱う。その際，コンピュータの誤作動や障害が産業社会に与える影響とその対応策についても触れる。

（指導項目）

> (2) コンピュータシステム
>   ア　ハードウェアとソフトウェア
>   イ　オペレーティングシステムの基礎
>   ウ　アプリケーションソフトウェアの利用

(2) コンピュータシステム

　ここでは，科目の目標を踏まえ，コンピュータの仕組みとシステムについて理解し，ソフトウェアを活用することをねらいとしている。

　このねらいを実現するため，次の①から③までの事項を身に付けることができるよう，〔指導項目〕を指導する。

　① コンピュータシステムについて理解し，関連する技術を身に付けること。

　② コンピュータシステムに関する基本的な課題を発見し，倫理観を踏まえて合理的かつ創造的に解決策を見いだすこと。

　③ コンピュータシステムについて自ら学び，印刷産業の創造と発展を目指す印刷への活用に主体的かつ協働的に取り組むこと。

ア　ハードウェアとソフトウェア

　ここでは，コンピュータを構成するハードウェアとソフトウェアについて取り扱う。コンピュータのハードウェアの基本的な構成，内部で処理されるデータの流れ及びソフトウェアの特徴などを取り扱う。その際，情報セキュリティの技術と関連させて取り扱うようにする。

イ　オペレーティングシステムの基礎

　ここでは，オペレーティングシステムの基礎として，オペレーティングシステムの役割や機能，その種類と目的，必要性と基本的な操作について取り扱う。

ウ　アプリケーションソフトウェアの利用

　ここでは，アプリケーションソフトウェアの利用について取り扱う。文書処理，表計算，データベース，グラフィックス，プレゼンテーションなどのアプリケーションソフトウェアの特徴や役割とその基本的な操作について取り扱う。

（指導項目）

> (3) プログラミングの基礎とコンピュータ制御
>   ア　プログラム言語と流れ図
>   イ　基本的なプログラミング
>   ウ　コンピュータ制御の基礎

> イ 〔指導項目〕の(3)のイについては，基本的なプログラムの作成方法を
> 取り扱うこと。ウについては，身近な事例を通してコンピュータ制御と
> 組み込みの概要を取り扱うこと。

(3) プログラミングの基礎とコンピュータ制御

ここでは，科目の目標を踏まえ，プログラミングの基礎とコンピュータ制御に
ついての知識と技術を身に付けることをねらいとしている。

このねらいを実現するため，次の①から③までの事項を身に付けることができ
るよう，〔指導項目〕を指導する。

① プログラミングの基礎とコンピュータ制御について理解し，関連する技術
を身に付けること。

② プログラミングの基礎とコンピュータ制御に関する基本的な課題を発見
し，倫理観を踏まえて合理的かつ創造的に解決策を見いだすこと。

③ プログラミングの基礎とコンピュータ制御について自ら学び，印刷産業の
創造と発展を目指す印刷への活用に主体的かつ協働的に取り組むこと。

ア プログラム言語と流れ図

ここでは，プログラム言語と流れ図について取り上げ，基本的な処理のアルゴ
リズムとしての流れ図，プログラミング言語の種類や役割，プログラミングの意
義について取り扱う。

イ 基本的なプログラミング

ここでは，基本的なアルゴリズムを活用した効果的なプログラムの作成方法に
ついて取り扱う。その際，プログラム言語を使って，データを入力し，結果を出
力するためのプログラムを作成するなど，体験的な活動を取り扱うようにする。

ウ コンピュータ制御の基礎

ここでは，コンピュータ制御の概要について取り扱う。身近な事例を取り上
げ，マイクロコンピュータとインタフェースによるLEDの点滅やモータの回転
などの基本的な制御技術について取り扱う。

〔指導項目〕

> (4) コンピュータネットワーク
>   ア コンピュータネットワークの概要
>   イ コンピュータネットワークの構成

(4) コンピュータネットワーク

　ここでは，科目の目標を踏まえ，コンピュータネットワークの構成と運用に関する知識と技術を身に付けることをねらいとしている。

　このねらいを実現するため，次の①から③までの事項を身に付けることができるよう，〔指導項目〕を指導する。

　①　コンピュータネットワークについて理解し，関連する技術を身に付けること。

　②　コンピュータネットワークに関する基本的な課題を発見し，倫理観を踏まえて合理的かつ創造的に解決策を見いだすこと。

　③　コンピュータネットワークについて自ら学び，印刷産業の創造と発展を目指す印刷への活用に主体的かつ協働的に取り組むこと。

ア　コンピュータネットワークの概要

　ここでは，コンピュータネットワークの概要を取り扱う。データ通信の基本構成を取り上げ，データ通信に関する基本的な仕組みや働きについて取り扱う。

イ　コンピュータネットワークの構成

　ここでは，コンピュータネットワークの構成について取り扱う。コンピュータとネットワークデバイスの接続，コンピュータ同士の接続，データや周辺機器を共有するネットワークの構築について取り扱う。その際，ネットワークシステムの構築と運用するための設定を行うなど，実際的な活動を取り扱うようにする。

ウ　コンピュータネットワークの通信技術

　ここでは，コンピュータネットワークにおける通信技術を取り扱う。TCP／IP（Transmission Control Protocol/Internet Protocol）やルーティングプロトコルなどを取り上げ，プロトコルの基本的な仕組みと機能について取り扱う。また，伝送制御の手順について取り上げ，情報通信ネットワークを経由し，コンピュータ同士又は通信端末同士が通信できる仕組みについても取り扱う。

〔指導項目〕

---

(5) 印刷産業における情報技術の活用
　ア　情報の収集と活用
　イ　ＤＴＰ活用とデジタル印刷

（内容の範囲や程度）

> ウ 〔指導項目〕の(5)のアについては，情報通信ネットワークを活用した情報の収集，処理及び発信について体験的に理解させること。イについては，生徒の実態に応じてアプリケーションソフトウェアを選択し，入稿，印刷システムへの前段階となるプリプレスに関する知識や技術を含め，取り扱うこと。また，印刷に関する分野における最新の情報機器の活用についても触れること。

(5) 印刷産業における情報技術の活用

　ここでは，科目の目標を踏まえ，印刷産業における情報技術の活用について理解し，関連する技術を身に付けることをねらいとしている。

　このねらいを実現するため，次の①から③までの事項を身に付けることができるよう，〔指導項目〕を指導する。

① 印刷産業における情報技術の活用について理解し，関連する技術を身に付けること。

② 印刷産業における情報技術の活用に関する基本的な課題を発見し，倫理観を踏まえて合理的かつ創造的に解決策を見いだすこと。

③ 情報技術について自ら学び，印刷産業の創造と発展に主体的かつ協働的に取り組むこと。

ア 情報の収集と活用

　ここでは，情報の収集及び活用について取り扱う。多くの情報の中から望ましい情報を正しく判断して収集する方法とその際の留意点について取り扱う。また，適切なドキュメンテーションの作成方法や表計算ソフト，プレゼンテーションソフトなどを使った活用についても取り扱う。

イ DTP活用とデジタル印刷

　ここでは，コンピュータを用いた統合型デジタル編集を取り扱う。実際に文字や図，イラスト，写真などを取り上げ，印刷産業で活用されるページレイアウトソフトウェアを用いたDTP編集について取り扱う。また，デジタル印刷の原理や特徴についても取り扱う。

6 デジタル画像技術

　この科目は，デジタル画像技術に関する知識及び技術を身に付け，デジタル画像技術に関する課題を発見し解決する力，印刷産業の創造と発展に寄与する態度など，印刷産業を通じ，地域や社会の健全で持続的な発展を担う職業人として必要な資質・能力を育成することを主眼としたものである。

今回の改訂においては，印刷技術の進歩に伴い，画像技術もデジタル化されていることを踏まえ，科目名を変更するとともに，学習内容を整理し，改善を図った。

(1) 目標

> 1　目　標
>
> 　印刷に関する見方・考え方を働かせ，実践的・体験的な学習活動を行うことなどを通して，地域や社会の健全で持続的な発展を担う職業人として必要な資質・能力を次のとおり育成することを目指す。
> (1) デジタル画像技術について体系的・系統的に理解するとともに，関連する技術を身に付けるようにする。
> (2) デジタル画像技術に関する課題を発見し，職業人としての倫理観をもって合理的かつ創造的に解決する力を養う。
> (3) デジタル画像技術について，よりよい社会の構築を目指して自ら学び，印刷産業の創造と発展に主体的かつ協働的に取り組む態度を養う。

　この科目においては，デジタル画像技術に関する知識と技術を身に付け，情報伝達や印刷産業に関する課題を発見し，職業人として合理的かつ創造的に解決する力，印刷産業の創造と発展に主体的かつ協働的に参画し寄与する態度を養うことをねらいとしている。

　目標の (1) については，画像技術について基礎的な知識を身に付けるとともに，印刷データとして取り扱うデジタル画像に関する基礎的な知識と技術を身に付けるようにすることを意味している。

　目標の (2) については，デジタル画像に関する課題を発見し，単に生産性や効率だけを優先させるのではなく，印刷が社会に与える影響に責任をもち，科学的な根拠に基づき，印刷技術の進展に対応し創造的に解決する力を養うことを意味している。

　目標の (3) については，職業人として必要な豊かな人間性を育み，よりよい社会の構築を目指して自ら学び，印刷産業の創造と発展に主体的かつ協働的に取り組む態度を養うことを意味している。

(2) 内容とその取扱い
① 内容の構成及び取扱い

　この科目は，目標に示す資質・能力を身に付けることができるよう，(1) デジタル画像，(2) 画像入力機器，(3) デジタルデータ，(4) 画像の作成と処理，(5)

デジタルデータ入稿の五つの指導項目で，2〜8単位程度履修されることを想定して内容を構成している。

また，内容を取り扱う際の配慮事項は次のように示している。

（内容を取り扱う際の配慮事項）

> 3 内容の取扱い
>
> (1) 内容を取り扱う際には，次の事項に配慮するものとする。
>
> ア 指導に当たっては，「印刷情報技術」，「DTP技術」及び「印刷総合実習」と関連させながら，コンピュータを活用し画像処理の基礎的な知識と技術を習得させること。
>
> イ 生徒の実態や興味・関心に応じ，関連ソフトウェアの積極的な活用を図り，表現として画像データを実践的に印刷として応用できるよう知識と技術の習得を図ること。

内容を取り扱う際は，実習を通して，印刷原稿として用いる画像データの作成や処理を行い，入稿を前提としたデジタル画像技術の知識と技術の習得を図ることが大切である。

アについては，基礎教科となる「印刷情報技術」や入稿データの作成など応用教科となる「DTP技術」との関連性と系統性を考慮し，「印刷総合実習」において総合的に技術の習得が図られるようにすることが大切である。

イについては，画像処理ソフトウェアを用いた作品を印刷原稿の教材とするなど，生徒の実態や興味・関心に応じ，実践的に印刷として応用できるよう知識と技術の習得を図ることが大切である。

② 内容

> 2 内 容
>
> 1の資質・能力を身に付けることができるよう，次の〔指導項目〕を指導する。

（指導項目）

> (1) デジタル画像
>
> ア デジタルデータの特徴
>
> イ 画像のデジタル化
>
> ウ 画像の記憶と再現

> (2) 内容の範囲や程度については，次の事項に配慮するものとする。
>
> ア 〔指導項目〕の(1)については，ＡＤ変換における量子化や符号化と
> 共にデータ量を表すバイトやビットなど文字と画像をデジタルデータ
> として扱う際の基礎的な知識について取り扱うこと。

(1) デジタル画像

ここでは，科目の目標を踏まえ，デジタル画像データについて理解し，関連する技術を身に付けることをねらいとしている。

このねらいを実現するため，次の①から③までの事項を身に付けることができるよう，〔指導項目〕を指導する。

① デジタル画像について理解し，関連する技術を身に付けること。

② デジタル画像に関する基本的な課題を発見し，倫理観を踏まえて合理的かつ創造的に解決策を見いだすこと。

③ デジタル画像について自ら学び，印刷産業の創造と発展を目指す印刷への活用に主体的かつ協働的に取り組むこと。

ア デジタルデータの特徴

ここでは，文字，静止画，動画，三次元映像，音声などのデジタルデータを取り上げ，デジタルデータの種類や特徴について取り扱う。その際，デジタルデータのメリット，デジタルデータの2進数による表現，データの標本化や量子化について取り扱う。特に，コンピュータの内部では文字，音，画像などの情報がいずれも「0」と「1」のビット（Bit）列で表現されていること，情報がデジタル化されていることによって多様な形態の情報を統合化して処理することなどについて触れるようにする。

イ 画像のデジタル化

ここでは，画像のデジタル化について取り扱う。画像をデジタル化するために必要な基礎的な仕組みや理論を取り扱う。その際，実際にデジタル化する際に入力装置として活用するデジタルカメラ，イメージスキャナーについても触れるようにする。

ウ 画像の記憶と再現

ここでは，デジタル化されたデータに関する記憶，符号化，再現について取り扱う。

〔指導項目〕

(2) 画像入力機器
 ア デジタルカメラ
 イ スキャナー

(内容の範囲や程度)

 イ 〔指導項目〕の(2)については，入力機器の仕組みや構造を含め，光情
   報を電気信号に置き換える仕組みについて取り扱うこと。

(2) 画像入力機器

 ここでは，科目の目標を踏まえ，画像入力機器の構造や仕組み，信号変換について理解し，関連する技術を身に付けることをねらいとしている。

 このねらいを実現するため，次の①から③までの事項を身に付けることができるよう，〔指導項目〕を指導する。

 ① 画像入力機器について理解し，関連する技術を身に付けること。

 ② 画像入力機器に関する基本的な課題を発見し，倫理観を踏まえて合理的かつ創造的に解決策を見いだすこと。

 ③ 画像入力機器について自ら学び，印刷産業の創造と発展を目指す印刷への活用に主体的かつ協働的に取り組むこと。

ア　デジタルカメラ

 ここでは，コンピュータに接続されるデジタルカメラについて取り扱うとともに，その種類や仕組みや役割，コンピュータとの接続に使われる様々なインタフェースの種類などについて取り扱う。また，画像のデジタル化と画素数と解像度との関係，データの保存形式についても取り扱う。

イ　スキャナー

 ここでは，コンピュータに接続されるスキャナーについて取り扱い，その種類や仕組みや役割，コンピュータとの接続に使われる様々なインタフェースの種類などについて取り扱う。また，反射原稿と透過原稿，線画原稿と階調原稿などの原稿の取扱いや画像のデジタル化におけるモード，解像度，取り込み機能などについても取り扱う。

〔指導項目〕

> (3) デジタルデータ
> ア 画像データの形式と特徴
> イ 圧縮技術とインフラストラクチャー
> ウ データ通信

（内容の範囲や程度）

> ウ 〔指導項目〕の (3) については，通信技術についても取り扱うこと。

(3) デジタルデータ

　ここでは，科目の目標を踏まえ，デジタルデータの形式や特徴とその圧縮技術，通信技術について理解し，関連する技術を身に付けることをねらいとしている。

　このねらいを実現するため，次の①から③までの事項を身に付けることができるよう，〔指導項目〕を指導する。

　① デジタルデータについて理解し，関連する技術を身に付けること。

　② デジタルデータに関する基本的な課題を発見し，倫理観を踏まえて合理的かつ創造的に解決策を見いだすこと。

　③ デジタルデータについて自ら学び，印刷産業の創造と発展を目指す印刷への活用に主体的かつ協働的に取り組むこと。

ア 画像データの形式と特徴

　ここでは，画像データの形式と特徴について取り扱う。主に静止画データを取り上げ，静止画の種類，特性やアナログ画像とデジタル画像の比較，画像の標本化と量子化及び符号化，解像度と画像サイズ，階調表現，色彩表現，ペイント系ソフトウェアとドロー系ソフトウェアの特色，様々なファイル形式とその特徴などについて取り扱う。

イ 圧縮技術とインフラストラクチャー

　ここでは，圧縮技術とインフラストラクチャーについて取り扱う。また，デジタルデータの圧縮・復元技術に関する圧縮の仕組みについても取り扱う。その際，可逆圧縮，非可逆圧縮，データ圧縮の企画，適切な画像形式の選択について触れる。また，インフラストラクチャーとして，ISO（国際標準化機構），IEEE（米国電気電子学会）やJIS（日本工業規格）などの標準化団体などを取り上げ，規格を標準化することの必要性や重要性についても取り扱う。

73

ウ　データ通信

ここでは，データ通信について取り扱う。デジタル化されたデータに関するネットワークにおける送受信について，データ通信の方式，伝送方式，無線通信技術について取り扱う。

〔指導項目〕

---

(4) 画像の作成と処理
　ア　ラスタデータ（形式）画像
　イ　ベクタデータ（形式）画像

（内容の範囲や程度）

エ　〔指導項目〕の(4)のアについては，画像サイズ，線数，解像度，色分解，アンシャープマスク等にも触れること。

---

(4) 画像の作成と処理

ここでは，科目の目標を踏まえ画像の作成と処理について理解し，関連する技術を身に付けることに加え，画像の編集や表現に関する実践的な知識と技術を習得させることをねらいとしている。

このねらいを実現するため，次の①から③までの事項を身に付けることができるよう，〔指導項目〕を指導する。

① 画像の作成と処理について理解し，関連する技術を身に付けること。
② 画像の作成と処理に関する基本的な課題を発見し，倫理観を踏まえて合理的かつ創造的に解決策を見いだすこと。
③ 画像の作成と処理について自ら学び，印刷産業の創造と発展を目指す印刷への活用に主体的かつ協働的に取り組むこと。

ア　ラスタデータ（形式）画像

ここでは，ラスタデータ（形式）画像の作成と編集に必要な知識と技術について取り扱う。ペイント系ソフトウェアを利用した2次元のコンピュータグラフィックスの画像処理を取り上げ，ソフトウェアの特徴，編集技法など取り扱う。また，ラスタデータの画素と解像度，カラーデータ，画像補正，画像合成について取り扱う。特にカラーデータについては，色相・彩度・明度，カラーモードについて，画像補正については，色調や露出などの補正，キズやごみ取りなどの修正，トリミングについて，画像合成については，レイヤー，マスクによる合成や様々なファイル形式の取扱いなどについて触れる。

イ　ベクタデータ（形式）画像

　ここでは，ベクタデータ（形式）画像の作成と編集に必要な知識と技術について取り扱う。ドロー系ソフトウェアを利用した2次元のコンピュータグラフィックスの画像処理を取り上げ，ソフトウェアの特徴，編集技法など取り扱う。また，ベクタデータのベジェ曲線，オブジェクトの描画，ラスタライズと出力についても取り扱う。

〔指導項目〕

(5)　デジタルデータ入稿
　　ア　プリフライト
　　イ　分版
　　ウ　入稿用PDF
　　エ　カラー変換

(5)　デジタルデータ入稿

　ここでは，科目の目標を踏まえ，印刷原稿として入稿するデータの最終処理として必要な知識と技術を身に付けることをねらいとしている。
　このねらいを実現するため，次の①から③までの事項を身に付けることができるよう，〔指導項目〕を指導する。

①　デジタルデータ入稿について理解し，関連する技術を身に付けること。
②　デジタルデータ入稿に関する基本的な課題を発見し，倫理観を踏まえて合理的かつ創造的に解決策を見いだすこと。
③　デジタルデータ入稿について自ら学び，印刷産業の創造と発展を目指す印刷への活用に主体的かつ協働的に取り組むこと。

ア　プリフライト

　ここでは，入稿データの完成度をチェックし，RIP処理が正しく行われるかを確実に検証するプリフライトについての知識と技術について取り扱う。出力前のリンク管理，フォント管理，画像管理，カラーマネジメント管理などの必要要件について取り扱う。

イ　分版

　ここでは，色分解と分版についての知識と技術を取り扱う。出力前のカラーモードの確認，分版プレビューによる不要な特色を使っていないかなど，事前確認や特色のプロセスカラーへの置き換えなどについて取り扱う。

ウ　入稿用PDF

　ここでは，入稿用データとして採用されているPDFファイルについての知識

と技術を取り扱う。PDFファイルの概要と入稿におけるメリット，ISO（国際標準化機構）にて定められた規格PDF／Xファイルへの書き出しや運用について取り扱う。

エ　カラー変換

ここでは，カラー変換についての知識と技術を取り扱う。RGBカラースペースとCMYKスペースの色再現域の違いやカラー変換の方法について取り扱う。また，カラーマネジメントによる適切なカラー変換を行うための画像管理についても取り扱う。その際，プロファイルやカラーマッチングなどのカラーマネジメントシステム（CMS）運用とも関連付けて取り扱うようにする。

7　印刷総合実習

この科目は，印刷の各工程に関する知識及び技能を身に付け，印刷技術や印刷産業に関する課題を発見し解決する力，印刷産業の創造と発展に寄与する態度など，印刷産業を通じ，地域や社会の健全で持続的な発展を担う職業人として必要な資質・能力を育成することを主眼としたものである。

今回の改訂においては，印刷技術の進歩とそれに伴う印刷物や印刷産業の在り方も変化していることを踏まえ，従前工程ごとに示していた内容を統合整理し，指導項目の(1)要素実習と(2)総合実習として設定し，改善を図った。

(1) 目標

1　目　標

　印刷に関する見方・考え方を働かせ，実践的・体験的な学習活動を行うことなどを通して，地域や社会の健全で持続的な発展を担う職業人として必要な資質・能力を次のとおり育成することを目指す。

(1) 印刷の各工程について，体系的・系統的に理解するとともに，関連する技術を身に付けるようにする。

(2) 印刷技術や印刷産業に関する課題を発見し，職業人としての倫理観をもって合理的かつ創造的に解決する力を養う。

(3) 印刷技術や印刷産業について，よりよい社会の構築を目指して自ら学び，印刷産業の創造と発展に主体的かつ協働的に取り組む態度を養う。

この科目においては，印刷に関する知識と技術を総合的に身に付け，印刷における技術や産業に関する課題を発見し，職業人として合理的かつ創造的に解決する力，印刷産業の創造と発展に主体的かつ協働的に参画し寄与する態度を養うこ

とをねらいとしている。

　目標の(1)については，印刷の各工程について基礎的な知識を身に付けるとともに，印刷物の製造に関する基礎的な知識と技術を身に付けるようにすることを意味している。

　目標の(2)については，印刷産業に関する課題を発見し，印刷物製造に携わる者として，科学的な根拠に基づき，印刷に関する技術を適切かつ効果的に活用して創造的に解決する力を養うことを意味している。

　目標の(3)については，職業人として必要な豊かな人間性を育み，よりよい社会の構築を目指して自ら学び，印刷産業の創造と発展に主体的かつ協働的に取り組む態度を養うことを意味している。

(2) 内容とその取扱い
① 内容の構成及び取扱い

　この科目は，目標に示す資質・能力を身に付けることができるよう，(1)要素実習，(2)総合実習の二つの指導項目で，4～10単位程度履修されることを想定して内容を構成している。また，内容を取り扱う際の配慮事項は次のように示している。

　(内容を取り扱う際の配慮事項)

　3　内容の取扱い

　(1) 内容を取り扱う際には，次の事項に配慮するものとする。

　　ア　指導に当たっては，安全に配慮するとともに生徒の興味・関心，進路希望等に応じて実習内容を重点化することや生徒に実習内容を選択させることなど弾力的に取り扱うこと。

　　イ　指導に当たっては，情報機器の積極的な活用を図りながら，印刷技術に関する基礎・基本が習得できるよう，他の印刷に関する科目との関連を図ること。

　　ウ　指導に当たっては，印刷に関する伝統的な技術・技能を扱うとともに，安全衛生や技術者としての倫理，環境及びエネルギーへの配慮などについて，総合的に理解させること。

　内容を取り扱う際は，指導計画の作成に当たって，生徒の興味・関心，進路希望等に応じて実習内容の重点化を図り，生徒が実習内容を選択できるようにするなど，弾力的に取り扱うようにする。また，作業における安全衛生に関する指導については，適切に指導計画に位置付けるとともに，実習施設・設備の安全管理に留意し，事故の防止及び衛生管理に努め，排気や廃棄物や廃液などの処理に

ついても十分配慮し，環境汚染の防止などに努めるようにする。

　指導に当たっては，印刷に関する日本の伝統的な技術・技能について取り扱うとともに他の教科等との関連を図り学習の効果を高めるようにする。また，「課題研究」における課題設定との関連を図るなどより探究的に主体的な学習が深まるよう工夫して指導するようにすることが大切である。また，安全衛生，技術者としての倫理，環境及びエネルギーへの配慮などについては，実習の適時・適切な機会において具体的に指導し，職業人としての責任を自覚するよう総合的に理解できるようにする。

② 内容

> 2　内容
> 　1に示す資質・能力を身に付けることができるよう，次の〔指導項目〕を指導する。

〔指導項目〕

> (1) 要素実習

（内容の範囲や程度）

> (2) 内容の範囲や程度については，次の事項に配慮するものとする。
> 　ア　〔指導項目〕の(1)の実習においては，関連機械の仕組みや構造，機械の点検整備や保守管理，印刷用紙や印刷インク，製本に関する知識や技術も併せて取り扱うこと。

(1) 要素実習

　ここでは，科目の目標を踏まえ，実践的・体験的な学習活動を行うことなどを通して，印刷の各工程における要素的な内容について理解し，関連する技術を身に付けることをねらいとしている。

　このねらいを実現するため，次の①から③までの事項を身に付けることができるよう，〔指導項目〕を指導する。

①　印刷の各工程における要素的な内容について理解し，関連する技術を身に付けること。

②　印刷の各工程における要素的な内容について基本的な課題を発見し，倫理観を踏まえて合理的かつ創造的に解決策を見いだすこと。

③ 印刷の各工程における要素的な内容について自ら学び，印刷産業の創造と
発展を目指す印刷への活用に主体的かつ協働的に取り組むこと。

これらの事項を身に付けることができるよう，印刷に関連する要素となる内容
としては，版下作成工程におけるドキュメンテーション，写真撮影を含めたコン
ピュータグラフィックス，画像処理，ＤＴＰ編集に加え，製版工程における写真
現像，製版，刷版，印刷工程における印刷，製本などが考えられる。

〔指導項目〕

(2) 総合実習

（内容の範囲や程度）

イ 〔指導項目〕の (2) については，(1) の個々の要素技術を総合化し，企画から納品までの流れを総合的に理解できるよう留意すること。 ウ 〔指導項目〕の (2) については，地域の企業等の協力を得るなどし，印刷に関する先端的技術に関わる施設設備の見学を含め，インターンシップ等体験的な実習に取り組めるよう工夫すること。

(2) 総合実習

ここでは，科目の目標を踏まえ，印刷の各工程における要素技術について，実
践的・体験的な学習活動を行うことなどを通して作業の流れに沿って総合的に習
得することをねらいとしている。

このねらいを実現するため，次の①から③までの事項を身に付けることができ
るよう，〔指導項目〕を指導する。

① 印刷の実践について理解し，関連する技術を身に付けること。
② 印刷の実践について基本的な課題を発見し，倫理観を踏まえて合理的かつ
創造的に解決策を見いだすこと。
③ 印刷の実践について自ら学び，印刷産業の創造と発展を目指す印刷への活
用に主体的かつ協働的に取り組むこと。

これらの事項を身に付けるよう，要素技術を総合化して扱う内容としては，ポ
スターやパンフレットの制作をしたり，機関紙や広報の制作をしたり，また，印
刷商品の企画から制作を計画したりすることなどが考えられる。

8　課題研究

　この科目は，印刷に関する知識及び技術を身に付け，印刷技術や印刷産業に関する課題を発見し解決する力，印刷産業の創造と発展に寄与する態度など，印刷産業を通じ，地域や社会の健全で持続的な発展を担う職業人として必要な資質・能力を育成することを主眼としたもので，印刷に関する各学科においては，原則として全ての生徒に履修する科目として位置付けている。指導項目などについては，従前どおりに示している。

(1)　目標

> 1　目　標
>
> 　印刷の見方・考え方を働かせ，実践的・体験的な学習活動を行うことなどを通して，社会を支え産業の発展を担う職業人として必要な資質・能力を次のとおり育成することを目指す。
> (1) 印刷について体系的・系統的に理解するとともに，相互に関連付けられた技術を身に付けるようにする。
> (2) 印刷技術や印刷産業に関する課題を発見し，印刷産業に携わる者として解決策を探究し，科学的な根拠に基づき創造的に解決する力を養う。
> (3) 課題を解決する力の向上を目指して自ら学び，印刷産業の発展や社会貢献に主体的かつ協働的に取り組む態度を養う。

　この科目においては，印刷に関する知識と技術を身に付け，印刷と印刷産業に関する課題を発見し，職業人として科学的な根拠に基づき創造的に解決する力，印刷産業の創造と発展に主体的かつ協働的に参画し寄与する態度を養うことをねらいとしている。

　目標の (1) については，流通商品としての印刷物について基礎的な知識を身に付けるとともに，印刷物の企画から製造，流通，販売までを一体のものとして捉え，印刷物を製造するための基礎的な知識と技術を身に付けるようにすることを意味している。

　目標の (2) については，印刷産業に関する課題を発見し，印刷物製造に携わる者として，科学的な根拠に基づき，印刷に関する技術を適切かつ効果的に活用して創造的に解決する力を養うことを意味している。

　目標の (3) については，職業人として必要な豊かな人間性を育み，よりよい社会の構築を目指して自ら学び，印刷産業の創造と発展に主体的かつ協働的に取り組む態度を養うことを意味している。

(2) 内容とその取扱い

① 内容の構成及び取扱い

この科目は，目標に示す資質・能力を身に付けることができるよう，(1)調査，研究，実験，(2)作品制作，(3)産業現場等における実習，(4)職業資格の取得の四つの指導項目で，2〜8単位程度履修されることを想定して内容を構成している。また，内容を取り扱う際の配慮事項は次のように示している。

（内容を取り扱う際の配慮事項）

3　内容の取扱い

(1) 内容を取り扱う際には，次の事項に配慮するものとする。

ア　生徒の興味・関心，進路指導等に応じて〔指導項目〕の(1)から(4)までの中から，個人又はグループで印刷に関する適切な課題を設定し，主体的かつ協働的に取り組む学習活動を通し，専門的な知識，技術などの深化・総合化を図り，印刷に関する課題の解決に取り組むことができるようにすること。なお，課題については，(1)から(4)までの2項目以上にまたがるものを設定することができること。

イ　課題研究の成果について発表する機会を設けるようにすること。

内容を取り扱う際は，課題の設定に当たって，生徒の興味・関心，進路希望等に応じて，これまで学んできた学習成果を活用させ，〔指導項目〕の(1)から(4)の中から個人又はグループで適切な課題を設定するようにする。また，(1)から(4)までの複数の項目を組み合わせた課題を設定することもできる。その際，施設・設備，費用，完成までの時間，生徒の能力・適性などを考慮し，無理のない課題を設定するよう配慮する。

指導に当たっては，学科を越えた課題交流や研究のコラボレーションなどの工夫を図るとともに，事前に上級生の発表会を参観したり，作品を見たりして，生徒自らが課題を発見し，設定できるようにすることが大切である。課題設定から課題解決にいたる探究過程においては，生徒の創造性を引き出すよう工夫して課題の解決に取り組むことができるようにすることが大切である。

社会的価値のある印刷物の企画から制作を実際に行うことを通し，様々な知識，技術などを活用するとともに，社会や産業の動向及び印刷に関する理論を課題と関連させ，多面的・総合的に分析して考察や討論を行う学習活動，社会や産業の動向やデータなど科学的な根拠に基づいて課題の解決策を考え，未来を予測して計画を立て，実行した結果を検証して改善する学習活動などを取り入れることなどの工夫も考えられる。

さらに，研究の成果を整理し分かりやすく発表する学習活動は，思考力，判断力，表現力等の育成や生徒自身の学習を深める上で効果的であり，言語活動の充実を図るとともに，発表の機会を設けるようにする。

② 内容

> 2 内 容
>
> 　1に示す資質・能力を身に付けることができるよう，次の〔指導項目〕を指導する。

ここでは，科目の目標を踏まえ，ものづくりを通じ，印刷産業の発展や社会貢献を担うことができるようにすることをねらいとしている。

このねらいを実現するため，次の①から③までの事項を身に付けることができるよう，〔指導項目〕を指導する。

① 印刷について実践的な学習を通して体系的・系統的に理解するとともに，相互に関連付けられた技術を身に付けること。

② 印刷に関する課題を発見し，倫理観を踏まえて合理的かつ創造的に解決すること。

③ 印刷に関する課題を解決する力の向上を目指して自ら学び，印刷産業の創造と発展に主体的かつ協働的に取り組むこと。

〔指導項目〕

> (1) 調査，研究，実験
> (2) 作品制作
> (3) 産業現場等における実習
> (4) 職業資格の取得

(1) 調査，研究，実験

ここでは，①から③までの事項を身に付けることができるよう，印刷に属する科目で学んだ内容に関連した調査，研究，実験を取り入れる。

環境保全と技術，印刷産業や印刷技術の発展と生活との関わり方，印刷の各工程に関わる技術の発達，歴史的技術や成立過程，各技術の内容などの調査・研究やそれに基づいた作品や模型の制作などが考えられる。

(2) 作品制作

ここでは，①から③までの事項を身に付けることができるよう，印刷に属する

科目で学んだ内容に関連した作品制作を取り入れる。

　これまでに各科目で習得した知識や技術を活用し，更に新しい知識と技術を学びながら作品を完成する。

(3) 産業現場等における実習

　ここでは，①から③までの事項を身に付けることができるよう，印刷に属する科目で学んだ内容に関連した印刷関連の産業現場等における実習を取り入れる。

　印刷関連の産業現場等における体験的実習を通して，勤労の厳しさや尊さ，ものを作り上げるための苦労や感動，責任の重さ，安全への配慮，改善点の発見に努める姿勢などを体得させるとともに，各科目に関連する知識と技術を総合的，発展的に習得させる。

(4) 職業資格の取得

　ここでは，①から③までの事項を身に付けることができるよう，印刷に属する科目で学んだ内容に関連した職業資格や各種検定試験について，生徒自らが取得を希望する職業資格を取得する意義，職業との関係，職業資格を制度化している目的などを探究するともに，その一環として職業資格に関連する専門的な知識，技術などについて深化・総合化を図る学習活動，職業資格を必要とする職業に関連するものづくりに関する課題の解決策を考案する学習活動などを取り入れる。

● 第5　各科目にわたる指導計画の作成と内容の取扱い

1　指導計画の作成に当たっての配慮事項

> 第3　各科目にわたる指導計画の作成と内容の取扱い
> 　1　指導計画の作成に当たっては，次の事項に配慮するものとする。
> 　（1）単元など内容や時間のまとまりを見通して，その中で育む資質・能力の育成に向けて，生徒の主体的・対話的で深い学びの実現を図るようにすること。その際，印刷の見方・考え方を働かせ，見通しをもって実験・実習などを行い，科学的な根拠に基づき創造的に探究するなどの実践的・体験的な学習活動の充実を図ること。

　この事項は，印刷科の指導計画の作成に当たり，生徒の主体的・対話的で深い学びの実現を目指した授業改善を進めることとし，印刷科の特質に応じて，効果的な学習が展開できるように配慮すべき内容を示したものである。

　選挙権年齢や成年年齢の引き下げなど，生徒にとって政治や社会が一層身近なものとなる中，学習内容を人生や社会の在り方と結び付けて深く理解し，これからの時代に求められる資質・能力を身に付け，生涯にわたって能動的に学び続け

ることができるようにするためには，これまでの学校教育の蓄積も生かしながら，学習の質を一層高める授業改善の取組を活性化していくことが求められている。

指導に当たっては，(1)「知識及び技術」が習得されること，(2)「思考力，判断力，表現力等」を育成すること，(3)「学びに向かう力，人間性等」を涵養することが偏りなく実現されるよう，単元など内容や時間のまとまりを見通しながら，生徒の主体的・対話的で深い学びの実現に向けた授業改善を行うことが重要である。

主体的・対話的で深い学びは，必ずしも１単位時間の授業の中で全てが実現されるものではない。単元など内容や時間のまとまりの中で，例えば，主体的に学習に取り組めるよう学習の見通しを立てたり学習したことを振り返ったりして自身の学びや変容を自覚できる場面をどこに設定するか，対話によって自分の考えなどを広げたり深めたりする場面をどこに設定するか，学びの深まりをつくりだすために，生徒が考える場面と教師が教える場面をどのように組み立てるか，といった視点で授業改善を進めることが求められる。また，生徒や学校の実態に応じ，多様な学習活動を組み合わせて授業を組み立てていくことが重要であり，単元のまとまりを見通した学習を行うに当たり基礎となる「知識及び技術」の習得に課題が見られる場合には，それを身に付けるために，生徒の主体性を引き出すなどの工夫を重ね，確実な習得を図ることが必要である。

主体的・対話的で深い学びの実現に向けた授業改善を進めるに当たり，特に「深い学び」の視点に関して，各教科等の学びの深まりの鍵となるのが「見方・考え方」である。各教科等の特質に応じた物事を捉える視点や考え方である「見方・考え方」を，習得・活用・探究という学びの過程の中で働かせることを通じて，より質の高い深い学びにつなげることが重要である。

> (2) 印刷に関する各学科においては，「印刷概論」及び「課題研究」を原則として全ての生徒に履修させること。

印刷に関する各学科において原則として全ての生徒に履修させる科目として「印刷概論」と「課題研究」の２科目を示した。

「印刷概論」については，近年の印刷産業における技術革新や多様なメディアが果たす役割などを踏まえ，内容の改善・充実を図っている。この科目においては，印刷産業におけるメディアの種類と機能や印刷産業における技術の進歩や社会との関わりについての基礎的な内容など，印刷に関する専門的な学習の動機付けとなるような内容で構成している。また，「課題研究」については，生徒が主体的に課題を発見し，知識と技術の深化・総合化を図る学習活動を通して，問題

解決の能力や創造的な学習態度を育成することをねらいとしている。

　これらの科目の性格やねらいを踏まえ，「印刷概論」は印刷に関する学科の導入段階で，「課題研究」は卒業年次で履修させることが望ましい。

（3）印刷に関する各学科においては，原則として印刷科に属する科目に配当する総授業時数の10分の5以上を実習に配当すること。

　ここでいう実習とは，実験，調査，制作やその工程に係る作業，見学，現場実習などの実際的，体験的な学習活動を指す。

　印刷に関する各学科においては，従前より実験・実習を通して実際的，具体的な知識や技術を習得することを重視してきたが，これからの技術革新の進展や新しい印刷産業の形成などに対応するため，創造性や問題解決能力の育成及び望ましい職業観の育成などを一層重視して，実習を充実することがますます重要である。

　このことを踏まえ，実習においては，基礎・基本の理解や既に学んだ知識や技術を活用して主体的，創造的に問題を解決する実践的な学習場面が多いことから，これらを通して実践的，具体的な技術を身に付けることができるよう，引き続き時数の確保とともに学習活動の一層の充実に努めることが大切である。

（4）地域や産業界等との連携・交流を通じた実践的な学習活動や就業体験活動を積極的に取り入れるとともに，社会人講師を積極的に活用するなどの工夫に努めること。

　印刷に関する学科においては，従前より，「印刷総合実習」において，印刷科に関する各科目において習得した資質・能力を活用することにより，印刷に関する理論と実践とを結び付け実践力を育成してきた。

　今回の改訂においては，「社会に開かれた教育課程」の実現が目指されており，地域や産業界など社会との関わりの中で子供たち一人一人の豊かな学びを実現していくことが求められている。そのため，地域や印刷産業界との双方向の協力関係を確立していくことが，極めて重要である。単に地域や印刷産業界の協力を仰ぐというだけでなく，各学校の教育力を地域に還元することにより，地域や印産業界との協力関係を築くことが大切である。このような地域や産業界等との協力関係に基づき，生徒の進路希望等も十分考慮しながら，実践的な学習活動や就業体験活動を積極的に取り入れ，より一層，指導の充実を図ることが求められる。さらに，各学校においては，特別非常勤講師制度などを活用して，社会人講師等を積極的に活用するなどの工夫が考えられる。

(5) 「印刷製版技術」,「DTP技術」,「デジタル画像技術」については，学校や地域の実態などを考慮して適切な指導内容を設定し，重点的に取り扱うこと。

　印刷産業においては，職場の状況そのものが大きく変化しており，コンピュータによるデジタル化されたシステムへと変化している。特に，「印刷製版技術」,「DTP技術」,「デジタル画像技術」,「印刷情報技術」については，学習で用いるコンピュータや情報通信ネットワーク，ソフトウェアなど，学校や地域の実態などを考慮して指導計画を作成する必要がある。このことを踏まえ，各科目で目指す資質・能力が確実に育まれるよう，適切な指導内容を設定し，重点的に取り扱うことが重要である。

(6) 「課題研究」については，年間指導計画に定めるところに従い，学校や地域の実態，生徒の興味・関心，進路希望などを考慮し，必要に応じて弾力的に授業時間を配当することができること。

　「課題研究」については，他の科目と同様に週時間割の中に位置付け，継続的に学習することが考えられるが，生徒の設定する課題の内容によっては，指導体制や学習の場の制約などから，週時間割の中で履修できない場合も考えられる。その場合には，年間指導計画の定めるところに従って，必要に応じて，授業時間を弾力的に配当できるようにする必要がある。

2　内容の取扱いに当たっては，次の事項に配慮するものとする。
(1) 情報メディアや印刷物に関する課題を明確化して解決するための主体的な情報収集や意見交換を積極的に取り入れ，科学的な根拠に基づいて論理的に説明する言語活動に関わる学習活動を一層重視すること。また，印刷に関する知識と技術の定着と概念の深化を図るため，体験したことや解決方法などを説明するなどの言語活動を取り入れること。

　言語は生徒の学習活動を支える重要な役割を果たすものであり，言語能力は全ての教科等における資質・能力の育成や学習の基盤となるものと位置付けられている。特に，生徒の思考力，判断力，表現力等を育む観点から，印刷に関する様々な事象について，科学的な根拠に基づいて説明する学習活動や判断が必要な場面を設けて理由や根拠を論述する学習活動，最適な解決方法を探究するため討論する学習活動などといった言語活動は極めて重要である。このため，印刷の各

科目の指導における言語活動をより一層充実させることが求められる。

> (2) コンピュータや情報通信ネットワークなどを積極的に活用し，学習の
> 効果を高めるよう工夫すること。また，情報の信頼性や信憑性を見極め
> たり，確保したりする能力の育成を図るとともに，知的財産権や個人情
> 報の保護をはじめ，科学的な理解に基づく情報モラルの育成を図ること。

印刷に関する科目には，「DTP技術」，「印刷情報技術」，「デジタル画像技術」等コンピュータそのものの学習やコンピュータを使用した学習がある。また，情報通信ネットワークを利用した画像や文字による新しい情報の収集や処理加工などの実習も考えられることから，コンピュータや情報通信ネットワーク等の積極的な活用を図り，生徒の情報活用能力の育成に努めるとともに，指導の工夫を図り，学習の効果を高めるように配慮することが必要である。

また，印刷産業の技術革新による情報活用がますます増えていることから，個人情報や知的財産の保護と活用について取り扱うとともに，印刷に関する知識等に対する科学的な理解に基づく情報モラルの育成を図ることが必要である。

> 3 実習を行うに当たっては，関連する法規等に従い，施設・設備や薬品
> 等の安全管理に配慮し，学習環境を整えるとともに，事故防止や環境保
> 全の指導を徹底し，安全と衛生に十分留意するものとする。また，廃液
> などの処理についても，十分留意するものとする。

印刷に関する学科において実験・実習を行うに当たっては，関連する法規等に従い，施設・設備や薬品等の安全管理，学習環境の整備，事故防止の指導とその徹底及び安全と衛生について，それぞれ具体的に検討し，対策を講じておく必要がある。

印刷に関する科目の中には，薬品の取扱い，各種機械・器具の取扱いなどが盛り込まれていることから，事前指導を徹底して行い，事故の防止に努め，安全と衛生の指導を徹底する必要がある。

また，情報関連機器の科目では，機器操作の姿勢や照明などにも配慮するとともに，長時間の実習に際しては，目の保護や体を休めるなど，保健面にも十分配慮する必要がある。

第2節　理容・美容科

● 第1　理容・美容科改訂の要点

1　目標の改善

　教科及び科目の目標については，産業界で必要とされる資質・能力を見据えて三つの柱に沿って整理し，育成を目指す資質・能力のうち，(1)には「知識及び技術」を，(2)には「思考力，判断力，表現力等」を，(3)には「学びに向かう力，人間性等」を示した。

　今回の改訂では，「見方・考え方」を働かせた学習活動を通して，目標に示す資質・能力の育成を目指すこととした。これは平成28年12月の中央教育審議会答申において，「見方・考え方」は各教科等の学習の中で働き，鍛えられていくものであり，各教科等の特質に応じた物事を捉える視点や考え方として整理されたことを踏まえたものである。

2　内容の改善

(1)〔指導項目〕について

　今回の改訂では，教科に属する全ての科目の「2内容」においては〔指導項目〕として「(1)，(2)」などの大項目，「ア，イ」などの小項目を，柱書においては「1に示す資質・能力を身に付けることができるよう，次の〔指導項目〕を指導する」と示した。これは，〔指導項目〕として示す学習内容の指導を通じて，目標において三つの柱に整理した資質・能力を身に付けることを明確にしたものである。

　なお，項目の記述については，従前どおり事項のみを大綱的に示した。

(2)　科目構成について

　科目構成については，情報社会の進展，理容・美容産業を巡る状況や理容・美容技術等の進歩に対応し，体系的・系統的な知識と技術，課題を発見し合理的かつ創造的に解決する力，職業人に求められる倫理観，自ら学ぶ力，主体的かつ協働的に取り組む態度を身に付けた人材を育成する観点から，従前どおり「関係法規・制度」，「衛生管理」，「保健」，「香粧品化学」，「文化論」，「理容・美容技術理論」，「運営管理」，「理容実習」，「美容実習」，「理容・美容情報」，「課題研究」の11科目を設けている。

(3) 指導計画の作成と内容の取扱いについての改善

指導計画の作成と内容の取扱いに関する主な改善事項は次のとおりである。

ア　単元など内容や時間のまとまりを見通して，その中で育む資質・能力の育成に向けて，生徒の主体的・対話的で深い学びの実現を図るようにした。

イ　理容・美容に関する各種技術や香粧品等の開発状況を考慮して，科学的な知識と実際的な技術の習得について特に留意するよう示した。

● 第2　理容・美容科の目標及び内容

教科の目標は，次のとおりである。

第1　目　標

　　理容・美容の見方・考え方を働かせ，実践的・体験的な学習活動を行うことなどを通して，理容・美容を通じ，公衆衛生の向上に寄与する職業人として必要な資質・能力を次のとおり育成することを目指す。

(1) 理容・美容について体系的・系統的に理解するとともに，関連する技術を身に付けるようにする。

(2) 理容・美容に関する課題を発見し，職業人に求められる倫理感を踏まえ合理的かつ創造的に解決する力を養う。

(3) 職業人として必要な豊かな人間性を育み，よりよい社会の構築を目指して自ら学び，人々の公衆衛生の向上に主体的かつ協働的に取り組む態度を養う。

今回の改訂においては，情報社会の進展，理容・美容産業を巡る状況や理容・美容に関する技術等の進歩などを踏まえ，理容・美容の各分野における専門性に関わる資質・能力を「知識及び技術」，「思考力，判断力，表現力等」，「学びに向かう力，人間性等」という三つの柱に基づいて示した。

1 「理容・美容の見方・考え方を働かせ，実践的・体験的な学習活動を行うことなどを通して，理容・美容を通じ，公衆衛生の向上に寄与する職業人として必要な資質・能力を次のとおり育成する」について

理容・美容の見方・考え方とは，理容・美容に関する事象を，施術を受ける者の要望や理容・美容を取り巻く環境，衛生などの視点で捉え，審美性や生活の質の向上と関連付けることを意味している。

実践的・体験的な学習活動を行うことなどとは，具体的な課題の発見・解決の

89

過程で，調査，研究，実験を行ったり，作品を制作したりするなどの実践的な活動，産業現場等における実習などの体験的な活動を行うことが重要であることを意味している。

　理容・美容を通じ，公衆衛生の向上に寄与する職業人として必要な資質・能力とは，理容・美容に関する基礎的・基本的な知識と技術の習得，人々の生活における理容・美容や理容・美容産業の意義や役割の理解及び諸課題の解決などに関わる学習は，最終的には理容・美容産業を通じ，公衆衛生の向上に寄与する職業人として必要な資質・能力の育成につながるものであることを意味している。

2　「(1) 理容・美容について体系的・系統的に理解するとともに，関連する技術を身に付けるようにする。」について

　体系的・系統的に理解するとともに，関連する技術を身に付けるようにするとは，理容・美容の各工程などの学習活動を通して，理容・美容に関する個別の事実的な知識，一定の手順や段階を追って身に付く個別の技術のみならず，相互に関連付けられるとともに，具体的なものづくりと結び付き，変化する状況や課題に応じて社会の中で主体的に活用することができる知識と技術及び将来の職業を見通して更に専門的な学習を続けることにつながる知識と技術を身に付けるようにすることを意味している。

3　「(2) 理容・美容に関する課題を発見し，職業人に求められる倫理観を踏まえ合理的かつ創造的に解決する力を養う。」について

　理容・美容に関する課題を発見しとは，理容・美容の各工程などの学習を通して身に付けた様々な知識，技術などを活用し，地域や社会が健全で持続的に発展する上での理容・美容産業に関する諸課題を広い視野から発見することを意味している。

　職業人に求められる倫理観を踏まえ合理的かつ創造的に解決する力を養うとは，情報化などが進展する社会において，変化の先行きを見通すことが難しい予測困難な時代を迎える中で，単に生産性や効率を高めることのみを優先するのではなく，職業人に求められる倫理観等を踏まえ，理容・美容が社会に及ぼす影響に責任をもち，理容・美容産業の進展に対応するなどして解決策を考え，科学的な根拠に基づき結果を検証し改善することができるといった，理容・美容に関する確かな知識や技術などに裏付けられた思考力，判断力，表現力等を養うことを意味している。

4 「(3) 職業人として必要な豊かな人間性を育み，よりよい社会の構築を目指して自ら学び，人々の公衆衛生の向上に主体的かつ協働的に取り組む態度を養う。」について

職業人として必要な豊かな人間性を育みとは，理容・美容技術が現代社会で果たす意義と役割を踏まえ，単に技術的課題を改善するだけではなく，職業人に求められる倫理観，社会に貢献する意識などを育むことを意味している。

よりよい社会の構築を目指して自ら学びとは，理容・美容を通じ，理容・美容産業の発展が社会の発展と深く関わっており，ともに発展していくために，地域や社会の健全で持続的な発展を目指して理容・美容の各工程について主体的に学ぶ態度を意味している。

人々の公衆衛生の向上に主体的かつ協働的に取り組む態度を養うとは，絶え間のない技術革新などを踏まえ，既存の理容・美容技術等を改善・改良するのみでなく，理容・美容の工程における協働作業などを通してコミュニケーションを図るなどして，よりよい理容・美容の作業プロセスを創造する中で，法規に基づいて理容・美容産業の発展に責任をもって協働的に取り組む態度を養うことを意味している。このような態度などを養うためには，職業資格の取得や競技会への出場などを通して自ら学ぶ意欲を高めるなどの学習活動，課題の解決策を考案する中で，自己の考えを整理し伝え合ったり，討論したりするなどの学習活動，就業体験活動を活用して，様々な職業や年代などとつながりをもちながら，協働して課題の解決に取り組む学習活動などが大切である。なお，職業資格などの取得や競技会への挑戦については，目的化しないよう留意して取り扱うことが重要である。

● 第3　理容・美容科の内容構成

理容・美容科は，従前どおりの11科目で構成している。理容・美容産業を巡る状況や理容・美容技術等の進歩などを踏まえ，科目の名称変更などを行った。改訂前の科目との関連については，次の表に示すとおりである。

新旧科目対照表

改　　訂	改　訂　前	備　　考
関係法規・制度	理容・美容関係法規	名称変更
衛生管理	衛生管理	
保健	理容・美容保健	名称変更

香粧品化学	理容・美容の物理・化学	名称変更
文化論	理容・美容文化論	名称変更
理容・美容技術理論	理容・美容技術理論	
運営管理	理容・美容運営管理	名称変更
理容実習	理容実習	
美容実習	美容実習	
理容・美容情報	理容・美容情報活用	名称変更
課題研究	課題研究	

● 第4　理容・美容科の各科目

1　関係法規・制度

　この科目は，理容・美容の関係法規・制度に関する知識を身に付け，理容・美容の関係法規・制度に関する課題を発見し解決する力，人々の公衆衛生の向上に寄与する態度など，理容・美容の実践に必要な資質・能力を育成することを主眼としたものである。

　今回の改訂では，理容師・美容師の資格を取得するために必要とされる理容師法及び美容師法に基づいて定められたそれぞれの養成施設の指定の基準（以下「養成施設の指定の基準」という。）の改善を踏まえ，科目名を変更するとともに，指導項目の(3)にウ理容師法と美容師法との違いを取り入れ，改善を図った。

(1) 目標

```
1　目　標
　理容・美容の見方・考え方を働かせ，実践的・体験的な学習活動を行うことなどを通して，理容・美容の実践に必要な資質・能力を次のとおり育成することを目指す。
(1) 理容・美容の関係法規・制度について体系的・系統的に理解するようにする。
(2) 理容・美容の関係法規・制度に関する課題を発見し，理容・美容の職業倫理を踏まえ合理的かつ創造的に解決する力を養う。
(3) 理容・美容の関係法規・制度について，よりよい理容・美容の実践を目指して自ら学び，人々の公衆衛生の向上に主体的かつ協働的に取り組む態度を養う。
```

この科目においては，理容・美容の関係法規・制度に関する知識を身に付け，理容・美容の関係法規・制度に関する課題を発見し，職業人として合理的かつ創造的に解決する力，人々の公衆衛生の向上に主体的かつ協働的に参画し寄与する態度を養うことをねらいとしている。

目標の (1) については，理容・美容の関係法規・制度について基礎的な知識を身に付けるようにすることを意味している。

目標の (2) については，法的側面から理容・美容に関する課題を発見し，理容・美容業に携わる者として，根拠に基づいて，創造的に解決する力を養うことを意味している。

目標の (3) については，職業人として必要な豊かな人間性を育み，よりよい理容・美容の実践を目指して自ら学び，人々の公衆衛生の向上に主体的かつ協働的に取り組む態度を養うことを意味している。

(2) 内容とその取扱い

① 内容の構成及び取扱い

この科目は，目標に示す資質・能力を身に付けることができるよう，(1) 衛生行政，(2) 理容師法と美容師法，(3) その他の関係法規の三つの指導項目で，1単位以上履修されることを想定して内容を構成している。また，内容を取り扱う際の配慮事項は次のように示している。

（内容を取り扱う際の配慮事項）

3　内容の取扱い
(1) 内容を取り扱う際には，次の事項に配慮するものとする。
ア 〔指導項目〕の (1) 及び (2) については，理容所や美容所，保健所の見学等を通して，理容師や美容師の役割や理容・美容業の意義についての自覚を促すようにすること。

内容を取り扱う際は，この科目が理容・美容業に従事する者として必要な関係法規・制度を理解するために位置付けられていることから，理容・美容産業教育全般の導入として基礎的な内容を扱うことが大切である。

アについては，社会生活の中での法律，政治，行政の役割，機能などの基礎的な事項を理解させるとともに，我が国の行政の仕組み，国の行政と地方の行政との関係及び衛生法規の概略について指導する。その際，実際の理容所や美容所においてどのような衛生措置が行われているか，保健所がどのような活動をするところか，理容・美容の業務とどのように関わっているのかをできるだけ具体的に

理解させ，理容師や美容師としての責務を養い，倫理規範を育成するように配慮することが必要である。また，「衛生管理」の科目と関連付けて学習し，衛生措置の具体的な方法についての理解が深められるように指導することが必要である。

　また，〔指導項目〕の(2)については，理容師や美容師の免許制度や業務内容について，社会的な責務と関連させながら取り扱うことが必要である。また，同様の観点から，業務上講じなければならない衛生措置や届出義務についても取り扱うよう配慮することが大切である。

②　内容

> 2　内容
> 　　1に示す資質・能力を身に付けることができるよう，次の〔指導項目〕を指導する。

（指導項目）

> (1)　衛生行政
> 　　ア　衛生行政の仕組みと意義
> 　　イ　保健所の組織と活動

（内容の範囲や程度）

> (2)　内容の範囲や程度については，次の事項に配慮するものとする。
> 　　ア　〔指導項目〕の(1)については，衛生行政の組織のうち，特に，理容・美容業と関係の深い保健所の組織と活動を重点的に取り扱うこと。

(1)　衛生行政

　ここでは，科目の目標を踏まえ，社会生活での法律，政治，行政の役割，機能などの基礎的な事項を理解することをねらいとしている。

　このねらいを実現するため，次の①から③までの事項を身に付けることができるよう，〔指導項目〕を指導する。

①　衛生行政の概要について理解すること。

②　衛生行政について，基本的な課題を発見し，倫理観を踏まえて，合理的かつ創造的に解決策を見いだすこと。

③　衛生行政の仕組みなどについて自ら学び，理容・美容の発展を図ることに

主体的かつ協働的に取り組むこと。

ア　衛生行政の仕組みと意義

　ここでは，衛生行政の種類や仕組み，衛生行政機関について取り扱う。

イ　保健所の組織と活動

　ここでは，衛生行政を行う機関として理容・美容業と関係の深い保健所について，その組織と具体的な活動を取り扱う。また，環境衛生監視員の役割と立入検査についても取り扱う。

〔指導項目〕

---

(2)　理容師法と美容師法
　　ア　沿革と目的
　　イ　理容師及び美容師の資格
　　ウ　理容所及び美容所の開設
　　エ　罰則規定

（内容の範囲や程度）

イ　〔指導項目〕の(2)については，特に理容師や美容師の業務上の遵守事
　　項等について取り扱うこと。

---

(2)　理容師法と美容師法

　ここでは，科目の目標を踏まえ，理容師や美容師として必要な理容師法及び美容師法の基本的事項について理解することをねらいとしている。

　このねらいを実現するため，次の①から③までの事項を身に付けることができるよう，〔指導項目〕を指導する。

①　理容師法及び美容師法の概要について理解すること。

②　理容師法と美容師法について，理容・美容業に関わる基本的な課題を発見し，倫理観を踏まえて，合理的かつ創造的に解決策を見いだすこと。

③　理容師法と美容師法について自ら学び，理容・美容の発展を図ることに主体的かつ協働的に取り組む。

ア　沿革と目的

　ここでは，法の制定経緯や目的をできるだけ簡略に取り扱う。

イ　理容師及び美容師の資格

　ここでは，理容師及び美容師の資格に関わる事項や義務に関わる事項等について取り扱う。

ウ　理容所及び美容所の開設

　ここでは，理容所及び美容所の開設に関わる事項や開設者の義務規定等について取り扱う。

エ　罰則規定

　ここでは，行政監督と行政処分の内容について取り扱う。

〔指導項目〕

(3) その他の関係法規
　ア　生活衛生関係営業の運営の適正化及び振興に関する法律
　イ　消費者保護関係法規
　ウ　理容師法と美容師法との違い

（内容の範囲や程度）

　ウ　〔指導項目〕の(3)については，理容・美容の業務との関連を図り，関係法規の概要について取り扱うこと。

(3) その他の関係法規

　ここでは，科目の目標を踏まえ，理容師や美容師に密接に関連する法規について，その目的とあらましについて理解することをねらう。特に，関係法規を制定した目的を十分理解するよう配慮することが大切である。

　このねらいを実現するため，次の①から③までの事項を身に付けることができるよう，〔指導項目〕を指導する。

　①　その他の関係法規について，基礎的・基本的な事項を理解すること。

　②　その他の関係法規について，理容・美容業に関わる基本的な課題を発見し，倫理観を踏まえて，合理的かつ創造的に解決策を見いだすこと。

　③　その他の関係法規について自ら学び，理容・美容の発展を図ることに主体的かつ協働的に取り組むこと。

ア　生活衛生関係営業の運営の適正化及び振興に関する法律

　ここでは，生活衛生関係営業の運営の適正化及び振興に関する法律の目的とあらましについて取り上げ，公衆衛生の向上や利用者の利益擁護と関連させながら取り扱う。

イ　消費者保護関係法規

　ここでは，消費者保護関係法規のそれぞれの制定の意義と内容を取り上げ，理容・美容業の社会的な位置付けについて取り扱う。

ウ 理容師法と美容師法との違い

　ここでは，理容師法と美容師法との法令上の違いについて，それぞれの業務の違いと関連させながら取り扱う。

2 衛生管理

　この科目は，理容・美容における衛生管理に関する知識を身に付け，理容・美容における衛生管理に関する課題を発見し解決する力，人々の公衆衛生の向上に寄与する態度など，理容・美容の実践に必要な資質・能力を育成することを主眼としたものである。指導項目などについては，従前どおりに示している。

(1) 目標

　1　目　標
　　理容・美容の見方・考え方を働かせ，実践的・体験的な学習活動を行うことなどを通して，理容・美容業に必要な資質・能力を次のとおり育成することを目指す。
　(1) 理容・美容における衛生管理に関する基礎的な知識について体系的・系統的に理解するとともに，関連する技術を身に付けるようにする。
　(2) 理容・美容における衛生管理に関する課題を発見し，理容・美容の職業倫理を踏まえて合理的かつ創造的に解決する力を養う。
　(3) 理容・美容における衛生管理について，よりよい理容・美容の実践を目指して自ら学び，人々の公衆衛生の向上に主体的かつ協働的に取り組む態度を養う。

　この科目においては，理容・美容における衛生管理に関する知識及び技術を身に付け，理容・美容における衛生管理に関する課題を発見し，職業人として合理的かつ創造的に解決する力，人々の公衆衛生の向上に主体的かつ協働的に参画し寄与する態度を養うことをねらいとしている。

　目標の(1)については，理容・美容における衛生管理について基礎的な知識と技術を身に付けるようにすることを意味している。

　目標の(2)については，理容・美容における衛生管理に関する課題を発見し，理容・美容業に携わる者として，根拠に基づいて，創造的に解決する力を養うことを意味している。

　目標の(3)については，職業人として必要な豊かな人間性を育み，よりよい理容・美容の実践を目指して自ら学び，人々の公衆衛生の向上に主体的かつ協働的

に取り組む態度を養うことを意味している。

(2) 内容とその取扱い
① 内容の構成及び取扱い

この科目は，目標に示す資質・能力を身に付けることができるよう，(1)公衆衛生概説，(2)環境衛生，(3)感染症，(4)衛生管理技術の四つの指導項目で，3単位以上履修されることを想定して内容を構成している。また，内容を取り扱う際の配慮事項は次のように示している。

(内容を取り扱う際の配慮事項)

3　内容の取扱い

(1) 内容を取り扱う際には，次の事項に配慮するものとする。

　ア　指導に当たっては，「保健」と関連させながら，理容・美容業における衛生措置の実際的な知識と技術の習得を図ること。

　イ　〔指導項目〕の(4)については，器具の消毒が，理容・美容の業務を衛生的に行う上で，特に重要なものであることから，実験・実習を通して，その意義を理解させ，消毒に関して必要な適切な技術などの習得に努めること。

内容を取り扱う際は，この科目が公衆衛生の意義と本質を明らかにし，理容師及び美容師が公衆衛生の維持と増進に重大な責務を担わなければならないことを理解するために位置付けられていることから，理容・美容産業教育全般の導入として基礎的な内容を取り扱うことが大切である。

アについては，衛生管理の学習内容が日常生活や理容・美容業の中で実際に活用できる知識や技術として生かせるように指導する。特に，感染症とその予防の観点から，理容所や美容所における衛生措置の重要性を認識させるように指導する。

イについては，理容師法及び美容師法に定められている消毒法について，実験・実習を通して確実な習得を促すように指導する。

② 内容

2　内　容

1に示す資質・能力を身に付けることができるよう，次の〔指導項目〕を指導する。

〔指導項目〕

> (1) 公衆衛生概説
>   ア　公衆衛生の意義と歴史
>   イ　保健所と理容・美容業

（内容の範囲や程度）

> (2) 内容の範囲や程度については，次の事項に配慮するものとする。
>   ア　〔指導項目〕の(1)については，公衆衛生と理容・美容業との結び付き，理容師や美容師の責務，保健所の業務などを重点的に取り扱うこと。

(1) 公衆衛生概説

　ここでは，科目の目標を踏まえ，公衆衛生の意義や日常生活あるいは理容・美容業と公衆衛生の結び付き，理容師や美容師の責務などについて理解することをねらいとしている。

　このねらいを実現するため，次の①から③までの事項を身に付けることができるよう，〔指導項目〕を指導する。

①　公衆衛生の概要について理解すること。

②　公衆衛生について，理容・美容業に関わる基本的な課題を発見し，倫理観を踏まえて合理的かつ創造的に解決策を見いだすこと。

③　公衆衛生について自ら学び，理容・美容の発展を図ることに主体的かつ協働的に取り組むこと。

ア　公衆衛生の意義と歴史

　ここでは，公衆衛生の発展の歴史について概観するほか，公衆衛生の水準を示す指標及び予防衛生についての基礎的な事項について取り扱う。

イ　保健所と理容・美容業

　ここでは，保健所の機能，組織，業務を取り上げる。また，保健所が地域の保健衛生行政の中核的存在であることや理容・美容業と密接な関係があることについて取り扱う。

〔指導項目〕

> (2) 環境衛生
>   ア　環境衛生概論
>   イ　環境衛生各論

（内容の範囲や程度）

> イ　〔指導項目〕の(2)については，環境と健康，衣食住の衛生，廃棄物処理と環境保全などを重点的に取り扱うこと。

(2) 環境衛生

　ここでは，科目の目標を踏まえ，環境衛生の意義と内容について理解するとともに，特に，理容所及び美容所の環境衛生について理解することをねらいとしている。

　このねらいを実現するため，次の①から③までの事項を身に付けることができるよう，〔指導項目〕を指導する。

　①　環境衛生の概要について理解すること。

　②　環境衛生について，理容・美容業に関わる基本的な課題を発見し，倫理観を踏まえて合理的かつ創造的に解決策を見いだすこと。

　③　環境衛生について自ら学び，理容・美容の発展を図ることに主体的かつ協働的に取り組むこと。

ア　環境衛生概論

　ここでは，環境衛生の意義と内容について取り扱うとともに，理容所及び美容所において特に注意しなければならない点について取り扱う。

イ　環境衛生各論

　ここでは，理容所及び美容所における様々な環境要因と日常生活や健康との関わりについて取り扱う。特に，採光，照明，換気，床などの構造設備，衣服の衛生について理解することができるよう取り扱う。

ウ　理容所及び美容所における環境衛生

　ここでは，理容・美容業における環境衛生面での配慮事項について取り扱う。特に，理容所及び美容所における廃物処理，環境保全対策について理解することができるよう取り扱う。

〔指導項目〕

> (3) 感染症
> 　ア　感染症の種類と発生原因
> 　イ　感染症の予防
> 　ウ　理容・美容と感染症

> ウ 〔指導項目〕の(3)については，感染症の種類など，理容・美容と関係
> の深い事項を重点的に取り扱うこと。

(3) 感染症

　ここでは，科目の目標を踏まえ，感染症と理容・美容の実際の業務を具体的に理解することをねらいとしている。

　このねらいを実現するため，次の①から③までの事項を身に付けることができるよう，〔指導項目〕を指導する。

① 感染症について理解すること。

② 感染症について，理容業・美容業に関わる基本的な課題を発見し，倫理観を踏まえて合理的かつ創造的に解決策を見いだすこと。

③ 感染症について自ら学び，理容・美容の発展を図ることに主体的かつ協働的に取り組むこと。

ア 感染症の種類と発生原因

　ここでは，感染症の種類と特徴，その病原体等について取り扱い，発生原因についての理解を深め予防できるよう取り扱う。

イ 感染症の予防

　ここでは，感染症予防のために必要な医学的原理や予防の諸原則について取り上げ，理容所や美容所に関係の深い感染症の感染経路，予防対策について取り扱う。

ウ 理容・美容と感染症

　ここでは，理容・美容の業務に関係の深い感染症について取り上げ，その予防のために必要な注意事項について取り扱う。

〔指導項目〕

> (4) 衛生管理技術
> 　ア 消毒の意義と目的
> 　イ 消毒法の種類
> 　ウ 消毒法の実際

第2節
理容・美容科

（内容の範囲や程度）

> エ 〔指導項目〕の(4)については，消毒器具の取扱い，消毒薬の保管方法
> などの概要を取り扱うこと。

(4) 衛生管理技術

　ここでは，科目の目標を踏まえ，消毒法が理容・美容業における衛生措置の中核であることを理解するとともに，理容師法及び美容師法に規定されている消毒の方法と技術を習得することをねらいとしている。

　このねらいを実現するため，次の①から③までの事項を身に付けることができるよう，〔指導項目〕を指導する。

　① 衛生管理技術について理解するとともに，関連する技術を身に付けること。

　② 衛生管理技術について，理容業・美容業に関わる基本的な課題を発見し，倫理観を踏まえて合理的かつ創造的に解決策を見いだすこと。

　③ 衛生管理技術について自ら学び，理容・美容の発展を図ることに主体的かつ協働的に取り組むこと。

ア 消毒の意義と目的

　ここでは，感染症の予防に対する消毒の意義と目的について取り扱うともに，消毒の実施が理容師や美容師に課せられた責務であることへの理解を深めるよう取り扱う。

イ 消毒法の種類

　ここでは，理学的消毒法及び化学的消毒法の種類と特徴，用途，条件等について取り扱う。その際，理容所及び美容所において用いられている代表的な消毒方法の種類，原理，特徴について取り扱う。

ウ 消毒法の実際

　ここでは，各消毒器具や消毒薬の扱い方，調整方法や注意事項について取り扱う。また，各消毒法の実際について取り扱い，その技法を習得できるよう取り扱う。理容所や美容所において用いられている代表的な消毒方法について，正しい操作方法及び注意事項を確実に身に付けられるよう取り扱うこと。

3 保健

　この科目は，理容・美容の保健に関する知識及び技術を身に付け，理容・美容の保健に関する課題を発見し解決する力，人々の公衆衛生の向上に寄与する態度など，理容・美容の実践に必要な資質・能力を育成することを主眼としたものである。

今回の改訂では，養成施設の指定の基準の改善を踏まえ，科目名を変更するとともに，指導項目の(1)人体の構造と機能と(3)皮膚及び皮膚付属器官の保健衛生について，学習内容を整理し，改善を図った。

(1) 目標

> 　1　目標
> 　理容・美容の見方・考え方を働かせ，実践的・体験的な学習活動を行うことなどを通して，理容・美容業に必要な資質・能力を次のとおり育成することを目指す。
> (1) 理容・美容の保健に関する基礎的な知識について体系的・系統的に理解するとともに，関連する技術を身に付けるようにする。
> (2) 理容・美容の保健に関する課題を発見し，理容・美容の職業倫理を踏まえ合理的かつ創造的に解決する力を養う。
> (3) 理容・美容の保健について，よりよい理容・美容の実践を目指して自ら学び，人々の公衆衛生の向上に主体的かつ協働的に取り組む態度を養う。

　この科目においては，理容・美容の保健に関する知識を身に付け，生理学的側面から理容・美容に関する課題を発見し，職業人として合理的かつ創造的に解決する力，人々の公衆衛生の向上に主体的かつ協働的に参画し寄与する態度を養うことをねらいとしている。

　目標の(1)については，理容・美容の保健について基礎的な知識と関連する技術を身に付けるようにすることを意味している。

　目標の(2)については，理容・美容の保健に関する課題を発見し，理容・美容業に携わる者として，根拠に基づいて，創造的に解決する力を養うことを意味している。

　目標の(3)については，職業人として必要な豊かな人間性を育み，よりよい理容・美容の実践を目指して自ら学び，人々の公衆衛生の向上に主体的かつ協働的に取り組む態度を養うことを意味している。

(2) 内容とその取扱い
① 内容の構成及び取扱い

　この科目は，目標に示す資質・能力を身に付けることができるよう，(1)人体の構造と機能，(2)皮膚及び皮膚付属器官の構造及び機能，(3)皮膚及び皮膚付属器官の保健衛生，(4)皮膚及び皮膚付属器官の疾患の四つの指導項目で，3単

位以上履修されることを想定して内容を構成している。また，内容を取り扱う際の配慮事項は次のように示している。

（内容を取り扱う際の配慮事項）

3　内容の取扱い

(1)　内容を取り扱う際には，次の事項に配慮するものとする。

　ア　指導に当たっては，各種の模型や標本の活用，映像等の工夫によって，専門的な知識の習得を図ること。

　イ　〔指導項目〕の(2)から(4)までについては，「衛生管理」や「香粧品化学」と関連させながら，皮膚疾患とその感染経路，病原菌と消毒法及び予防法に関する的確な知識と技術を習得させること。

　内容を取り扱う際は，この科目が理容・美容業に従事する者として必要な人体組織，特に皮膚及び毛髪等の皮膚付属器官の構造と機能に関する科学的，系統的な知識を理解するために位置付けられていることから，理容・美容産業教育全般の導入として基礎的な内容を取り扱うことが大切である。

　アについては，人体の構造や各器官・組織の機能について指導するに当たり，できるだけ具体的なイメージをもたせるよう工夫する必要がある。特に，皮膚及び皮膚付属器官等の細かな内容を扱う際には，教材・教具の工夫により，学習効果を高めるよう配慮して指導する必要がある。

　イについては，皮膚疾患についての学習と「衛生管理」，「香粧品化学」，「理容・美容技術理論」の科目の学習とを関連付けて指導し，体系的な知識が習得されるよう配慮することが必要である。特に，皮膚・毛髪の保健衛生については，皮膚疾患の指導と関連付けて指導し，適切な処置及び予防ができるよう配慮して指導する必要がある。また，皮膚の生理作用は，理容・美容技術と密接な関連をもつものであることから，皮膚の保護と手入れの方法とを関連させて指導することが大切である。皮膚疾患については，「衛生管理」の学習と関連させ，適切な対応ができるよう実際的な知識として習得させるよう配慮することが重要である。

② 内容

2　内容

　1に示す資質・能力を身に付けることができるよう，次の〔指導項目〕を指導する。

〔指導項目〕

> (1) 人体の構造と機能
>   ア　人体の構造
>   イ　人体の調整機能
>   ウ　人体の骨格，筋
>   エ　人体の神経機能

（内容の範囲や程度）

> (2) 内容の範囲や程度については，次の事項に配慮するものとする。
>   ア　〔指導項目〕の(1)については，施術の際に使う骨格及び筋についても，各器官と関連させながら取り扱うこと。

(1) 人体の構造と機能

　ここでは，科目の目標を踏まえ，人体の構造と機能について系統別に概観し，それぞれの働きや仕組みについて基本的な事項を理解し，関連する技術を身に付けることをねらいとしている。

　このねらいを実現するため，次の①から③までの事項を身に付けることができるよう，〔指導項目〕を指導する。

①　人体の構造と機能について理解し，関連する技術を身に付けること。

②　人体の構造と機能について，理容・美容業に関わる基本的な課題を発見し，倫理観を踏まえて合理的かつ創造的に解決策を見いだすこと。

③　人体の構造と機能について自ら学び，理容・美容の発展を図ることに主体的かつ協働的に取り組むこと。

ア　人体の構造

　ここでは，人体を構成する単位について取り扱うほか，人体の解剖学的な区分及び頭部・顔部・頸部について概略的に取り扱う。

イ　人体の調整機能

　ここでは，人体の調節機能として働く神経系統と内分泌系統の構造と機能について取り扱う。特に，頭部・顔部・頸部の神経について取り扱う。

ウ　人体の骨格，筋

　ここでは，骨格及び関節，筋肉の種類と構造・機能について取り扱う。特に，理容・美容の施術に関係の深い，頭部・顔部・頸部の代表的な筋について取り扱う。

エ　人体の神経機能

　ここでは，神経系の名称と構造，機能について取り扱う。その際，理容・美容の施術と関係の深い頭部・顔部・頸部を取り上げ，理容・美容技術と関連させながら基本的な事項を取り扱う。

〔指導項目〕

> (2) 皮膚及び皮膚付属器官の構造及び機能
> 　ア　構造
> 　イ　生理作用

（内容の範囲や程度）

> イ　〔指導項目〕の(2)については，皮膚及び皮膚付属器官の構造や生理作用の概要について取り扱うこと。

(2) 皮膚及び皮膚付属器官の構造及び機能

　ここでは，科目の目標を踏まえ，皮膚及び皮膚付属器官の構造と機能について基本的な事項を理解し，関連する技術を身に付けることをねらいとしている。
　このねらいを実現するため，次の①から③までの事項を身に付けることができるよう，〔指導項目〕を指導する。
① 　皮膚及び皮膚付属器官の構造及び機能について理解し，関連する技術を身に付けること。
② 　皮膚及び皮膚付属器官の構造及び機能について，理容業・美容業に関わる基本的な課題を発見し，倫理観を踏まえて合理的かつ創造的に解決策を見いだすこと。
③ 　皮膚及び皮膚付属器官の構造及び機能について自ら学び，理容・美容の発展を図ることに主体的かつ協働的に取り組むこと。

ア　構造

　ここでは，皮膚及び皮膚付属器官の構造及び特徴について基本的な事項を取り扱う。皮膚附属器官については，毛髪，爪，脂腺，汗腺などについて取り扱う。

イ　生理作用

　ここでは，皮膚及び皮膚付属器官の生理的な機能について，理容・美容技術と関連させながら，基本的な事項を取り扱う。その際，毛髪，爪の生理的意義と特性について，理容・美容技術との関連に配慮しながら取り扱う。

〔指導項目〕

---

(3) 皮膚及び皮膚付属器官の保健衛生
　　ア　皮膚に影響を及ぼす因子

(内容の範囲や程度)

ウ　〔指導項目〕の(3)については，毛髪の保健衛生について重点的に取り
　　扱うこと。

---

(3) 皮膚及び皮膚付属器官の保健衛生

　ここでは，科目の目標を踏まえ，理容・美容との関連が深い皮膚及び皮膚付属器官の保健面について，特に，毛髪の保健衛生面について理解し，関連する技術を身に付けることをねらいとしている。

　このねらいを実現するため，次の①から③までの事項を身に付けることができるよう，〔指導項目〕を指導する。

① 　皮膚及び皮膚付属器官の保健衛生について理解し，関連する技術を身に付けること。

② 　皮膚及び皮膚付属器官の保健衛生について，理容業・美容業に関わる基本的な課題を発見し，倫理観を踏まえて合理的かつ創造的に解決策を見いだすこと。

③ 　皮膚及び皮膚付属器官の保健衛生について自ら学び，理容・美容の発展を図ることに主体的かつ協働的に取り組むこと。

ア　皮膚に影響を及ぼす因子

　ここでは，皮膚及び皮膚付属器官の生理的な機能に影響を与える栄養，環境，体内病変，ホルモン等の因子とその予防について取り扱う。

〔指導項目〕

---

(4) 皮膚及び皮膚付属器官の疾患
　　ア　疾患の種類，原因，症状
　　イ　理容・美容で使用する香粧品とかぶれやアレルギーとの関連

（内容の範囲や程度）

> エ　〔指導項目〕の(4)については，皮膚及び皮膚付属器官に影響を与える
> 　因子，香粧品との関連について重点的に取り扱うこと。

(4) 皮膚及び皮膚付属器官の疾患

　ここでは，科目の目標を踏まえ，皮膚及び皮膚付属器官の疾患について，理容・美容の施術と関連付けながら理解し，関連する技術を身に付けることをねらう。

　このねらいを実現するため，次の①から③までの事項を身に付けることができるよう，〔指導項目〕を指導する。

　①　皮膚及び皮膚付属器官の疾患について理解し，関連する技術を身に付けること。

　②　皮膚及び皮膚付属器官の疾患について，理容業・美容業に関わる基本的な課題を発見し，倫理観を踏まえて合理的かつ創造的に解決策を見いだすこと。

　③　皮膚及び皮膚付属器官の疾患について自ら学び，理容・美容の発展を図ることに主体的かつ協働的に取り組むこと。

ア　疾患の種類，原因，症状

　ここでは，皮膚及び皮膚付属器官の疾患の種類，原因，症状などについて取り扱う。

イ　理容・美容で使用する香粧品とかぶれやアレルギーとの関連

　ここでは，理容・美容で使用する香粧品等によるかぶれやアレルギーについて，その発生機序と予防方法の概要について取り上げ，理容・美容の業務と関連させながら取り扱う。

4　香粧品化学

　この科目は，理容・美容における香粧品に関する知識及び技術を身に付け，理容・美容における香粧品に関する課題を発見し解決する力，人々の公衆衛生の向上に寄与する態度など，理容・美容の実践に必要な資質・能力を育成することを主眼としたものである。

　今回の改訂では，養成施設の指定の基準の改善を踏まえ，科目名を変更するとともに，従前の内容(1)理容・美容の物理は取り扱わないこととした。また，指導項目の(2)香粧品に関する化学については，学習内容を整理し，改善を図った。

(1) 目標

---

1 目　標

　理容・美容の見方・考え方を働かせ，実践的・体験的な学習活動を行うことなどを通して，理容・美容業に必要な資質・能力を次のとおり育成することを目指す。

(1) 香粧品化学に関する基礎的な知識について体系的・系統的に理解するとともに，関連する技術を身に付けるようにする。

(2) 香粧品化学に関する課題を発見し，理容・美容の職業倫理を踏まえ合理的かつ創造的に解決する力を養う。

(3) 香粧品化学について，よりよい理容・美容の実践を目指して自ら学び，人々の公衆衛生の向上に主体的かつ協働的に取り組む態度を養う。

　この科目においては，理容・美容における香粧品化学に関する知識を身に付け，理容・美容における香粧品に関する課題を発見し，職業人として合理的かつ創造的に解決する力，人々の公衆衛生の向上に主体的かつ協働的に参画し寄与する態度を養うことをねらいとしている。

　目標の(1)については，理容・美容における香粧品化学について基礎的な知識を身に付け，関連する技術を身に付けるようにすることを意味している。

　目標の(2)については，理容・美容における香粧品化学に関する課題を発見し，理容・美容業に携わる者として，根拠に基づいて，創造的に解決する力を養うことを意味している。

　目標の(3)については，職業人として必要な豊かな人間性を育み，よりよい理容・美容の実践を目指して自ら学び，人々の公衆衛生の向上に主体的かつ協働的に取り組む態度を養うことを意味している。

(2) 内容とその取扱い

① 内容の構成及び取扱い

　この科目は，目標に示す資質・能力を身に付けることができるよう，(1)香粧品に関する化学の一つの指導項目で，2単位以上履修されることを想定して内容を構成している。また，内容を取り扱う際の配慮事項は次のように示している。

（内容を取り扱う際の配慮事項）

3　内容の取扱い

(1) 内容を取り扱う際には，次の事項に配慮するものとする。

ア　指導に当たっては，実験・実習や観察を重視するとともに，「保

健」，「理容実習」及び「美容実習」と関連させながら，実際的な知識の習得を図ること。

　この科目は理容・美容業で使用される各種の薬品や香粧品に関する科学的な知識と適正で安全な取扱いを習得するための科目として位置付けられていることから，理容・美容産業教育全般の導入として基礎的な内容を取り扱うことが大切である。

　アについては，実験や観察は，化学の基本を理解するために不可欠な学習方法であるから，この科目の実施に当たっては，講義に偏ることなく，各種の模型や視覚教材を用いるなど，実験や観察の機会を多く設け，科学的な思考方法が身に付くように配慮することが大切である。

② 内容

> 2 内 容
> 　1に示す資質・能力を身に付けることができるよう，次の〔指導項目〕を指導する。

（指導項目）

> (1) 香粧品に関する化学
> 　ア　物質の構造
> 　イ　化学反応と化合物
> 　ウ　水と金属
> 　エ　香粧品概論
> 　オ　香粧品の種類と原料
> 　カ　基礎香粧品の使用目的と取扱い

（内容の範囲や程度）

> (2) 内容の範囲や程度については，次の事項に配慮するものとする。
> 　ア　〔指導項目〕の(1)については，溶液の性質，香粧品の原料，洗浄剤の種類等，香粧品に関する化学及び化粧品の成分の概要を取り扱うこと。

(1) 香粧品に関する化学

　ここでは，科目の目標を踏まえ，物質の構成及び化学結合に関する基礎的な事

項や溶液の化学的性質，化学反応について理解し，関連する技術を身に付けることをねらいとしている。また，香粧品については，その種類と用途，原料，その取扱い上の注意事項について理解することをねらいとしている。

このねらいを実現するため，次の①から③までの事項を身に付けることができるよう，〔指導項目〕を指導する。

① 香粧品に関する化学について理解し，関連する技術を身に付けること。

② 香粧品に関する化学について，理容業・美容業に関わる基本的な課題を発見し，倫理観を踏まえて合理的かつ創造的に解決策を見いだすこと。

③ 香粧品に関する化学について自ら学び，理容・美容の発展を図ることに主体的かつ協働的に取り組むこと。

ア 物質の構造

ここでは，物質の構造について基本的な元素，化学結合の種類を取り上げ，その概要を取り扱う。特に，溶液の性質と溶解及び希釈，コロイドの性質について取り扱う。

イ 化学反応と化合物

ここでは，中和，加水分解，酸化と還元などの代表的な化学反応と化学式，水素イオン指数とph，酸化剤と還元剤について取り扱う。また，有機化合物については，できるだけ概略的に取り扱う。特に，石鹸，タンパク質，合成繊維・樹脂の代表的なものについては，その特徴を重点的に取り扱う。

ウ 水と金属

ここでは，硬水と軟水に加え，精製水の特徴について取り扱うほか，理容・美容の用具として使用される金属や合金を中心に，その種類や特徴について取り扱う。その際，金属のイオン化傾向や酸化に触れ，さびや腐食の原理について取り扱う。

エ 香粧品概論

ここでは，香粧品の役割や種類，機能，安全性，品質の保持について，それらの基本的な事項を取り扱う。その際，「関係法規・制度」と関連させながら，消費者保護の観点から様々な規制があることを取り扱う。

オ 香粧品の種類と原料

ここでは，香粧品の定義及び種類，法的な規制や取扱い上の注意事項について取り扱う。また，水性原料，油性原料，界面活性剤等の主要な配合成分については，その特徴や働きを取り扱う。

カ 基礎香粧品の使用目的と取扱い

ここでは，洗浄剤，化粧水，乳液等の基礎化粧品に関して，その種類と特徴，機能について取り扱う。また，シャンプー用剤，整髪剤，パーマネントウエーブ用剤，染毛剤等の頭毛に使用する各種香粧品については，その種類と特徴，機能

及び取扱い上の注意事項を取り扱う。

5 文化論

　この科目は，理容・美容の文化に関する知識及び技術を身に付け，理容・美容の文化に関する課題を発見し解決する力，人々の公衆衛生の向上に寄与する態度など，理容・美容の実践に必要な資質・能力を育成することを主眼としたものである。

　今回の改訂では，養成施設の指定の基準の改善を踏まえ，科目名を変更するとともに，指導項目の(1)理容・美容文化史の小項目にア理容・文化の歴史を位置付けて学習内容を整理し，改善を図った。

(1) 目標

１　目　標
　理容・美容の見方・考え方を働かせ，実践的・体験的な学習活動を行うことなどを通して，理容・美容業に必要な資質・能力を次のとおり育成することを目指す。
(1) 理容・美容の文化に関する基礎的な知識について体系的・系統的に理解するとともに，関連する技術を身に付けるようにする。
(2) 理容・美容の文化に関する課題を発見し，理容・美容の職業倫理を踏まえ合理的かつ創造的に解決する力を養う。
(3) 理容・美容の文化について，よりよい理容・美容の実践を目指して自ら学び，人々の公衆衛生の向上に主体的かつ協働的に取り組む態度を養う。

　この科目においては，理容・美容における文化論に関する知識と技術を身に付け，理容・美容の文化に関する課題を発見し，職業人として合理的かつ創造的に解決する力，人々の公衆衛生の向上に主体的かつ協働的に参画し寄与する態度を養うことをねらいとしている。

　目標の(1)については，理容・美容の文化について基礎的な知識と技術を身に付けるようにすることを意味している。

　目標の(2)については，理容・美容の文化に関する課題を発見し，理容・美容業に携わる者として，根拠に基づいて，創造的に解決する力を養うことを意味している。

　目標の(3)については，職業人として必要な豊かな人間性を育み，よりよい理容・美容の実践を目指して自ら学び，人々の公衆衛生の向上に主体的かつ協働的

に取り組む態度を養う。

(2) 内容とその取扱い
① 内容の構成及び取扱い

この科目は，目標に示す資質・能力を身に付けることができるよう，(1)理容・美容文化史，(2)服飾の二つの指導項目で，2単位以上履修されることを想定して内容を構成している。また，内容を取り扱う際の配慮事項は次のように示している。

（内容を取り扱う際の配慮事項）

3 内容の取扱い
(1) 内容を取り扱う際には，次の事項に配慮するものとする。
ア 指導に当たっては，美的感覚，表現力，鑑賞力を養うために，芸術科等と関連させながら指導すること。また，生徒の興味・関心に即して，見学の機会を設けるなどして，ヘアスタイルを概括的に取り扱うこと。

内容を取り扱う際は，この科目が，理容・美容業の使命がより優れた人間美の創造実現にあることを理解し，その使命を実現するための力を養うために位置付けられていることから，理容・美容産業教育全般の導入として基礎的な内容を取り扱うことが大切である。その際，その使命を実現するための美的感覚，表現力，鑑賞力を養い，豊かな感性に裏打ちされた優れた表現力が，身に付くように配慮することが大切である。

アについては，芸術科や他の専門教科・科目の授業等との関連を図り，理容・美容の実習や競技会，発表会等はもちろんのこと，理容・美容に直接関連しない分野においても，広くデザインや色彩に関心をもたせ，鑑賞力を育成するよう配慮すること。

② 内容

2 内 容
1に示す資質・能力を身に付けることができるよう，次の〔指導項目〕を指導する。

〔指導項目〕

> (1) 理容・美容文化史
>   ア　理容・美容文化の歴史
>   イ　理容・美容の変遷
>   ウ　流行の影響

（内容の範囲や程度）

> (2) 内容の範囲や程度については，次の事項に配慮するものとする。
>   ア　〔指導項目〕の(1)については，時代や地域を象徴するファッション
>   についても取り扱うこと。

(1) 理容・美容文化史

　ここでは，科目の目標を踏まえ，日本及び海外の理容・美容文化の変遷を概観
し，人間がヘアスタイルに対してどのように考えてきたのか，どのようなヘアス
タイルを創造してきたのかについて理解し，関連する技術を身に付けることをね
らいとしている。

　このねらいを実現するため，次の①から③までの事項を身に付けることができ
るよう，〔指導項目〕を指導する。

　①　理容・美容文化史について理解し，関連する技術を身に付けること。

　②　理容・美容文化史について，理容業・美容業に関わる基本的な課題を発見
　　し，倫理観を踏まえて合理的かつ創造的に解決策を見いだすこと。

　③　理容・美容文化史について自ら学び，理容・美容の発展を図ることに主体
　　的かつ協働的に取り組むこと。

ア　理容・美容文化の歴史

　ここでは，理容・美容文化の歴史について取り扱う。その際，ヘアスタイルに
ついては，その時代的特徴や地域的特徴，変化の要因，社会的・文化的背景等を
関連させながら取り扱う。

イ　理容・美容の変遷

　ここでは，日本及び海外における理容・美容業について，その起源，社会的役
割及びその変遷について概略的に取り扱う。また，服飾やヘアスタイルについて
の基本的な用語や名称についても取り扱う。

ウ　流行の影響

　ここでは，流行の意味や特徴，人間心理と流行の関係等及び理容・美容業にお
ける流行の役割と意義について取り扱う。その際，時代や地域を象徴する代表的

なヘアスタイルや服飾について，特に，時代的背景や文化的な背景と人々にどのように取り入れられ流行していったのかということを関連させながら取り扱う。

〔指導項目〕

---

(2) 服飾
 ア 服飾の歴史
 イ 理容・美容業と服飾

（内容の範囲や程度）

イ 〔指導項目〕の(2)については，時代や地域を象徴する服飾を基に，その特徴や機能，ファッション性などの概要を取り扱うこと。

---

(2) 服飾

 ここでは，科目の目標を踏まえ，ヘアスタイルの構成と密接な関係にある服飾について概観し，その時代的な特徴や機能，社会的な役割について理解し，関連する技術を身に付けることをねらいとしている。

 このねらいを実現するため，次の①から③までの事項を身に付けることができるよう，〔指導項目〕を指導する。

 ① 服飾について理解し，関連する技術を身に付けること。

 ② 服飾について，理容業・美容業に関わる基本的な課題を発見し，倫理観を踏まえて合理的かつ創造的に解決策を見いだすこと。

 ③ 服飾について自ら学び，理容・美容の発展を図ることに主体的かつ協働的に取り組むこと。

ア 服飾の歴史

 ここでは，日本及び海外における服飾の歴史について概観し，特に，時代や地域を象徴する服飾について，その特徴や機能，ファッション性，時代背景を中心に取り扱う。

イ 理容・美容業と服飾

 ここでは，ヘアスタイルの構成と服飾の関連性について，伝統性や機能性，ファッション性について触れるとともに，特に，礼装や正装におけるヘアスタイルの基本について取り扱う。

第2節
理容・美容科

115

6 理容・美容技術理論

　この科目は，理容・美容技術に関する知識及び技術を身に付け，理容・美容技術に関する課題を発見し解決する力，人々の公衆衛生の向上に寄与する態度など，理容・美容の実践に必要な資質・能力を育成することを主眼としたものである。

　今回の改訂では，養成施設の指定の基準の改善を踏まえ，従前の内容の(3)頭部技術と(4)理容の顔部技術について指導項目の(3)頭部，顔部及び頸部技術に統合整理し，学習内容を整理した。また，指導項目の(4)特殊技術にネイル技術を取り入れ，指導項目の(5)理容・美容デザインを新設し，改善を図った。

(1) 目標

　1　目　標
　　理容・美容の見方・考え方を働かせ，実践的・体験的な学習活動を行うことなどを通して，理容・美容業に必要な資質・能力を次のとおり育成することを目指す。
　(1) 理容・美容技術に関する基礎的な知識について体系的・系統的に理解するとともに，関連する技術を身に付けるようにする。
　(2) 理容・美容技術に関する課題を発見し，理容・美容の職業倫理を踏まえ合理的かつ創造的に解決する力を養う。
　(3) 理容・美容技術について，よりよい理容・美容の実践を目指して自ら学び，人々の公衆衛生の向上に主体的かつ協働的に取り組む態度を養う。

　この科目においては，理容・美容技術に関する知識と技術を身に付け，理容・美容技術に関する課題を発見し，職業人として合理的かつ創造的に解決する力，人々の公衆衛生の向上に主体的かつ協働的に参画し寄与する態度を養うことをねらいとしている。

　目標の(1)については，理容・美容技術について基礎的な知識と技術を身に付けるようにすることを意味している。

　目標の(2)については，理容・美容技術に関する課題を発見し，理容・美容業に携わる者として，根拠に基づいて，創造的に解決する力を養うことを意味している。

　目標の(3)については，職業人として必要な豊かな人間性を育み，よりよい理容・美容の実践を目指して自ら学び，人々の公衆衛生の向上に主体的かつ協働的に取り組む態度を養う。

(2) 内容とその取扱い

① 内容の構成及び取扱い

　この科目は，目標に示す資質・能力を身に付けることができるよう，(1)器具類の取扱い，(2)基礎技術，(3)頭部，顔部及び頸部技術，(4)特殊技術，(5)理容・美容デザイン，(6)美容の和装技術の六つの指導項目で，5単位以上履修されることを想定して内容を構成している。また，内容を取り扱う際の配慮事項は次のように示している。

　(内容を取り扱う際の配慮事項)

> ### 3　内容の取扱い
> 　(1) 内容を取り扱う際には，次の事項に配慮するものとする。
> 　　ア　指導に当たっては，「理容実習」及び「美容実習」と関連させて取り扱うこと。また，理容所や美容所の施設等とその業務の見学や器具，用具類の操作等を通して，具体的に知識と技術を習得させること。

　内容を取り扱う際は，この科目が理容師及び美容師としての知識と技術を身に付けるための基礎となる科目として位置付けられていることから，理容・美容産業教育全般の導入として基礎的な内容を取り扱うことが大切である。

　アについては，理容師及び美容師としての技術を身に付けるための基礎となる科目であることから，常に，理容・美容の実習と関連させて指導することはもちろんのこと，他の科目の学習内容とも総合的に関連させて指導することが重要である。また，理論と実際の技術は，表裏一体であり，互いに補完し合うものであることを理解させ，理容・美容業に関わる知識が具体的で実際的なものになるよう配慮して指導することが重要である。

② 内容

> ### 2　内　容
> 　1に示す資質・能力を身に付けることができるよう，次の〔指導項目〕を指導する。

　〔指導項目〕

> (1) 器具類の取扱い
> 　ア　種類と使用目的

（内容の範囲や程度）

(2) 内容の範囲や程度については，次の事項に配慮するものとする。
　　ア　〔指導項目〕の(1)については，理容・美容器具の正しい使い方，種
　　　　類と特長及び理容所と美容所の設備・備品について取り扱うこと。

(1) 器具類の取扱い

　ここでは，科目の目標を踏まえ，理容・美容器具の正しい扱い方，種類と特徴などについて理解し，関連する技術を身に付けることをねらいとしている。

　このねらいを実現するため，次の①から③までの事項を身に付けることができるよう，〔指導項目〕を指導する。

① 器具類の取扱いについて理解し，関連する技術を身に付けること。

② 器具類の取扱いについて，理容業・美容業に関わる基本的な課題を発見し，倫理観を踏まえて合理的かつ創造的に解決策を見いだすこと。

③ 器具類の取扱いについて自ら学び，理容・美容の発展を図ることに主体的かつ協働的に取り組むこと。

ア　種類と使用目的

　ここでは，理容・美容器具の分類方法，使用目的及び特徴について取り扱う。

イ　形態と機能

　ここでは，鋏，櫛，レザー，クリッパー，アイロンについて，その形態と機能について取り扱う。また，ブラシ，ヘアドライヤー，被布及び布片類などの理容・美容器具等については，その種類，使用目的，形態と機能について取り扱う。

ウ　選定法と手入れ

　ここでは，鋏，櫛，レザー，クリッパー，アイロンなどの選定方法，研磨方法，手入れ方法について取り扱う。また，ブラシ，ヘアドライヤー，被布及び布片類などの理容・美容器具等について，選定方法や手入れ方法について取り扱う。特に，消毒方法については，それぞれの器具類に応じた適切な方法を，具体的に取り扱う。

エ　理容所と美容所の設備・備品

　ここでは，理容所・美容所で用いられるその他の設備・備品，容器類に関して，その種類や名称，使用目的や使用上の注意事項等について取り扱う。

〔指導項目〕

> (2) 基礎技術
>   ア　理容・美容技術の意義
>   イ　理容・美容技術と人体各部の名称
>   ウ　作業姿勢

（内容の範囲や程度）

> イ　〔指導項目〕の(2)については，実際の業務において必要とされる理容
>   師や美容師としての心構えや倫理観，衛生措置等の概要を取り扱うこと。

(2) 基礎技術

　ここでは，理容・美容技術の意義について取り扱い，実際に行う場合の心得等基礎的な事項について理解し，関連する技術を身に付けることをねらいとしている。

　このねらいを実現するため，次の①から③までの事項を身に付けることができるよう，〔指導項目〕を指導する。

① 基礎技術について理解し，関連する技術を身に付けること。

② 基礎技術について，理容業・美容業に関わる基本的な課題を発見し，倫理観を踏まえて合理的かつ創造的に解決策を見いだすこと。

③ 基礎技術について自ら学び，理容・美容の発展を図ることに主体的かつ協働的に取り組むこと。

ア　理容・美容技術の意義

　ここでは，理容師及び美容師として社会の一員となり，社会の発展に貢献していく技術者となるために必要な心構え，職業観について取り扱う。具体的には，技術者として客と接する際に心掛ける事項について取り扱う。

イ　理容・美容技術と人体各部の名称

　ここでは，理容・美容の技術を行う上で必要となる基本的な人体各部の名称，特に，頭部，顔部及び頸部の名称について取り扱う。

ウ　作業姿勢

　ここでは，作業における位置及び姿勢について，原則的な事項とその合理性について取り扱う。

〔指導項目〕

> (3) 頭部，顔部及び頸部技術
>   ア　ヘアデザインとカッティング
>   イ　シャンプー技術とリンシング
>   ウ　頭部マッサージとヘアトリートメント
>   エ　ヘアセッティングの種類と特徴
>   オ　理容のシェービング
>   カ　顔面処置技術

（内容の範囲や程度）

> ウ〔指導項目〕の (3) については，基礎となるヘアデザインを中心に，各種頭部技術の概要について取り扱うこと。

(3) 頭部，顔部及び頸部技術

　ここでは，科目の目標を踏まえ，カッティング，シャンプー技術，頭部マッサージとヘアトリートメント，アイロン技術，パーマネント技術等の基本的な頭部技術について，その目的，種類，特徴，技術上の注意点について理解し，関連する技術を身に付けることをねらいとしている。

　このねらいを実現するため，次の①から③までの事項を身に付けることができるよう，〔指導項目〕を指導する。

①　頭部，顔部及び頸部技術について理解するとともに，関連する技術を身に付けること。

②　頭部，顔部及び頸部技術について，理容業・美容業に関わる基本的な課題を発見し，倫理観を踏まえて合理的かつ創造的に解決策を見いだすこと。

③　頭部，顔部及び頸部技術について自ら学び，理容・美容の発展を図ることに主体的かつ協働的に取り組むこと。

ア　ヘアデザインとカッティング

　ここでは，ヘアデザインの要素，ヘアスタイルの条件と分類について取り上げ，カッティングの一般的順序，スタンダード・ヘアカッティングにおける各種の技法について取り扱う。

イ　シャンプー技術とリンシング

　ここでは，シャンプーの目的及び種類，シャンプー用剤，シャンプー技術の要領，リンシングの目的とリンス剤の種類について取り扱う。また，スタンドシャンプー及びバックシャンプーの技法について取り扱う。

ウ　頭部マッサージとヘアトリートメント

　ここでは，スキャルプトリートメント，ヘアトリートメントの目的や種類，用剤や技法等，基本的な事項について取り扱う。また，頭皮マッサージの目的と基本的な技法について取り扱う。

エ　ヘアセッティングの種類と特徴

　ここでは，ヘアセッティングの種類と特徴について取り扱う。理容にあっては，基本セット，ドライヤーセット，アイロンセットの基本的な技法について取り扱い，美容にあっては，カーリングセット，ローラカーリングセット，ブロードライスタイリングの各技法について取り扱う。また，パーマネント技術については，用剤の種類と特徴及び注意点，パーマネント技法の種類と特徴について取り扱うほか，特に，コールド2浴式パーマネントとアイロンパーマの基本的な技法について取り扱う。

オ　理容のシェービング

　ここでは，理容におけるシェービング技法，顔面処置技術の基本的な事項について取り扱うとともに，特に，シェービング技術の注意点について取り扱う。シェービングの種類，基本技術と要領，一般的順序について取り扱うほか，レディースシェービング，ネックシェービングの特徴と留意点，基本的な技法について取り扱う。

カ　顔面処置技術

　理容では，シェービング後の顔面のトリートメントやスチーミング，マッサージ，ふき取り等の基本的な技法の要領等について取り扱う。また，美容では，メイクアップ等における，基本的な顔部及び頸部技術の目的，種類，特徴，技術上の注意点などを取り扱う。

〔指導項目〕

---

(4) 特殊技術

　　ア　エステティック技術，ネイル技術など

---

(4) 特殊技術

　ここでは，科目の目標を踏まえ，理容・美容に関わる特殊技術のうち，エステティック技術やネイル技術などの基礎的な知識と技術を身に付け，安全な施術について理解することをねらいとしている。

　このねらいを実現するため，次の①から③までの事項を身に付けることができるよう，〔指導項目〕を指導する。

　①　特殊技術について理解し，関連する技術を身に付けること。

② 特殊技術について，理容業・美容業に関わる基本的な課題を発見し，倫理観を踏まえて合理的かつ創造的に解決策を見いだすこと。

③ 特殊技術について自ら学び，理容・美容の発展を図ることに主体的かつ協働的に取り組むこと。

ア　エステティック技術，ネイル技術など

　ここでは，エステティック技術，ネイル技術などの理容・美容の特殊技術について，目的や種類について取り扱う。使用する用具や用剤，使用上の注意点，基本的な技法の要領及び留意点について取り扱う。この他，ヘアカラーリングの意義や目的，染毛剤の種類と特徴，ブリーチ剤の機能と種類について取り扱う。特に，染毛剤の安全性及び取扱い上の注意事項やパッチテストの方法については重点的に取り扱う。

〔指導項目〕

---

(5) 理容・美容デザイン

　　ア　ヘアデザインの造形の意義と応用

　　イ　色彩の原理と理容・美容における応用

（内容の範囲や程度）

エ　〔指導項目〕の(5)については，色彩や造形の原理等，基礎的な内容を中心に，理容・美容と関連させながら取り扱うこと。

---

(5)　理容・美容デザイン

　ここでは，科目の目標を踏まえ，造形の原理，造形と心理，色彩と心理等について，特に，理容・美容における意義と応用について理解することをねらいとしている。

　このねらいを実現するため，次の①から③までの事項を身に付けることができるよう，〔指導項目〕を指導する。

① 理容・美容デザインについて理解するとともに，関連する技術を身に付けること。

② 理容・美容デザインについて，理容業・美容業に関わる基本的な課題を発見し，倫理観を踏まえて合理的かつ創造的に解決策を見いだすこと。

③ 理容・美容デザインについて自ら学び，理容・美容の発展を図ることに主体的かつ協働的に取り組むこと。

ア　ヘアデザインの造形の意義と応用

ここでは，造形の構成要素，原理についての基礎的事項について取り扱う。また，ヘアスタイルの構成にどのように応用されるかについて取り扱う。

イ　色彩の原理と理容・美容における応用

ここでは，色彩や造形についての原理を中心に取り上げ，色彩の構成要素，色彩の特性，心理効果等についての基礎的事項を取り扱う。また，ヘアスタイルの構成にどのように応用されるかについて取り扱う。

〔指導項目〕

(6) 美容の和装技術
　ア　美容の和装技術

（内容の範囲や程度）

オ　〔指導項目〕の(6)については，日本髪の由来や名称及びその特徴，着付け技術等に重点を置いて取り扱うこと。

(6) 美容の和装技術

ここでは，科目の目標を踏まえ，日本髪の種類と特徴，各部の名称について概略的に取り扱うほか，装飾品，髪結い用具，かもじ類の種類と用途について理解することをねらいとしている。

このねらいを実現するため，次の①から③までの事項を身に付けることができるよう，〔指導項目〕を指導する。

①　美容の和装技術について理解するとともに，関連する技術を身に付けること。

②　美容の和装技術について，理容業・美容業に関わる基本的な課題を発見し，倫理観を踏まえて合理的かつ創造的に解決策を見いだすこと。

③　美容の和装技術について自ら学び，理容・美容の発展を図ることに主体的かつ協働的に取り組むこと。

ア　美容の和装技術

ここでは，日本髪の種類と特徴，各部の名称について概略的に取り上げ，装飾品，髪結い用具，かもじ類の種類と用途について取り扱う。また，着付けの目的，和装の種類と用途，着付けの一般的要領，代表的な着付けについての留意点及び和装におけるエチケット等も取り扱う。その際，結髪，着付け等の実習と関連させながら，和装に関する基礎的な用語や特殊な名称についても取り扱う。

7 運営管理

　この科目は，理容・美容業の運営管理に関する知識及び技術を身に付け，理容・美容業の運営管理に関する課題を発見し解決する力，人々の公衆衛生の向上に寄与する態度など，理容・美容の実践に必要な資質・能力を育成することを主眼としたものである。

　今回の改訂では，養成施設の指定の基準の改善を踏まえ，科目名を変更するとともに，従前の内容の(1)マーケティングと(2)経営管理及び(3)労務管理を，指導項目の(1)経営管理，(2)労務管理に統合整理した。また，指導項目の(3)接客については，小項目に接客の意義や消費者対応などを取り入れ，改善を図った。

(1) 目標

　1　目　標
　　理容・美容の見方・考え方を働かせ，実践的・体験的な学習活動を行うことなどを通して，理容・美容業の運営管理に必要な資質・能力を次のとおり育成することを目指す。
　(1) 理容・美容業の運営管理に関する基礎的な知識について体系的・系統的に理解するとともに，関連する技術を身に付けるようにする。
　(2) 理容・美容業の運営管理に関する課題を発見し，理容・美容の職業倫理を踏まえ合理的かつ創造的に解決する力を養う。
　(3) 理容・美容業の運営管理について，よりよい理容・美容の実践を目指して自ら学び，人々の公衆衛生の向上に主体的かつ協働的に取り組む態度を養う。

　この科目においては，理容・美容業の運営管理に関する知識と技術を身に付け，理容・美容業の運営管理に関する課題を発見し，職業人として合理的かつ創造的に解決する力，人々の公衆衛生の向上に主体的かつ協働的に参画し寄与する態度を養うことをねらいとしている。

　目標の(1)については，理容・美容の運営管理について基礎的な知識と技術を身に付けるようにすることを意味している。

　目標の(2)については，理容・美容の運営管理に関する課題を発見し，理容・美容業に携わる者として，根拠に基づいて，創造的に解決する力を養うことを意味している。

　目標の(3)については，職業人として必要な豊かな人間性を育み，よりよい理

容・美容の実践を目指して自ら学び，人々の公衆衛生の向上に主体的かつ協働的に取り組む態度を養うことを意味している。

(2) 内容とその取扱い

① 内容の構成及び取扱い

この科目は，目標に示す資質・能力を身に付けることができるよう，(1)経営管理，(2)労務管理，(3)接客の三つの指導項目で，1単位以上履修されることを想定して内容を構成している。また，内容を取り扱う際の配慮事項は次のように示している。

（内容を取り扱う際の配慮事項）

3　内容の取扱い

(1) 内容を取り扱う際には，次の事項に配慮するものとする。

ア　指導に当たっては，経営管理や労務管理の理論的，技術的な学習にとどまることなく，理容・美容の業務に関する職業観の育成に努めること。

イ　〔指導項目〕の(3)については，「理容実習」又は「美容実習」と関連させながら指導すること。また，理容所や美容所における実習等を通して，実践的な態度と能力を育てること。なお，接客の指導に当たっては，個々の生徒のコミュニケーション手段の特性に合わせて，的確な接客が身に付くよう留意すること。

内容を取り扱う際は，この科目が，基本的な運営管理に関わる理論や接客法についての知識及び技術の習得を通して，理容・美容に関する職業観を育成するために位置付けられていることから，基本的な経営管理や労務管理に関わる理論や接客方法の習得，理容・美容業の社会的・経済的役割などの内容が扱われることが大切である。

アについては，経営戦略や経営管理，労務管理の理論的な学習だけではなく，理容・美容業のもつ経済的・社会的機能，理容師・美容師のもつ社会的地位や役割，責任についての理解や意識を深め，広い意味での職業観を育成するよう配慮することが必要である。

イについては，経営戦略，経営管理，労務管理の考え方が，具体的にどのような場面で生かされているのか，総合実習や産業現場等における実習等の場面を通して，具体的に取り扱う必要がある。また，接客の指導に当たっては，個々の生徒のコミュニケーションに関する実態を踏まえて指導する必要がある。このため，生徒が使用するコミュニケーション手段の特性に応じて，的確な接客に必要

な技術について，具体的な場面や事例を取り上げて指導することが大切である。

②　内容

> 2　内　容
>   1に示す資質・能力を身に付けることができるよう，次の〔指導項目〕を指導する。

〔指導項目〕

> (1)　経営管理
>   ア　経営戦略及び経営管理の基本
>   イ　理容所・美容所の運営

（内容の範囲や程度）

> (2)　内容の範囲や程度については，次の事項に配慮するものとする。
>   ア　〔指導項目〕の(1)については，経営管理や事務に関わる基本的な理論と事例について取り扱うこと。また，理容業界や美容業界の現状などを，具体的な事例を基に指導すること。

(1)　経営管理

ここでは，科目の目標を踏まえ，経営管理に関わる基本的な理論と理容業・美容業の現状など理解し，関連する技術を身に付け，広い意味での職業観を育成することをねらいとしている。

このねらいを実現するため，次の①から③までの事項を身に付けることができるよう，〔指導項目〕を指導する。

①　経営管理について理解し，関連する技術を身に付けること。

②　経営管理について，理容・美容業に関わる基本的な課題を発見し，倫理観を踏まえて合理的かつ創造的に解決策を見いだすこと。

③　経営管理について自ら学び，理容・美容の発展を図ることに主体的かつ協働的に取り組むこと。

ア　経営戦略及び経営管理の基本

ここでは，経営戦略や経営管理に関する基本的な考え方，用語について概略的に取り扱うほか，企業競争における経営戦略の必要性についても取り扱う。また，経済活動における企業の位置付け，企業の形態や分類及びその特徴について

概略的に取り扱うほか，関連する法律についても取り扱う。

イ　理容所・美容所の運営

　ここでは，理容・美容業における経営戦略の意義と必要性に関して，顧客の心理やニーズ，理容・美容業における競争，サービスの種類等，具体的な事例を基に取り扱う。また，理容・美容業に関わる経理実務に関して，その必要性について取り扱うとともに，簿記や税務処理，帳簿書類に関する基礎的な事項についても取り扱う。

〔指導項目〕

---

(2) 労務管理
　　ア　労務管理の基本的理論
　　イ　社会保障制度

（内容の範囲や程度）

イ　〔指導項目〕の (2) については，労務管理の目的や範囲について関係法規と関連させながら取り扱うこと。

---

(2) 労務管理

　ここでは，科目の目標を踏まえ，労務管理及び社会保障制度に関する基礎的な知識について理解し，関連する技術を身に付けることをねらいとしている。

　このねらいを実現するため，次の①から③までの事項を身に付けることができるよう，〔指導項目〕を指導する。

　①　労務管理について理解し，関連する技術を身に付けること。

　②　労務管理について，理容・美容業に関わる基本的な課題を発見し，倫理観を踏まえて合理的かつ創造的に解決策を見いだすこと。

　③　労務管理について自ら学び，理容・美容の発展を図ることに主体的かつ協働的に取り組むこと。

ア　労務管理の基本的理論

　ここでは，労務管理の概要や労働基準法を中心とした関連法規について，具体的な事例を通して取り扱う。

イ　社会保障制度

　ここでは，社会保障制度の体系に関して概括的に取り扱う。また，理容・美容業に関連する社会保障制度についても取り扱う。その際，社会保障制度の抱えている課題等についても取り扱う。

127

〔指導項目〕

> (3) 接客
>   ア　接客の意義と技術
>   イ　消費者対応の基本的事項

（内容の範囲や程度）

> ウ　〔指導項目〕の(3)については，実習を通して，接客の意義，接客用語
>   などを重点的に取り扱うこと。

(3) 接客

　ここでは，科目の目標を踏まえ，理容・美容業における接客の意義について理解するとともに，基本的な接客用語や表現方法，苦情処理など消費者対応に関して，実際的な接客の方法を身に付けることをねらいとしている。

　このねらいを実現するため，次の①から③までの事項を身に付けることができるよう，〔指導項目〕を指導する。

①　接客について理解し，関連する技術を身に付けること。

②　接客について，理容・美容業に関わる基本的な課題を発見し，倫理観を踏まえて合理的かつ創造的に解決策を見いだすこと。

③　接客について自ら学び，理容・美容の発展を図ることに主体的かつ協働的に取り組むこと。

ア　接客の意義と技術

　ここでは，サービスの考え方，理容・美容業における接客の意義，接客用語及び接客動作の基本について取り扱う。特に，接客用語の指導に当たっては，生徒個々のコミュニケーション手段の特性に合わせ，実際的な接客について取り扱う。また，単に接客用語の学習だけにとどまらず，適切な接客動作や表現を行うことができるよう取り扱う。

イ　消費者対応の基本的事項

　ここでは，事故及び消費者からの苦情等のトラブルに対処するため，一般的な具体例や基本的な対応方法について取り扱う。また，トラブルを未然に防ぐ対策についても取り扱う。

8 理容実習

　この科目は，理容に関する実際的な知識及び技術を身に付け，理容の実践に関する課題を発見し解決する力，人々の公衆衛生の向上に寄与する態度など，理容の実践に必要な資質・能力を育成することを主眼としたものである。

　今回の改訂では，養成施設の指定の基準の改善を踏まえ，従前の内容の(3)頭部技術実習と(4)理容の顔部技術実習について指導項目の(3)頭部，顔部及び頸部技術実習に統合し，学習内容を整理した。また，指導項目の(4)特殊技術実習にネイル技術実習を取り入れ，改善を図った。

(1) 目標

> 1　目　標
> 　理容・美容の見方・考え方を働かせ，実践的・体験的な学習活動を行うことなどを通して，理容の実践に必要な資質・能力を次のとおり育成することを目指す。
> (1) 理容の実践について体系的・系統的に理解するとともに，関連する技術を身に付けるようにする。
> (2) 理容の実践に関する課題を発見し，理容の職業倫理を踏まえ合理的かつ創造的に解決する力を養う。
> (3) よりよい理容の実践を目指して自ら学び，人々の公衆衛生の向上に主体的かつ協働的に取り組む態度を養う。

　この科目においては，理容・美容科に属する各科目において育成した資質・能力を統合して活用することにより，理容の理論と実践とを結び付け，産業現場における理容実践力を身に付けることをねらいとしている。

　目標の(1)については，理容実習に関する基礎的な知識と技術を身に付けるようにすることを意味している。

　目標の(2)については，理容実習に関する課題を発見し，理容の職業倫理を踏まえて，科学的根拠に基づき，合理的かつ創造的に解決する力を養うことを意味している。

　目標の(3)については，職業人として必要な豊かな人間性を育み，よりよい社会の構築を目指して自ら学び，理容の実践を通して人々の公衆衛生の向上に主体的かつ協働的に取り組む態度を養うことを意味している。

(2) 内容とその取扱い

① 内容の構成及び取扱い

この科目は，目標に示す資質・能力を身に付けることができるよう，(1)基礎技術実習，(2)器具の取扱い実習，(3)頭部，顔部及び頸部技術実習，(4)特殊技術実習，(5)総合実習の五つの指導項目で，30単位以上履修されることを想定して内容を構成している。また，内容を取り扱う際の配慮事項は次のように示している。

（内容を取り扱う際の配慮事項）

3　内容の取扱い

(1) 内容を取り扱う際には，次の事項に配慮するものとする。

ア　指導に当たっては，「理容・美容技術理論」と関連させながら，理容師としての専門的な技術を取り扱うこと。

イ　器具，用具類の基本操作の指導に当たっては，安全で確実な操作の習得を優先するとともに，けが等の応急処置の方法にも触れること。

内容を取り扱う際は，この科目が，理容に関する基本的技術の確実な習得とそれらを応用し，創意・工夫する能力を育て，総合的な理容技術を身に付けさせるために位置付けられていることから，理容に関する専門的な技術を取り扱うことが大切である。また，各種器具類の基本操作の指導に当たっては，生徒の実習の進度に合わせ，確実に操作ができるよう配慮して取り扱う。

アについては，理容技術を効率的に習得していくためには，理容技術に関する理論の理解を深めることと実習・実践を積み重ねることとの双方が重要であることを十分理解させるよう配慮して取り扱うことが大切である。

イについては，個々の生徒の興味・関心や進度に合わせて繰り返し指導し，確実に基本操作の習得がなされるよう配慮して取り扱うことが大切である。また，けが等の応急処置については，「運営管理」や「関係法規・制度」の学習とも関連させて扱い，特に，消費者対応については実際的な対応を取り扱うことが大切である。

② 内容

2　内　容

1に示す資質・能力を身に付けることができるよう，次の〔指導項目〕を指導する。

〔指導項目〕

> (1) 基礎技術実習
> ア　実習の心構え
> イ　作業位置と姿勢
> ウ　施設の衛生管理

（内容の範囲や程度）

> (2) 内容の範囲や程度については，次の事項に配慮するものとする。
> ア　〔指導項目〕の(1)については，実習を行う際の一般的な留意事項や
> 　　衛生上の留意事項について取り扱うこと。

(1) 基礎技術実習

ここでは，科目の目標を踏まえ，理容実習を実施する上で，最も基本となる知識と技術について，実習理論の学習と合わせて身に付けることをねらいとしている。

このねらいを実現するため，次の①から③までの事項を身に付けることができるよう，〔指導項目〕を指導する。

① 基礎技術について理解し，関連する技術を身に付けること。

② 基礎技術について，理容業に関わる基本的な課題を発見し，倫理観を踏まえて合理的かつ創造的に解決策を見いだすこと。

③ 基礎技術について自ら学び，理容の発展を図ることに主体的かつ協働的に取り組むこと。

ア　実習の心構え

ここでは，実習を行う上での一般的な注意事項を取り扱う。特に，手指の消毒，爪切り，清潔なユニフォームの着用，皮膚に接する布片類や器具類の扱い等の衛生措置の実際について取り扱う。

イ　作業位置と姿勢

ここでは，顔面処置，頭部処置等，理容技術を行う場合の位置，姿勢などの基本動作の実際とその合理性について取り扱う。

ウ　施設の衛生管理

ここでは，用具の整理整頓や保管方法，施設の清掃方法等の実際について取り扱う。

〔指導項目〕

> (2) 器具の取扱い実習
> 　ア　管理方法と消毒方法
> 　イ　基本操作

（内容の範囲や程度）

> イ　〔指導項目〕の(2)については，刃物類の安全性に留意して取り扱うとともに，刃物類，櫛，ブラシ類の消毒方法などを重点的に取り扱うこと。

(2) 器具の取扱い実習

　ここでは，科目の目標を踏まえ，各種器具類の基本的な操作方法の実際について理解するほか，特に，刃物類の安全な取扱い方や消毒方法を身に付けることをねらいとしている。

　このねらいを実現するため，次の①から③までの事項を身に付けることができるよう，〔指導項目〕を指導する。

　①　器具の取扱いについて理解し，関連する技術を身に付けること。

　②　器具の取扱いについて，理容業に関わる基本的な課題を発見し，倫理観を踏まえて合理的かつ創造的に解決策を見いだすこと。

　③　器具の取扱いについて自ら学び，理容の発展を図ることに主体的かつ協働的に取り組むこと。

ア　管理方法と消毒方法

　ここでは，衛生措置面からの管理方法と刃物類の保管等について安全面から重点的に取り扱う。特に，器具類の消毒方法については，器具の特性に合った適切な消毒方法の実際について触れ，その技法を取り扱う。

イ　基本操作

　ここでは，特に，刃物類の安全な取扱いについて重点的に取り扱う。また，各種器具類の基本的な操作の指導に当たっては，生徒の実習の進度に合わせ，確実に操作ができるよう配慮して取り扱う。

〔指導項目〕

> (3) 頭部，顔部及び頸部技術実習
> 　ア　ヘアカッティング技法
> 　イ　シャンプー技術

ウ　頭部処置技術

　　　エ　ヘアアイロン技術

　　　オ　パーマネントウェービング

　　　カ　ヘアカラーリング

　　　キ　シェービングとその他の顔面処理技術

（内容の範囲や程度）

　ウ　〔指導項目〕の(3)については，準備から事後処理までの順序や各種技
　　法の特徴などを中心に，頭部処置，顔部処置及び頸部処置の実際を取り
　　扱うこと。

(3) 頭部，顔部及び頸部技術実習

　ここでは，科目の目標を踏まえ，頭部，顔部及び頸部に対する理容技術について，カッティングの準備からシャンプー技術，頭部処置，事後処理までの一般的な技法の実際を習得することをねらいとしている。

　このねらいを実現するため，次の①から③までの事項を身に付けることができるよう，〔指導項目〕を指導する。

　①　頭部，顔部及び頸部技術について理解し，関連する技術を身に付けること。

　②　頭部，顔部及び頸部技術について，理容業に関わる基本的な課題を発見し，倫理観を踏まえて合理的かつ創造的に解決策を見いだすこと。

　③　頭部，顔部及び頸部技術について自ら学び，理容の発展を図ることに主体的かつ協働的に取り組むこと。

ア　ヘアカッティング技法

　ここでは，スタンダードヘアのカッティング技法の種類と特徴やデザインヘアの基本原則に基づくカッティングの実際について取り上げ，各カッティングの基本的な技法を取り扱う。

イ　シャンプー技術

　ここでは，シャンプー及びリンシングについて，準備からドライニングまでの一般的な順序について取り扱う。また，シャンプー剤の塗布，シャンプーイング，シャンプーマッサージ等の実際について取り扱う。

ウ　頭部処置技術

　ここでは，スキャルプトリートメントの基本的な技法の習得について取り扱う。また，種類や頭皮の状態，用剤について「保健」や「香粧品化学」と関連付けて取り扱う。

エ　ヘアアイロン技術

　ここでは，アイロン整髪の実際について取り上げ，基本的な技法を取り扱う。また，整髪料等の取扱い方については「香粧品化学」と関連付けて取り扱う。

オ　パーマネントウェービング

　ここでは，パーマネントウエーブの原理と種類について取り上げ，それぞれの特徴及び施術上の注意点と基本的な技法を取り扱う。また，用剤等については「香粧品化学」と関連付けて取り扱う。

カ　ヘアカラーリング

　ここでは，ヘアカラーリングの種類及び用いられる用剤の種類や特徴，取扱い上の注意点について取り上げ，各種技法の実際や基本的な技法を取り扱う。また，パッチテストの実際についても取り扱う。

キ　シェービングとその他の顔面処理技術

　ここでは，シェービングの準備から顔面処置に至るまでの一般的な順序と作業位置，作業姿勢，レザーの持ち方と運行方法，添え手の種類，ラザーリング，スチーミング，清拭法，顔面のトリートメントの実際について取り上げ，その技法を取り扱う。また，レディースシェービング及びネックシェービングの技法の実際とその技法の習得についても取り扱う。特に，施術に当たっては，安全面での配慮事項を取り扱う。

〔指導項目〕

（4）特殊技術実習
　　ア　エステティック技術
　　イ　ネイル技術

（内容の範囲や程度）

　エ　〔指導項目〕の(4)については，各種香粧品の取扱い，パッチテストの方法，マッサージの基本手技等を取り扱うこと。

---

(4)　特殊技術実習

　ここでは，科目の目標を踏まえ，各特殊技術の実際について扱い，その基本的な技法の習得を図るとともに，特に，使用する用具，用剤の安全な取扱いができるようにすることをねらいとしている。

　このねらいを実現するため，次の①から③までの事項を身に付けることができるよう，〔指導項目〕を指導する。

① 特殊技術について理解し，関連する技術を身に付けること。

② 特殊技術について，理容業に関わる基本的な課題を発見し，倫理観を踏まえて合理的かつ創造的に解決策を見いだすこと。

③ 特殊技術について自ら学び，理容の発展を図ることに主体的かつ協働的に取り組むこと。

ア エステティック技術

ここでは，基本的な技法の手順及び注意点，使用するクリームや化粧品の性質と適否，用具の名称と機能等について取り扱う。また，顔面のケア及びマッサージの目的及び各種技法の特徴，ボディケアの種類と特徴と各種技法の実際，基本的な技法の習得について取り扱う。

イ ネイル技術

ここでは，マニキュア及びペディキュア技術における基本的な知識及び技法について取り扱う。特に，用具等の取扱い上の注意点に留意して取り扱う。

〔指導項目〕

---
(5) 総合実習
---

(5) 総合実習

ここでは，科目の目標を踏まえ，理容実習の最終段階として，それぞれの生徒が身に付けた理容技術全般を発揮して，主体的にモデルに施術し，一定のスタイルを仕上げることをねらいとしている。

このねらいを実現するため，次の①から③までの事項を身に付けることができるよう，〔指導項目〕を指導する。

① 理容技術全般について理解し，関連する技術を身に付けること。

② 理容技術全般について，理容業に関わる基本的な課題を発見し，倫理観を踏まえて合理的かつ創造的に解決策を見いだすこと。

③ 理容技術全般について自ら学び，理容の発展を図ることに主体的かつ協働的に取り組むこと。

9 美容実習

この科目は，美容に関する実際的な知識及び技術を身に付け，美容の実践に関する課題を発見し解決する力，人々の公衆衛生の向上に寄与する態度など，美容の実践に必要な資質・能力を育成することを主眼としたものである。

今回の改訂では，養成施設の指定の基準の改善を踏まえ，従前の内容の(3)頭部技術実習と(4)特殊技術実習について，学習内容を整理した。また，新しい美

容技術に関する学習内容を取り入れ，改善を図った。

(1) 目標

> 1　目　標
>
> 　理容・美容の見方・考え方を働かせ，実践的・体験的な学習活動を行うことなどを通して，美容の実践に必要な資質・能力を次のとおり育成することを目指す。
> (1) 美容の実践について体系的・系統的に理解するとともに，関連する技術を身に付けるようにする。
> (2) 美容の実践に関する課題を発見し，美容の職業倫理を踏まえ合理的かつ創造的に解決する力を養う。
> (3) よりよい美容の実践を目指して自ら学び，人々の公衆衛生の向上に主体的かつ協働的に取り組む態度を養う。

　この科目においては，理容・美容科に属する各科目において育成した資質・能力を統合して活用することにより，美容の理論と実践とを結び付け，産業現場における美容実践力を身に付けることをねらいとしている。

　目標の (1) については，美容実習に関する基礎的な知識と技術を身に付けるようにすることを意味している。

　目標の (2) については，美容実習に関する課題を発見し，美容の職業倫理を踏まえて，科学的根拠に基づき，合理的かつ創造的に解決する力を養うことを意味している。

　目標の (3) については，職業人として必要な豊かな人間性を育み，よりよい社会の構築を目指して自ら学び，美容の実践を通して人々の公衆衛生の向上に主体的かつ協働的に取り組む態度を養うことを意味している。

(2) 内容とその取扱い
① 内容の構成及び取扱い

　この科目は，目標に示す資質・能力を身に付けることができるよう，(1)基礎技術実習，(2)器具の取扱い実習，(3)頭部，顔部及び頸部技術実習，(4)特殊技術実習，(5)和装技術実習，(6)総合実習の六つの指導項目で，30単位以上履修されることを想定して内容を構成している。また，内容を取り扱う際の配慮事項は次のように示している。

（内容を取り扱う際の配慮事項）

> 3　内容の取扱い
> (1)　内容を取り扱う際には，次の事項に配慮するものとする。
> 　ア　指導に当たっては，「理容・美容技術理論」と関連させながら，美容師としての専門的な技術を取り扱うこと。
> 　イ　器具，用具類の基本操作の指導に当たっては，安全で確実な操作の習得を優先するとともに，けが等の応急処置の方法にも触れること。

　内容を取り扱う際は，この科目が美容に関する基本的技術の確実な習得とそれらを応用し，創意・工夫する能力を育て，総合的な美容技術を身に付けるために位置付けられていることから，美容に関する専門的な技術を取り扱うことが大切である。また，各種器具類の基本操作の指導に当たっては，生徒の実習の進度に合わせ，確実に操作ができるよう配慮して取り扱う。

　アについては，美容技術を効率的に習得していくためには，美容技術に関する理論の理解を深めることと実習・実践を積み重ねることとの双方が重要であることを十分理解させるよう配慮して取り扱うことが大切である。

　イについては，個々の生徒の興味・関心や進度に合わせて繰り返し指導し，確実に基本操作の習得がなされるよう配慮して取り扱うことが大切である。また，けが等の応急処置については，「運営管理」や「関係法規・制度」の学習とも関連させて扱い，特に，消費者対応については実際的な対応を取り扱うことが大切である。

② 内容

> 2　内　容
> 　1に示す資質・能力を身に付けることができるよう，次の〔指導項目〕を指導する。

〔指導項目〕

> (1)　基礎技術実習
> 　ア　実習の心構え
> 　イ　作業位置と姿勢
> 　ウ　施設の衛生管理

（内容の範囲や程度）

> (2) 内容の範囲や程度については，次の事項に配慮するものとする。
>   ア 〔指導項目〕の(1)については，実習を行う際の一般的な留意事項や
>   衛生上の留意事項について取り扱うこと。

(1) 基礎技術実習

　ここでは，科目の目標を踏まえ，美容実習を実施する上で，最も基本となる事柄について，実習理論の学習と合わせて身に付けることをねらいとしている。

　このねらいを実現するため，次の①から③までの事項を身に付けることができるよう，〔指導項目〕を指導する。

　① 基礎技術について理解し，関連する技術を身に付けること。

　② 基礎技術について，美容業に関わる基本的な課題を発見し，倫理観を踏まえて合理的かつ創造的に解決策を見いだすこと。

　③ 基礎技術について自ら学び，美容の発展を図ることに主体的かつ協働的に取り組むこと。

ア 実習の心構え

　ここでは，実習を行う上での一般的な注意事項を取り扱う。特に，手指の消毒，爪切り，清潔なユニフォームの着用，皮膚に接する布片類・器具類の扱い等の衛生措置の実際について取り扱う。

イ 作業位置と姿勢

　ここでは，顔面処置，頭部処置等，美容技術を行う場合の位置，姿勢などの基本動作の実際，併せてその合理性について取り扱う。

ウ 施設の衛生管理

　ここでは，用具の整理整頓や保管法，施設の清掃法等の実際について取り扱う。

〔指導項目〕

> (2) 器具の取扱い実習
>   ア 管理方法と消毒方法
>   イ 基本操作

（内容の範囲や程度）

> イ 〔指導項目〕の(2)については，刃物類の安全性に留意して取り扱うとともに，刃物類，櫛，ブラシ類の消毒方法などを重点的に取り扱うこと。

(2) 器具の取扱い実習

ここでは，科目の目標を踏まえ，各種器具類の基本的な操作方法の実際について理解するほか，特に，刃物類の安全な取扱い方法や消毒方法を身に付けることをねらいとしている。

このねらいを実現するため，次の①から③までの事項を身に付けることができるよう，〔指導項目〕を指導する。

① 器具の取扱いについて理解し，関連する技術を身に付けること。

② 器具の取扱いについて，美容業に関わる基本的な課題を発見し，倫理観を踏まえて合理的かつ創造的に解決策を見いだすこと。

③ 器具の取扱いについて自ら学び，美容の発展を図ることに主体的かつ協働的に取り組むこと。

ア 管理方法と消毒方法

ここでは，衛生措置面からの管理方法と刃物類の保管等について安全面から重点的に取り扱う。特に，器具類の消毒方法については，器具の特性に合った適切な消毒方法の実際について触れ，その技法を取り扱う。

イ 基本操作

ここでは，特に，刃物類の安全な取扱いについて重点的に取り扱う。また，各種器具類の基本的な操作の指導に当たっては，生徒の実習の進度に合わせ，確実に操作ができるよう配慮して取り扱う。

〔指導項目〕

> (3) 頭部，顔部及び頸部技術実習
>   ア トリートメント技術
>   イ ヘアシャンプー技術
>   ウ ヘアカッティング技法
>   エ パーマネント技法
>   オ ヘアセッティング技法
>   カ ヘアカラーリング
>   キ メイクアップ
>   ク まつ毛エクステンション

（内容の範囲や程度）

> ウ 〔指導項目〕の(3)については，準備から事後処置までの準備や，特に
> カッティング，カーリング及びワインディングについて基礎的な技術を
> 取り扱うこと。

(3) 頭部，顔部及び頸部技術実習

　ここでは，科目の目標を踏まえ，頭部，顔部及び頸部に対する美容技術について基礎的な技術を基本に，一般的な施術の準備から事後処理までの順序を習得することをねらいとしている。

　このねらいを実現するため，次の①から③までの事項を身に付けることができるよう，〔指導項目〕を指導する。

① 頭部，顔部及び頸部技術について理解し，関連する技術を身に付けること。

② 頭部，顔部及び頸部技術について，美容業に関わる基本的な課題を発見し，倫理観を踏まえて合理的かつ創造的に解決策を見いだすこと。

③ 頭部，顔部及び頸部技術について自ら学び，美容の発展を図ることに主体的かつ協働的に取り組むこと。

ア　トリートメント技術

　ここでは，スキャルプトリートメント及びヘアトリートメントについて，その目的や種類，特徴及び使用する用剤等について取り扱う。特に，頭皮マッサージについては，種類と目的，注意点，要領については，実際的な技法の習得ができるように取り扱う。

イ　ヘアシャンプー技術

　ここでは，準備からドライニングまでの一般的な順序について取り扱うほか，シャンプー剤の塗布，シャンプーイング，リンシング，シャンプーマッサージ等の技法について取り扱う。また，シャンプー剤の種類と特徴，頭皮，頭毛に適した用剤の選択の仕方について取り扱う。

ウ　ヘアカッティング技法

　ここでは，カッティングに用いられる用具の基本操作について，安全で確実な取扱い方ができるよう取り扱う。シザーズカット及びレザーカットの種類と特徴についてり扱うとともに，基本的な技法が身に付くよう取り扱う。

エ　パーマネント技法

　ここでは，パーマネントウエーブの原理と種類について取り扱い，それぞれの特徴及び使用上の注意点について取り扱う。また，コールドウエーブの実際につ

いて基本的な技法の習得が図られるよう取り扱う。

オ　ヘアセッティング技法

　ここでは，ヘアセッティングの各種の技法について，その種類と特徴について取り扱う。特に，ヘアカーリング，ローラカーリング，ブロードライスタイリングの各技法については，重点的に取り扱う。

カ　ヘアカラーリング

　ここでは，ヘアブリーチ及びヘアティントの目的，種類及び用いられる用剤の種類や特徴，使用上の注意点について取り扱う。また，各種技法の実際と基本的な技法について取り扱う。また，パッチテストの実際については，「香粧品化学」，「保健」と関連させながら，安全性や衛生措置について重点的に取り扱う。

キ　メイクアップ

　ここでは，化粧法の意義，分類，化粧法のための基礎知識について取り扱う。また，ファンデーション，アイメイク，リップメイクアップ等の基礎化粧法の技法について取り扱う。

ク　まつ毛エクステンション

　ここでは，まつ毛エクステンションの施術について，その基礎知識と使用する用剤，器具等の成分や特徴を取り上げ，その技法について取り扱う。その際，「香粧品化学」，「保健」，「衛生管理」と関連付けて，安全性や衛生措置について重点的に取り扱う。

　〔指導項目〕

---

(4) 特殊技術実習
　　ア　エステティック技術
　　イ　ネイル技術

(内容の範囲や程度)

エ　〔指導項目〕の(4)については，各種香粧品の取扱い，パッチテストの
　　方法，マッサージの基本手技等を取り扱うこと。

---

(4) 特殊技術実習

　ここでは，科目の目標を踏まえ，各特殊技術の実際について取り扱い，その基本的な技法の習得を図るとともに，特に，使用する用具，用剤の安全な取扱いができるようにすることをねらいとしている。

　このねらいを実現するため，次の①から③までの事項を身に付けることができ

るよう，〔指導項目〕を指導する。

① 特殊技術について理解し，関連する技術を身に付けること。

② 特殊技術について，美容業に関わる基本的な課題を発見し，倫理観を踏まえて合理的かつ創造的に解決策を見いだすこと。

③ 特殊技術について自ら学び，美容の発展を図ることに主体的かつ協働的に取り組むこと。

ア　エステティック技術

ここでは，基本的な技法の手順及び注意点，使用するクリームや化粧品の性質と適否，用具の名称と機能等について取り扱う。また，顔面のケア及びマッサージの目的及び各種技法の特徴，ボディケアの種類と特徴と各種技法の実際，基本的な技法について取り扱う。

イ　ネイル技術

ここでは，マニキュア及びペディキュア技術について取り扱い，基本的な知識及び技法を取り扱うとともに，用具等の取扱い上の注意点について取り扱う。

〔指導項目〕

---

(5) 和装技術実習
　ア　日本髪
　イ　着付け

（内容の範囲や程度）

オ　〔指導項目〕の(5)については，伝統的なヘアスタイルの重要性に触れ，着付けの基礎的な技術を取り扱うこと。

---

(5) 和装技術実習

ここでは，科目の目標を踏まえ，日本髪の基礎知識，技術，和装に関する基礎知識及び着付け技術を身に付けることをねらいとしている。

このねらいを実現するため，次の①から③までの事項を身に付けることができるよう，〔指導項目〕を指導する。

① 和装技術について理解するとともに，関連する技術を身に付けること。

② 和装技術について，美容業に関わる基本的な課題を発見し，倫理観を踏まえて合理的かつ創造的に解決策を見いだすこと。

③ 和装技術について自ら学び，美容の発展を図ることに主体的かつ協働的に取り組むこと。

ア　日本髪

　ここでは，日本髪の種類と特徴，各部の名称について「文化論」と関連付けて扱い，装飾品，髪結い用具，かもじ類の種類と用途についても取り扱う。また，代表的な日本髪の結髪技法の実際について取り扱う。併せて，日本髪の手入れ方法及び鬘の付け方についても取り扱う。

イ　着付け

　ここでは，着付けの目的，和装の種類と用途，着付けの一般的要領について取り扱う。また，留め袖，訪問着，振り袖等，代表的な着付けの実際とその基本的な技法について取り扱う。

〔指導項目〕

(6)　総合実習

(6)　総合実習

　ここでは，科目の目標を踏まえ，美容技術の最終的な段階で，それまでに学んできた頭部技術，特殊技術等の技術を用いて，生徒自身が主体的にモデルにかかわり，一定のスタイルに仕上げることをねらいとしている。

　このねらいを実現するため，次の①から③までの事項を身に付けることができるよう，〔指導項目〕を指導する。

　①　美容技術全般について理解し，関連する技術を身に付けること。

　②　美容技術全般について，美容業に関わる基本的な課題を発見し，倫理観を踏まえて合理的かつ創造的に解決策を見いだすこと。

　③　美容技術全般について自ら学び，美容の発展を図ることに主体的かつ協働的に取り組むこと。

10　理容・美容情報

　この科目は，理容・美容の実践に必要な情報と情報技術を理解して適切に活用し，理容・美容における課題の解決を効果的に行う資質・能力を育成することを主眼としたものであり，理容・美容科に属する各科目と関連付けて学習することが重要である。

　今回の改訂では，社会の変化への対応として，理容・美容における情報の活用と管理，理容・美容における課題解決を位置付けるとともに，学習内容を整理するなどの改善を図った。

(1) 目標

> 1　目　標
>
> 　理容・美容の見方・考え方を働かせ，理容・美容情報に関する実践的・体験的な学習活動を通して，理容・美容業に必要な資質・能力を次のとおり育成することを目指す。
>
> (1) 理容・美容情報について体系的・系統的に理解するとともに，関連する技術を身に付けるようにする。
>
> (2) 理容・美容情報に関する基本的な課題を発見し，理容・美容の職業倫理を踏まえ合理的かつ創造的に解決する力を養う。
>
> (3) 理容・美容情報について，よりよい理容・美容の実践を目指して自ら学び，理容・美容に関する課題解決に主体的かつ協働的に取り組む態度を養う。

　この科目では，情報社会の進展に応じた情報と情報技術に関する知識と技術を習得し，理容・美容の実践に適切に活用できるようにすることをねらいとしている。

　目標の(1)は，理容・美容の実践に必要な情報と情報活用について基礎的な知識と技術を身に付けるようにすることを意味している。

　目標の(2)は，理容・美容の実践に必要な情報と情報活用に関する課題を発見し，理容・美容の職業倫理を踏まえて解決する力を養うことを意味している。

　目標の(3)は，理容・美容に関する課題の解決に当たっては，情報と情報技術の適切な活用を目指し，情報の管理や取扱いに責任をもち，主体的かつ協働的に理容・美容の実践に取組む態度を養うことを意味している。

(2) 内容とその取扱い

① 内容の構成及び取扱い

　この科目は，目標に示す資質・能力を身に付けることができるよう，(1)情報社会の倫理と責任，(2)理容・美容における情報の活用と管理，(3)理容・美容における課題解決の三つの指導項目で，1～3単位程度履修されることを想定して内容を構成している。また，内容を取り扱う際の配慮事項は次のように示している。

（内容を取り扱う際の配慮事項）

> 3　内容の取扱い
>
> (1) 内容を取り扱う際には，次の事項に配慮するものとする。

> ア　多様な題材やデータを取り上げ，情報技術の進展に応じた演習などを通して，生徒が情報及びネットワークを適切に活用できるよう，情報の信頼性を判断する能力及び情報モラルを育成すること。

　この科目の指導に当たっては，情報社会における倫理と個人の責任に基づき，理容・美容の実践に必要な情報を適切に取り扱うとともに，理容・美容科に属する各科目の学習と関連付けて課題解決を図る学習を通して，理容・美容の実習においても実際の情報を責任をもって取り扱う能力を育てるように指導することが大切である。

② 内容

> 2　内　容
> 　1に示す資質・能力を身に付けることができるよう，次の〔指導項目〕を指導する。

〔指導項目〕

> (1) 情報社会の倫理と責任
> 　ア　情報社会の特徴
> 　イ　情報社会の倫理
> 　ウ　情報を扱う個人の責任

(内容の範囲や程度)

> (2) 内容の範囲や程度については，次の事項に配慮するものとする。
> 　ア　〔指導項目〕の(1)については，個人のプライバシーや著作権を含む知的財産の保護，個人における情報の管理や発信に関する責任について，法令と関連付けて取り扱うこと。

(1) 情報社会の倫理と責任

　ここでは，科目の目標を踏まえ，情報社会の進展に応じた情報と情報技術の理解を基に，個人情報や著作権などの取扱いについて関係法規を遵守するとともに望ましい倫理観を身に付け，日常生活において情報と情報技術を適切に活用できるようにすることをねらいとしている。

　このねらいを実現するため，次の①から③までの事項を身に付けることができ

るよう，〔指導項目〕を指導する。

① 情報社会の倫理と責任について理解し，関連する技術を身に付けること。

② 情報社会の倫理と責任について，理容業・美容業に関わる基本的な課題を発見し，倫理観を踏まえて合理的かつ創造的に解決策を見いだすこと。

③ 情報社会の倫理と責任について自ら学び，理容・美容の発展を図ることに主体的かつ協働的に取り組むこと。

ア 情報社会の特徴

ここでは，変化を続ける情報社会の現状と課題について取り扱う。日常生活における情報通信ネットワーク等の活用方法とともに，個人情報の漏えいや著作権の侵害などの事例を取り上げ，考察する学習活動を取り入れる。

イ 情報社会の倫理

ここでは，情報社会で求められる倫理観や関連する法・制度を取り扱う。情報通信ネットワークによる多様なコミュニケーション手段の特徴を踏まえて適切に活用することや，個人と世界が直接つながる情報社会における倫理観の醸成の重要性について，身近な事例を取り上げ，考察する学習を取り入れる。

ウ 情報を扱う個人の責任

ここでは，個人による不適切な情報発信や情報管理の影響が拡大し，情報を扱う個人に大きな責任が生じている現状を取り扱う。情報の発信や漏えいなどによって，他の人を傷つけたり，経済的な損失を与えたりした場合は，刑事罰や民事罰及び賠償の対象となることを関係法規とともに取り扱う。

〔指導項目〕

---

(2) 理容・美容における情報の活用と管理

  ア 理容・美容分野の情報

  イ 情報システムの特徴

  ウ 情報の活用

  エ 情報の管理

（内容の範囲や程度）

イ 〔指導項目〕の(2)については，理容・美容関係者で共有する情報通信ネットワークの特徴と活用について，地域の実例などを取り扱うこと。また，業務における情報セキュリティの重要性について法令と関連付けて取り扱うこと。

---

(2) 理容・美容における情報の活用と管理

　ここでは，科目の目標を踏まえ，理容・美容分野では様々な個人情報を取り扱うことを踏まえ，情報の活用と管理について関係法規を遵守し，倫理観を踏まえて適切に行えるようにすることをねらいとしている。

　このねらいを実現するため，次の①から③までの事項を身に付けることができるよう，〔指導項目〕を指導する。

　①　理容・美容における情報の活用と管理について理解し，関連する技術を身に付けること。

　②　理容・美容における情報の活用と管理に関する課題を発見し，倫理観を踏まえて合理的かつ創造的に解決策を見いだすこと。

　③　理容・美容における情報の活用と管理について自ら学び，理容・美容における課題解決に主体的かつ協働的に取り組むこと。

ア　理容・美容分野の情報

　ここでは，理容・美容分野における情報として，理容・美容の業務の中で使われる顧客管理，在庫管理，経営管理などについて取り扱う。

イ　情報システムの特徴

　ここでは，理容・美容分野における情報システムとして，顧客の個人情報をはじめ，様々な情報を活用している現状について，現場実習などの事例を取り上げて取り扱う。

ウ　情報の活用

　ここでは，顧客管理や在庫管理，経営管理等の事例を取り扱いながら，理容・美容における情報活用の実際について取り扱う。

エ　情報の管理

　ここでは，理容・美容の業務上知り得た顧客の個人情報を取り扱う場合は，個人情報保護法を遵守しなければならないこと及び使用する情報システムは現状に応じたセキュリティ対策を講じなければならないことを取り扱う。

〔指導項目〕

(3) 理容・美容における課題解決
ア　課題に応じた情報収集
イ　情報分析と解決方法
ウ　情報の発信方法

> ウ 〔指導項目〕の(3)については，生徒が主体的に課題を設定して，情報を集め分析し，課題の解決に向けてモデル化，シミュレーション，プログラミングなどを行い，情報デザインなどを踏まえた発信方法を考え，協議する演習などを行うこと。

(3) 理容・美容における課題解決

ここでは，理容・美容に関わる課題の発見から解決の過程において，進展する情報及び情報技術を適切かつ効果的に活用できるようにすることをねらいとしている。

このねらいを実現するため，次の①から③までの事項を身に付けることができるよう，〔指導項目〕を指導する。

① 理容・美容における課題の発見から解決の過程について理解し，関連する技術を身に付けること。

② 理容・美容における基本的な課題を発見し，倫理観を踏まえ情報及び情報技術を適切かつ効果的に活用して解決策を見いだすこと。

③ 理容・美容における課題の発見から解決の過程について自ら学び，情報及び情報技術の適切かつ効果的な活用に主体的かつ協働的に取り組むこと。

ア 課題に応じた情報収集

理容・美容における課題に応じた情報収集の視点（信頼性，標準性，公平性，国際性など）と収集の方法（文献検索，統計資料など）を取り扱う。

イ 情報分析と解決方法

理容・美容における課題に応じた情報の分析と解決方法として，統計処理の手法やモデル化，シミュレーションなどを取り上げる。また，必要に応じて思考過程をアルゴリズムで整理する学習活動を行う。

ウ 情報の発信方法

理容・美容における課題に応じた情報の発信方法として，対象や内容に応じた情報デザインやプレゼンテーションを考察し，互いに発表するなどの学習活動を取り入れる。

11 課題研究

この科目は，理容・美容の各分野に関する実際的な知識及び技術を身に付け，理容・美容の各分野に関する課題を発見し解決する力，公衆衛生の保持増進に取り組む態度など，理容・美容の実践に必要な資質・能力を育成することを主眼としたものである。

今回の改訂では，指導項目については，従前どおりに示している。学習活動の質の向上が図られるよう，内容を取り扱う際の配慮事項を充実させ，改善を図った。

(1) 目標

---

1 目標
　理容・美容の見方・考え方を働かせ，実践的・体験的な学習活動を行うことなどを通して，社会を支え産業の発展を担う職業人として必要な資質・能力を次のとおり育成することを目指す。
(1) 理容・美容について体系的・系統的に理解するとともに，相互に関連付けられた技術を身に付けるようにする。
(2) 理容・美容に関する課題を発見し，理容師・美容師として解決策を探究し，科学的な根拠に基づき創造的に解決する力を養う。
(3) 課題を解決する力の向上を目指して自ら学び，公衆衛生の保持増進に主体的かつ協働的に取り組む態度を養う。

この科目においては，理容・美容に関する基礎的・基本的な知識と技術を適用し，創造的な能力と実践的な態度をもち，公衆衛生の保持増進を目指す理容・美容の諸課題を合理的に，かつ倫理観をもって，主体的かつ協働的に解決する力を養うことをねらいとしている。

目標の(1)については，理容・美容に関する知識を体系的・系統的に理解し，相互に関連付けられた技術を身に付けるようにすることを意味している。

目標の(2)については，理容・美容業に関する課題を発見し，職業倫理を踏まえて，科学的な根拠に基づいて創造的に解決する力を養うことを意味している。

目標の(3)については，職業人として豊かな人間性を育み，よりよい社会の構築を目指して自ら学び，理容・美容の実践を通して人々の公衆衛生の向上に主体的かつ協働的に取り組む態度を養うことを意味している。

(2) 内容とその取扱い
① 内容の構成及び取扱い

この科目は，目標に示す資質・能力を身に付けることができるよう，(1)調査，研究，実験，(2)作品制作，(3)産業現場等における実習，(4)職業資格の取得の四つの指導項目で，1単位以上履修されることを想定して内容を構成している。また，内容を取り扱う際の配慮事項は次のように示している。

（内容を取り扱う際の配慮事項）

3　内容の取扱い
　(1)　内容を取り扱う際には，次の事項に配慮するものとする。
　　ア　生徒の興味・関心，進路希望等に応じて，〔指導項目〕の(1)から
　　　　(4)までの中から，個人又はグループで理容・美容に関する適切な課
　　　　題を設定し，主体的かつ協働的に取り組む学習活動を通して，専門
　　　　的な知識，技術などの深化・総合化を図り，理容・美容に関する課
　　　　題の解決に取り組むことができるようにすること。なお，課題につ
　　　　いては，(1)から(4)までの2項目以上にまたがるものを設定するこ
　　　　とができること。
　　イ　課題研究の成果について発表する機会を設けるよう努めること。

　内容を取り扱う際には，課題の設定に当たって，生徒の興味・関心，進路希望
などに応じて，これまで学んできた学習成果を活用させ，〔指導項目〕の(1)か
ら(4)までの中から個人又はグループで適切な課題を設定するようにする。ま
た，(1)から(4)までの複数を組み合わせた課題を設定することもできる。その
際，施設・設備，費用，完成までの時間，生徒の能力・適性などを考慮し，無理
のない課題を設定するよう配慮する。

　指導に当たっては，グループ編成などの工夫を図るとともに，事前に上級生の
発表会を参観したり，作品を見たりするなどして，生徒自らが課題を発見し，設
定できるようにすることが大切である。また，課題設定から課題解決にいたる探
究過程においては，生徒の創造性を引き出すよう工夫して課題の解決に取り組む
ことができるようにすることが大切である。

　アについては，生徒の自主的な課題設定と問題解決の過程を最優先し，個々の
生徒の実態に応じて，計画的に取り組ませるようにすることが大切である。ま
た，個人又はグループで理容・美容に関する適切な課題を設定し，主体的かつ協
働的に取り組む学習活動を通して，専門的な知識，技術などの深化・総合化を図
り，理容・美容に関する課題の解決に取り組むことができるようにすることが大
切である。

　イについては，生涯にわたる学習の基礎を培う観点から，自ら学ぶ目標を定
め，何をどのように学ぶかという主体的な学習の仕方を身に付けるように配慮
し，自ら学ぶ意欲を養うことが大切である。したがって，生徒が自ら設定した課
題解決や目標達成に向けて行う活動，職場体験などの主体的な学習において，メ
ンバーや指導教員，企業人など，課題研究に関連する人たちと広くコミュニケー
ションを図りながら，この課題研究により得た学習成果について発表し，成果に

対する評価を行い，改善することができるような指導の工夫が必要である。また，課題研究の授業時間内だけではなく，文化祭などの様々な機会を利用して，学習成果を発表し，その評価が客観的になされるよう配慮することが大切である。

② 内容

> 2　内　容
> 　1に示す資質・能力を身に付けることができるよう，次の〔指導項目〕を指導する。

　ここでは，科目の目標を定めて理容・美容で身に付けた知識と技術を基盤として主体的かつ協働的な学習活動を通じ，人々の公衆衛生の向上に寄与する産業の発展を担うことができるようにすることをねらいとしている。
　このねらいを実現するため，次の①から③までの事項を身に付けることができるよう，〔指導項目〕を指導する。
① 　理容・美容について実践的な学習を通して体系的・系統的に理解するとともに，相互に関連付けられた技術を身に付けること。
② 　理容・美容に関する課題を発見し，倫理観を踏まえて合理的かつ創造的に解決すること。
③ 　理容・美容に関する課題を解決する力の向上を目指して自ら学び，人々の公衆衛生の向上に寄与する産業の創造と発展に主体的かつ協働的に取り組むこと。

〔指導項目〕

> (1) 調査，研究，実験
> (2) 作品制作
> (3) 産業現場等における実習
> (4) 職業資格の取得

(1) 調査，研究，実験
　ここでは，①から③までの事項を身に付けることができるよう，理容・美容に属する科目で学んだ内容に関連した調査，研究，実験を取り入れる。
　主体的かつ計画的な学習が進められるよう，課題の設定，調査方法及び実験方法，結果の取りまとめと発表等について適切な助言や援助を行うとともに，調

査，研究及び実験の成果について，自ら評価がなされるようにする。

(2) 作品制作

　ここでは，①から③までの事項を身に付けることができるよう，理容・美容に属する科目で学んだ内容に関連した作品制作を取り入れる。

　これまでに各科目で習得した知識や技術を活用し，更に創意工夫を加えた作品の制作を促すようにする。また，作品の発表や展示を行うことにより，生徒の鑑賞力を育て制作意欲を喚起する。

(3) 産業現場等における実習

　ここでは，①から③までの事項を身に付けることができるよう，理容・美容に関する産業現場等における実習を取り入れる。

　理容・美容に関する産業現場等における体験的実習を通して，勤労観や責任感，成就感などを体得させるとともに，各科目に関連する知識と技術を総合的，発展的に習得させる。

(4) 職業資格の取得

　ここでは，①から③までの事項を身に付けることができるよう，理容師・美容師の資格を取得する意義や資格取得のための必要事項とそれが制度化されている目的などを探究する学習活動，資格取得に関連する専門的な知識や技術などについて深化・総合化を図る学習活動などを取り入れる。

　生徒自ら明確な目的意識をもち，計画的に資格取得のための学習を進めていくよう適切な助言や援助を行う。

● 第5　各科目にわたる指導計画の作成と内容の取扱い

1　指導計画の作成に当たっての配慮事項

> 第3　各科目にわたる指導計画の作成と内容の取扱い
> 　1　指導計画の作成に当たっては，次の事項に配慮するものとする。
> 　　(1) 単元など内容や時間のまとまりを見通して，その中で育む資質・能力の育成に向けて，生徒の主体的・対話的で深い学びの実現を図るようにすること。その際，理容・美容の見方・考え方を働かせ，見通しをもって実験・実習などを行い，科学的な根拠に基づき創造的に探究するなどの実践的・体験的な学習活動の充実を図ること。

　この事項は，理容・美容科の指導計画の作成に当たり，生徒の主体的・対話的で深い学びの実現を目指した授業改善を進めることとし，理容・美容科の特質に応じて，効果的な学習が展開できるように配慮すべき内容を示したものである。

選挙権年齢や成年年齢の引き下げなど，生徒にとって政治や社会が一層身近なものとなる中，学習内容を人生や社会の在り方と結び付けて深く理解し，これからの時代に求められる資質・能力を身に付け，生涯にわたって能動的に学び続けることができるようにするためには，これまでの学校教育の蓄積も生かしながら，学習の質を一層高める授業改善の取組を活性化していくことが求められている。

指導に当たっては，(1)「知識及び技術」が習得されること，(2)「思考力，判断力，表現力等」を育成すること，(3)「学びに向かう力，人間性等」を涵養することが偏りなく実現されるよう，単元など内容や時間のまとまりを見通しながら，生徒の主体的・対話的で深い学びの実現に向けた授業改善を行うことが重要である。

主体的・対話的で深い学びは，必ずしも1単位時間の授業の中で全てが実現されるものではない。単元など内容や時間のまとまりの中で，例えば，主体的に学習に取り組めるよう学習の見通しを立てたり学習したことを振り返ったりして自身の学びや変容を自覚できる場面をどこに設定するか，対話によって自分の考えなどを広げたり深めたりする場面をどこに設定するか，学びの深まりをつくりだすために，生徒が考える場面と教師が教える場面をどのように組み立てるか，といった視点で授業改善を進めることが求められる。また，生徒や学校の実態に応じ，多様な学習活動を組み合わせて授業を組み立てていくことが重要であり，単元のまとまりを見通した学習を行うに当たり基礎となる「知識及び技術」の習得に課題が見られる場合には，それを身に付けるために，生徒の主体性を引き出すなどの工夫を重ね，確実な習得を図ることが必要である。

主体的・対話的で深い学びの実現に向けた授業改善を進めるに当たり，特に「深い学び」の視点に関して，各教科等の学びの深まりの鍵となるのが「見方・考え方」である。各教科等の特質に応じた物事を捉える視点や考え方である「見方・考え方」を，習得・活用・探究という学びの過程の中で働かせることを通じて，より質の高い深い学びにつなげることが重要である。

---

(2) 生徒が取得しようとする資格の種類に応じて，各科目の内容を選択して指導すること。

高等部学習指導要領第1章総則第2節第2款の3の(1)のアの(ウ)の⑰に，理容科及び美容科における専門教育に関する各教科・科目として計11科目が定められている。これらの科目は，理容師や美容師の資格を取得するために必要とされる理容師法及び美容師法に基づいて定められたそれぞれの養成施設の指定の基準における必修課目に相当する9科目と，「理容・美容情報」，「課題研究」とで

構成されている。

　各科目の内容は広範囲にわたるものであるから，指導計画の作成に当たっては，基礎的・基本的な事項を理解し，習得することを中心にして，指導内容の選択を行い，資格の取得が確実になされるよう配慮する必要がある。

> (3) 各科目の指導に当たっては，できるだけ実験・実習を通して，実際的，具体的に理解させるようにすること。

　理容・美容に関する専門科目がいずれも実際的な知識と技術の習得を目標としていることを考慮し，指導計画の作成に当たっては，常に，具体的な目標を設定し，理論と実験・実習を関連させて扱うよう配慮することが大切である。

> (4) 地域や産業界等との連携・交流を通じた実践的な学習活動や就業体験活動を積極的に取り入れるとともに，社会人講師を積極的に活用するなどの工夫に努めること。

　理容・美容に関する学科においては，従前より「理容実習」又は「美容実習」において，理容・美容科に関する各科目において習得した資質・能力を活用することにより，理容・美容の理論と実践とを結び付け，理容・美容に関する実践力を育成してきた。

　今回の改訂においては，「社会に開かれた教育課程」の実現が目指されており，地域や産業界など社会との関わりの中で生徒一人一人の豊かな学びを実現していくことが求められている。そのため，地域や理容・美容業界との双方向の協力関係を確立していくことが，極めて重要である。単に地域や理容・美容業界の協力を仰ぐというだけでなく，各学校の教育力を地域に還元することにより，地域や理容・美容業界との協力関係を築くことが大切である。このような地域や産業界等との協力関係に基づき，生徒の進路希望等も十分考慮しながら，実践的な学習活動や就業体験活動を積極的に取り入れ，より一層，指導の充実を図ることが求められる。さらに，各学校においては，特別非常勤講師制度などを活用して，社会人講師等を積極的に活用するなどの工夫が考えられる。

2　内容の取扱いに当たっての配慮事項

> 2　内容の取扱いに当たっては，次の事項に配慮するものとする。
> 　(1) 各科目の指導に当たっては，各種技術や香粧品等の開発状況を考慮して，科学的な知識と実際的な技術の習得について，特に留意するこ

> と。
>
> (2) 各科目の指導に当たっては，コンピュータや情報通信ネットワーク
> などの活用を図り，学習の効果を高めるようにすること。

(1)については，理容・美容に関する各種技術や香粧品等については，新たな技術や香粧品が開発されたり，既存の器具や技術の向上が図られたりしている。一方，理容・美容の業務においては，安全管理や衛生管理に十分留意し，事故やけがの防止に努める必要がある。このため，理容・美容に関する事例について科学的な知識と実際的な技術の習得が図られるよう取り扱うことが必要である。

(2)については，コンピュータや情報通信ネットワークなどの積極的な活用を図り，生徒の情報活用能力の育成に努めるとともに，理容・美容の実際においては，経営管理や労務管理などにそれらを生かすことができるように指導の工夫を図り，学習の効果を高めるよう配慮することが必要である。

3　実験・実習の実施に当たっての配慮事項

> 3　実験・実習を行うに当たっては，関連する法規などに従い，施設・設
> 備や薬品などの安全管理に配慮し，学習環境を整えるとともに，事故防
> 止の指導を徹底し，安全と衛生に十分留意するものとする。また，廃液
> 処理の指導を徹底し，自然環境の保護に十分留意するものとする。

理容・美容に関する学科において実験・実習を行うに当たっては，関連する法規などに従い，施設・設備や薬品等の安全管理，学習環境の整備，事故防止の指導とその徹底及び安全と衛生について，それぞれ具体的に検討し，対策を講じておく必要がある。

特に，使用する器具及び薬剤については，その使用に際して危険を伴うことが多いことから，特に安全面に関する指導を徹底して行うことが必要である。このため，実験や実習においては，環境整備や事前指導を十分に行い，実際の場面においても，用具・機材の確実な操作に習熟させ，安全面での配慮ができるようにする必要がある。また，モデルを利用した実習では，特に，衛生面での措置を確実に行えるよう指導を徹底する必要がある。

第3節 クリーニング科

● 第1 クリーニング科改訂の要点

1 目標の改善

　教科及び科目の目標については，産業界で必要とされる資質・能力を見据えて三つの柱に沿って整理し，育成を目指す資質・能力のうち，(1)には「知識及び技術」を，(2)には「思考力，判断力，表現力等」を，(3)には「学びに向かう力，人間性等」を示した。

　今回の改訂では，「見方・考え方」を働かせた学習活動を通して，目標に示す資質・能力の育成を目指すこととした。これは平成28年12月の中央教育審議会答申において，「見方・考え方」は各教科等の学習の中で働き，鍛えられていくものであり，各教科等の特質に応じた物事を捉える視点や考え方として整理されたことを踏まえたものである。

2 内容の改善

(1) 〔指導項目〕について

　今回の改訂では，教科に属する全ての科目の「2内容」においては〔指導項目〕として「(1)，(2)」などの大項目，「ア，イ」などの小項目を，柱書においては「1に示す資質・能力を身に付けることができるよう，次の〔指導項目〕を指導する」と示した。これは，〔指導項目〕として示す学習内容の指導を通じて，目標において三つの柱に整理した資質・能力を身に付けることを明確にしたものである。

　なお，項目の記述については，従前どおり事項のみを大綱的に示した。

(2) 科目構成について

　科目構成については，情報社会の進展，クリーニング産業を巡る状況やクリーニング技術等の進歩に対応し，体系的・系統的な知識と技術，課題を発見し合理的かつ創造的に解決する力，職業人に求められる倫理観，自ら学ぶ力，主体的かつ協働的に取り組む態度を身に付けた人材を育成する観点から，従前どおり「クリーニング関係法規」，「公衆衛生」，「クリーニング理論」，「繊維」，「クリーニング機器・装置」，「クリーニング実習」，「課題研究」の7科目を設けている。

(3) 指導計画の作成と内容の取扱いについての改善

　指導計画の作成と内容の取扱いに関する主な改善事項は次のとおりである。

ア 単元など内容や時間のまとまりを見通して，その中で育む資質・能力の育成に向けて，生徒の主体的・対話的で深い学びの実現を図るようにした。

イ クリーニング産業に関連する各種化学繊維や機器などの技術の進展を踏まえ，科学的な知識と実際的な技術の習得を図るよう示した。

ウ クリーニングに関する課題の解決方策について科学的な根拠に基づき理論的に説明することや討論することなど言語活動の充実を図ることとした。

● 第2 クリーニング科の目標及び内容

教科の目標は，次のとおりである。

第1 目標

クリーニングの見方・考え方を働かせ，実践的・体験的な学習活動を行うことなどを通して，クリーニングを通じ，公衆衛生の向上に寄与する職業人として必要な資質・能力を次のとおり育成することを目指す。

(1) クリーニングについて体系的・系統的に理解するとともに，関連する技術を身に付けるようにする。

(2) クリーニングに関する課題を発見し，職業人に求められる倫理観を踏まえ合理的かつ創造的に解決する能力を養う。

(3) 職業人として必要な豊かな人間性を育み，よりよい社会の構築を目指して自ら学び，人々の公衆衛生の向上に主体的かつ協働的に取り組む態度を養う。

今回の改訂においては，クリーニング産業を巡る状況やクリーニング関連技術等の進歩などを踏まえ，クリーニングの各分野における専門性に関わる資質・能力を「知識及び技術」，「思考力，判断力，表現力等」，「学びに向かう力，人間性等」という三つの柱に基づいて示した。

1 「クリーニングの見方・考え方を働かせ，実践的・体験的な学習活動を行うことなどを通して，クリーニングを通じ，公衆衛生の向上に寄与する職業人として必要な資質・能力を次のとおり育成する」について

クリーニングの見方・考え方とは，衣料などの衛生に関する事象を快適，安全，公衆衛生等の視点で捉え，衛生及び生活の質の向上と関連付けることである。

実践的・体験的な学習活動を行うことなどとは，具体的な課題の発見・解決の

過程で，調査，研究，実験を行うなどの実践的な活動，産業現場等における実習などの体験的な活動を行うことが重要であることを意味している。

　クリーニングを通じ，公衆衛生の向上に寄与する職業人として必要な資質・能力とは，クリーニングに関する基礎的・基本的な知識と技術の習得，公衆衛生におけるクリーニングやクリーニング産業の意義や役割の理解及び諸課題の解決などに関わる学習は，最終的にはクリーニングを通じ，地域や社会の健全で持続的な発展を担う職業人として必要な資質・能力の育成につながるものであることを意味している。

2　「(1) クリーニングについて体系的・系統的に理解するとともに，関連する技術を身に付けるようにする。」について

　体系的・系統的に理解するとともに，関連する技術を身に付けるようにするとは，クリーニングの各工程などの学習活動を通して，クリーニングに関する個別の事実的な知識，一定の手順や段階を追って身に付く個別の技術のみならず，相互に関連付けられるとともに，変化する状況や課題に応じて社会の中で主体的に活用することができる知識と技術及び将来の職業を見通して更に専門的な学習を続けることにつながる知識と技術を身に付けるようにすることを意味している。

3　「(2) クリーニングに関する課題を発見し，職業人に求められる倫理観を踏まえ合理的かつ創造的に解決する力を養う。」について

　クリーニングに関する課題を発見しとは，クリーニングの各工程などの学習を通して身に付けた様々な知識，技術などを活用し，地域や社会が健全で持続的に発展する上でのクリーニングに関する諸課題を広い視野から課題を発見することを意味している。

　職業人に求められる倫理観を踏まえ合理的かつ創造的に解決する力を養うとは，情報化などが進展する社会において，変化の先行きを見通すことが難しい予測困難な時代を迎える中で，単に生産性や効率を高めることのみを優先するのではなく，職業人に求められる倫理観等を踏まえ，クリーニングなどが社会に及ぼす影響に責任をもち，クリーニング産業の進展に対応するなどして解決策を考え，科学的な根拠に基づき結果を検証し改善することができるといった，クリーニングに関する確かな知識や技術などに裏付けられた思考力，判断力，表現力等を養うことを意味している。

4 「(3) 職業人として必要な豊かな人間性を育み，よりよい社会の構築を目指して自ら学び，人々の公衆衛生の向上に主体的かつ協働的に取り組む態度を養う。」について

職業人として必要な豊かな人間性を育みとは，クリーニング技術が現代社会で果たす意義と役割を踏まえ，単に技術的課題を改善するだけではなく，職業人に求められる倫理観，社会に貢献する意識などを育むことを意味している。

人々の公衆衛生の向上に主体的かつ協働的に取り組む態度を養うとは，絶え間のない技術革新などを踏まえ，既存のクリーニング技術やクリーニングの工程を改善・改良するのみならず，協働作業などを通してコミュニケーションを図り，異分野の技術を融合・組み合わせるなどして，新しい作業プロセスを創造する中で，法規に基づいてクリーニング産業の発展に責任をもって協働的に取り組む態度を養うことを意味している。このような態度を養うためには，職業資格の取得などを通して自ら学ぶ意欲を高めるなどの学習活動，課題の解決策を考案する中で，自己の考えを整理し伝え合ったり，討論したりするなどの学習活動，就業体験活動を活用して，様々な職業や年代などとつながりをもちながら，協働して課題の解決に取り組む学習活動などが大切である。なお，職業資格などの取得については，目的化しないよう留意して取り扱うことが重要である。

● 第3　クリーニング科の内容構成

クリーニング科は，従前どおりの7科目で構成している。クリーニング産業を巡る状況やクリーニング技術等の進歩などを踏まえ，科目構成は変更せず，内容の充実を図った。

● 第4　クリーニング科の各科目

1　クリーニング関係法規

この科目は，クリーニング関係法規に関する基礎的な知識を身に付け，クリーニング関係法規に関する課題を発見し解決する力，人々の公衆衛生の向上に寄与する態度など，クリーニングの実践に必要な資質・能力を育成することを主眼としたものである。

今回の改訂では，クリーニング業や関係法規の動向を踏まえ，指導項目の(3)関係法規に労働安全衛生に関する法律を取り入れ，改善を図った。

(1) 目標

> 1　目　標
>
> 　クリーニングの見方・考え方を働かせ，実践的・体験的な学習活動を行うことなどを通して，クリーニングの実践に必要な資質・能力を次のとおり育成することを目指す。
>
> (1) クリーニング関係法規に関する基礎的な知識について体系的・系統的に理解するようにする。
>
> (2) クリーニング関係法規に関する課題を発見し，クリーニングの職業倫理を踏まえて合理的かつ創造的に解決する力を養う。
>
> (3) クリーニング関係法規について，よりよいクリーニングの実践を目指して自ら学び，人々の公衆衛生の向上に主体的かつ協働的に取り組む態度を養う。

　この科目においては，クリーニング関係法規に関する知識を身に付け，クリーニング関係法規に関する課題を発見し，職業人として合理的かつ創造的に解決する力，よりよいクリーニングの実践を目指して人々の公衆衛生の向上に主体的かつ協働的に参画し寄与する態度を養うことをねらいとしている。

　目標の(1)については，クリーニング関係法規に関する基礎的な知識を身に付けるようにすることを意味している。

　目標の(2)については，クリーニング関係法規に関する課題を発見し，クリーニングの職業倫理を踏まえて，科学的な根拠に基づき，合理的かつ創造的に解決する力を養うことを意味している。

　目標の(3)については，職業人として必要な豊かな人間性を育み，よりよい社会の構築を目指して自ら学び，クリーニングの実践を通して人々の公衆衛生の向上に主体的かつ協働的に取り組む態度を養うことを意味している。

(2) 内容とその取扱い
① 内容の構成及び取扱い

　この科目は，目標に示す資質・能力を身に付けることができるよう，(1)法制概要，(2)クリーニング業法，(3)関係法規の三つの指導項目で，2〜4単位程度履修されることを想定して内容を構成している。また，内容を取り扱う際の配慮事項は次のように示している。

（内容を取り扱う際の配慮事項）

> 3　内容の取扱い
> (1) 内容を取り扱う際には，次の事項に配慮するものとする。
>   ア　〔指導項目〕の(2)及び(3)については，クリーニング業の関係法
>   規及び従事者の健康保持などに関し，事例を基に具体的に取り扱う
>   こと。

　内容を取り扱う際は，クリーニング業に従事する基として必要な関係法規を理解するために位置付けられていることから，クリーニング産業教育全般の導入として基礎的内容を取り扱うことが大切である。

　アについては，クリーニング業法や関係法規の指導に当たっては，クリーニング業が公衆衛生に寄与していることを理解させるとともに，営業者や従事者の健康管理や保持，公害予防や防止の必要性についても，事例を基に具体的に指導する。

② 内容

> 2　内　容
>   1に示す資質・能力を身に付けることができるよう，次の〔指導項目〕
> を指導する。

〔指導項目〕

> (1) 法制概要
>   ア　法の意義と役割
>   イ　衛生法規の概要
>   ウ　衛生行政の仕組みと意義

（内容の範囲や程度）

> (2) 内容の範囲や程度については，次の事項に配慮するものとする。
>   ア　〔指導項目〕の(1)については，法の役割と運用，衛生行政の仕組み
>   などについて，クリーニング業と関連させながら指導すること。

(1) 法制概要

　ここでは，科目の目標を踏まえ，法制概要について，法の役割や運用，衛生行政の仕組みの学習を通して，クリーニング業に従事者するものとして必要な関係法規を理解することをねらいとしている。

　このねらいを実現するため，次の①から③までの事項を身に付けることができるよう〔指導項目〕を指導する。

　①　法制とその概要について理解すること。

　②　法制とその概要について，クリーニングに関わる基本的な課題を発見し，倫理観を踏まえて合理的かつ創造的に解決策を見いだすこと。

　③　法制とその概要について自ら学び，人々の公衆衛生の向上を目指すクリーニングへの活用に主体的かつ協働的に取り組むこと。

ア　法の意義と役割

　ここでは，社会生活における法の意義や役割，法の制定と運用の仕組みについて取り扱う。

　また，法律を遵守する態度を育成するよう取り扱う。

イ　衛生法規の概要

　ここでは，クリーニング業は，国民の日常生活と深い関係にあり，その衛生措置の在り方が国民の衛生につながる性格のものであることを理解するよう取り扱う。その際，生活衛生関係営業の運営の適正化及び振興に関する法律（昭和32年法律第164号）の概要とクリーニング業との関連を図りながら取り扱う。

ウ　衛生行政の仕組みと意義

　ここでは，衛生行政のうち，特に，公衆衛生，環境衛生の意義，保健所の仕組みと役割についてクリーニング業の関わりについて重点的に取り扱う。

〔指導項目〕

```
(2) クリーニング業法
   ア　沿革と目的
   イ　クリーニング師の免許等
   ウ　細則
```

（内容の範囲や程度）

```
イ　〔指導項目〕の(2)については，クリーニング業の社会的意義，営業者
　や従事者としての心構え，倫理観及び遵守事項に触れること。
```

(2) クリーニング業法

　ここでは，科目の目標を踏まえクリーニング業の社会的意義，営業者や従業者としての心構え，倫理及び遵守事項など理解することをねらいとしている。

　このねらいを実現するため，次の①から③までの事項を身に付けることができるよう〔指導項目〕を指導する。

　①　クリーニング業法の概要について理解すること。

　②　クリーニング業法について，クリーニングに関わる基本的な課題を発見し，倫理観を踏まえて合理的かつ創造的に解決策を見いだすこと。

　③　クリーニング業法について自ら学び，人々の公衆衛生の向上を目指すクリーニングへの活用に主体的かつ協働的に取り組むこと。

ア　沿革と目的

　ここでは，クリーニング業がもつ社会的意義と社会の進展に伴う業界の変容等を理解させ，法が公衆衛生や環境衛生の維持，増進を目的としていることについて取り扱う。

イ　クリーニング師の免許等

　ここでは，クリーニング師の責務，研修の必要性についても取り扱う。

ウ　細則

　ここでは，クリーニング業法（昭和25年法律第207号）やその政令，省令に基づき，都道府県において具体的に定められていることについて取り扱う。これらは，クリーニング業を営む上で重要であることから，それぞれの概要について理解を図るよう取り扱う。

〔指導項目〕

---

(3) 関係法規
　ア　感染症の予防及び感染症の患者に対する医療に関する法律
　イ　水質汚濁防止法
　ウ　廃棄物の処理及び清掃に関する法律
　エ　特定化学物質の環境への排出量の把握等及び管理の改善の促進に関する法律
　オ　労働安全衛生に関する法律

（内容の範囲や程度）

　ウ　〔指導項目〕の(3)については，ドライクリーニング溶剤の有害性，排水と環境汚染の関係，従事者の環境衛生などの概要を取り扱うこと。

---

(3) 関係法規

　ここでは，科目の目標を踏まえ，ドライクリーニング溶剤の有害性，排水と環境汚染の関係，従事者の環境衛生について理解することをねらいとしている。

　このねらいを実現するため，次の①から③までの事項を身に付けることができるよう，〔指導項目〕を指導する。

① 　関係法規の概要について理解すること。

② 　関係法規について，クリーニングに関わる基本的な課題を発見し，倫理観を踏まえて合理的かつ創造的に解決策を見いだすこと。

③ 　関係法規について自ら学び，人々の公衆衛生を目指すクリーニングへの活用に主体的かつ協働的に取り組むこと。

ア　感染症の予防及び感染症の患者に対する医療に関する法律

　ここでは，クリーニング業に従事する一員として，様々な感染症を予防するために定められている法律等についての理解を図り，公衆衛生の向上に関心をもたせるよう取り扱う。

イ　水質汚濁防止法

　ここでは，工場排水による河川汚濁の危険性と有害物質を適切に排出することの必要性について取り扱う。

ウ　廃棄物の処理及び清掃に関する法律

　ここでは，クリーニング業による特別管理産業廃棄物及びそれ以外の廃棄物の取扱い並びに事業者の責任，産業廃棄物の抑制と再利用について取り扱うとともに，環境汚染防止の必要性についても取り扱う。

エ　特定化学物質の環境への排出量の把握等及び管理の改善の促進に関する法律

　ここでは，化学物質の管理の改善を促進することや環境保全上の必要性について取り扱う。

オ　労働安全衛生に関する法律

　ここでは，職場における労働者の安全と健康を確保すること，快適な職場環境の形成を促進することについて取り扱う。

2　公衆衛生

　この科目は，公衆衛生に関する基礎的な知識を身に付け，公衆衛生に関する課題を発見し解決する力，人々の公衆衛生の向上に寄与する態度など，クリーニングの実践に必要な資質・能力を育成することを主眼としたものである。

　今回の改訂では，クリーニング業や関係する公衆衛生の状況を踏まえ，指導項目の (3) 予防衛生に感染症疾患や生活習慣病を加えて整理し，改善を図った。

(1) 目標

> 1 目 標
>
> 　クリーニングの見方・考え方を働かせ，実践的・体験的な学習活動を行うことなどを通して，クリーニングの実践に必要な資質・能力を次のとおり育成することを目指す。
> (1) 公衆衛生に関する実際的な知識について体系的・系統的に理解する。
> (2) 公衆衛生に関する課題を発見し，クリーニングの職業倫理を踏まえて合理的かつ創造的に解決する力を養う。
> (3) クリーニングにおける公衆衛生について，よりよいクリーニングの実践を目指して自ら学び，人々の公衆衛生の向上に主体的かつ協働的に取り組む態度を養う。

　この科目においては，公衆衛生に関する知識を身に付け，公衆衛生に関する課題を発見し，職業人として合理的かつ創造的に解決する力，よりよいクリーニングの実践を目指して人々の公衆衛生の向上に主体的かつ協働的に参画し寄与する態度を養うことをねらいとしている。

　目標の(1)については，公衆衛生に関する基礎的な知識を身に付けるようにすることを意味している。

　目標の(2)については，公衆衛生に関する課題を発見し，クリーニング職業倫理を踏まえて，科学的根拠に基づき，合理的かつ創造的に解決する力を養うことを意味している。

　目標の(3)については，職業人としての必要な豊か人間性を育み，よりよい社会の構築を目指して自ら学び，クリーニングの実践を通して人々の公衆衛生の向上に主体的かつ協動的に取り組む態度を養うことを意味している。

(2) 内容とその取扱い

① 内容の構成及び取扱い

　この科目は，目標に示す資質・能力を身に付けることができるよう，(1)公衆衛生の概要，(2)環境衛生，(3)予防衛生，(4)感染症，(5)消毒，(6)環境への配慮の六つの指導項目で，2〜4単位程度履修されることを想定して内容を構成している。また，内容を取り扱う際の配慮事項は次のように示している。

　(内容を取り扱う際の配慮事項)

> 3 内容の取扱い
>
> 　(1) 内容を取り扱う際には，次の事項に配慮するものとする。

> ア 〔指導項目〕の(2)については，人と環境との関わり，科学技術の
> 発展と環境汚染，環境保全の必要性などについて，事例を取り上げ
> て具体的に指導すること。

　内容を取り扱う際は，クリーニング業に従事する者として必要な公衆衛生を理解するために位置付けられていることから，クリーニング業と公衆衛生の関わりについて導入として基礎的な内容を取り扱うことが大切である。環境衛生の指導に当たっては，自然環境の汚染が進んでいることを理解し，クリーニング業に携わる者の債務として，環境の保全に努める態度を養うよう指導することが大切である。

② 内容

> 2 内 容
> 　1に示す資質・能力を身に付けることができるよう，次の〔指導項目〕
> を指導する。

〔指導項目〕

> (1) 公衆衛生の概要
> 　ア 公衆衛生の意義
> 　イ 公衆衛生の歩みと課題

(1) 公衆衛生の概要

　ここでは，科目の目標を踏まえ，公衆衛生の意義や歩みについて理解するとともに今後の公衆衛生の在り方について考察できるようにすることをねらいとしている。

　このねらいを実現するため，次の①から③までの事項を身に付けることができるよう，〔指導項目〕を指導する。

① 公衆衛生の概要について理解すること。

② 公衆衛生について，クリーニングに関わる基本的な課題を発見し，倫理観を踏まえて合理的かつ創造的に解決策を見いだすこと。

③ 公衆衛生について自ら学び，人々の公衆衛生の向上を目指すクリーニングへの活用に主体的かつ協働的に取り組むこと。

ア 公衆衛生の意義

　ここでは，疾病の予防，食生活や生活習慣の改善，健康管理も含めた公衆衛生

について取り扱う。また，公衆衛生の必要性についても取り扱う。

イ　公衆衛生の歩みと課題

　ここでは，ペストやコレラなどの伝染病に悩まされた時代から，医学の進歩，衛生行政の確立等について扱い，併せて，近代産業がもたらした環境汚染，食品公害等新しい公衆衛生の課題について取り扱う。

〔指導項目〕

---

(2) 環境衛生
　ア　生物と環境
　イ　生活の変化と環境の変化
　ウ　自然環境と社会環境
　エ　環境衛生活動

（内容の範囲や程度）

---

(2) 内容の範囲や程度については，次の事項に配慮するものとする。
　ア　〔指導項目〕の(2)については，水，空気，日光や衣食住などへの関心を深め，公害や環境汚染と環境衛生活動との関わりについて指導すること。

---

(2) 環境衛生

　ここでは，科目の目標を踏まえ，水，空気，日光や衣食住などへ関心を深め，公害や環境汚染と環境衛生活動との関わりについて理解することをねらいとしている。

　このねらいを実現するため，次の①から③までの事項を身に付けることができるよう，〔指導項目〕を指導する。

① 環境衛生の概要について理解すること。

② 環境衛生について，クリーニングに関わる基本的な課題を発見し，倫理観を踏まえて合理的かつ創造的に解決策を見いだすこと。

③ 環境衛生について自ら学び，人々の公衆衛生の向上を目指すクリーニングへの活用に主体的かつ協働的に取り組むこと。

ア　生物と環境

　ここでは，生物は環境の中で生活し，環境の影響を受けたり，また，環境にも変化を与えたりしていることについて取り扱う。

イ　生活の変化と環境の変化

　ここでは，人々が快適で便利な生活を求めた結果，自然や社会的環境が変化していることについて取り扱う。

ウ　自然環境と社会環境

　ここでは，人口の増加，科学技術や産業の発達による廃棄物等が，水や空気を汚し，自然環境の悪化や健康を脅かして環境の悪影響を及ぼしている場合もあることについて取り扱う。

エ　環境衛生活動

　ここでは，環境衛生活動は，行政だけでなく，私たち自身が家庭や学校，職場において，衛生的で快適な環境づくりに努力することの重要性についても取り扱う。

〔指導項目〕

---

(3) 予防衛生
　　ア　疾病の予防
　　イ　感染性疾患
　　ウ　生活習慣病

（内容の範囲や程度）

　イ　〔指導項目〕の(3)及び(4)については，医学の進歩と高齢化の進展，疾病予防等の学習を踏まえ，感染症とクリーニングとの関わりについて具体的に取り扱うこと。

---

(3) 予防衛生

　ここでは，科目の目標を踏まえ，医学の進歩と高齢化の進展，健康に生活できる環境づくりなど衛生行政の取組について理解することをねらいとしている。

　このねらいを実現するため，次の①から③までの事項を身に付けることができるよう，〔指導項目〕を指導する。

①　予防衛生の概要について理解すること。

②　予防衛生について，クリーニングに関わる基本的な課題を発見し，倫理観を踏まえて合理的かつ創造的に解決策を見いだすこと。

③　予防衛生について自ら学び，人々の公衆衛生の向上を目指すクリーニングへの活用に主体的かつ協働的に取組むこと。

ア　疾病の予防

　ここでは，健康に及ぼす危険な要因（環境，遺伝，病原体など）を取り除き，健康で快適な生活ができるように予防に努力することについて取り扱う。

イ　感染性疾患

　ここでは，感染源や感染経路など，病原体別の分類による感染症の種類について取り扱う。

ウ　生活習慣病

　ここでは，生活習慣病の現状について，死因順位と疾病などの状況を踏まえて取り扱う。また，健康管理の必要性についても取り扱う。

〔指導項目〕

---

(4) 感染症

　　ア　感染症と社会生活

　　イ　種類と発生要因

　　ウ　予防接種

（内容の範囲や程度）

イ　〔指導項目〕の(3)及び(4)については，医学の進歩と高齢化の進展，
　　疾病予防等の学習を踏まえ，感染症とクリーニングとの関わりについて
　　具体的に取り扱うこと。

---

(4) 感染症

　ここでは，科目の目標を踏まえ，感染症とクリーニング業の関わりについて理解することをねらいとしている。

　このねらいを実現するため，次の①から③までの事項を身に付けることができるよう，〔指導項目〕を指導する。

①　感染症の概要について理解すること。

②　感染症について，クリーニングに関わる基本的な課題を発見し，倫理観を
　　踏まえて合理的かつ創造的に解決策を見いだすこと。

③　感染症について自ら学び，人々の公衆衛生の向上を目指すクリーニングへ
　　の活用に主体的かつ協働的に取り組むこと。

ア　感染症と社会生活

　ここでは，クリーニング業にとって公衆衛生の維持及び増進は重要であり，そのための感染症の知識が必要であること，また，感染症の予防の立場から注意と

努力をしなければならないことについて取り扱う。

イ　種類と発生要因

　ここでは，感染症の種類と発生の要因などについて取り扱う。

ウ　予防接種

　ここでは，予防接種の意義，方法，ワクチンの種類などについて取り扱う。

〔指導項目〕

> (5) 消毒
> 　ア　消毒の意義と定義
> 　イ　消毒の種類と方法
> 　ウ　クリーニング業と消毒の必要性

（内容の範囲や程度）

> ウ　〔指導項目〕の(5)については，クリーニング業法に基づく被洗物の区
> 　分，消毒法と各種消毒薬の取扱い，従事者の業務停止等を取り上げるこ
> 　と。

(5) 消毒

　ここでは，科目の目標を踏まえ，「クリーニング業法」に基づく被洗物の区分，消毒法と各種消毒薬の取扱い，従事者の業務停止等を取り上げ，消毒の必要性を理解することをねらいとしている。

　このねらいを実現するため，次の①から③までの事項を身に付けることができるよう，〔指導項目〕を指導する。

① 消毒について理解すること。

② 消毒について，クリーニングに関わる基本的な課題を発見し，倫理観を踏まえて合理的かつ創造的に解決策を見いだすこと。

③ 消毒について自ら学び，人々の公衆衛生の向上を目指すクリーニングへの活用に主体的かつ協働的に取り組むこと。

ア　消毒の意義と定義

　ここでは，汚染，感染，発病と消毒の意義や滅菌，殺菌，防腐などの定義について取り扱う。

イ　消毒の種類と方法

　ここでは，理学的な消毒方法や化学的な消毒法の概要について取り扱う。また，クリーニング業に適した消毒の方法について取り扱う。

ウ　クリーニング業と消毒の必要性

　ここでは，公衆衛生の見地からクリーニング業で消毒しなければならない被洗物の区分，消毒の方法及び消毒の効果がある洗濯方法について取り扱う。

〔指導項目〕

---

(6) 環境への配慮
　　ア　公害の種類と環境保全
　　イ　クリーニング業と環境汚染対策

（内容の範囲や程度）

エ　〔指導項目〕の(6)については，クリーニング業務に必要な環境汚染対策を重点的に指導すること。

---

(6) 環境への配慮

　ここでは，科目の目標を踏まえ，クリーニング業に伴う廃棄物が環境汚染につながりやすいこと，また，廃棄物の抑制，回収，再利用について必要な環境汚染対策を理解することをねらいとしている。

　このねらいを実現するため，次の①から③までの事項を身に付けることができるよう，〔指導項目〕を指導する。

①　環境への配慮について理解すること。

②　環境への配慮について，クリーニングに関わる基本的な課題を発見し，倫理観を踏まえて合理的かつ創造的に解決策を見いだすこと。

③　環境への配慮について自ら学び，人々の公衆衛生の向上を目指すクリーニングへの活用に主体的かつ協働的に取り組むこと。

ア　公害の種類と環境保全

　ここでは，河川の汚染や大気汚染等の公害と水質汚濁等による環境への影響や汚染物質の抑制に関する環境保全について取り扱う。

イ　クリーニング業と環境汚染対策

　ここでは，クリーニングに伴う排水処理の必要性，ドライクリーニング溶剤が人体に及ぼす影響，廃棄物（スラッジ）の環境汚染対策の必要性について取り扱う。

3　クリーニング理論

　この科目は，クリーニング理論に関する実際的な知識及び技術を身に付け，ク

リーニング理論に関する課題を発見し解決する力，人々の公衆衛生の向上に寄与する態度など，クリーニングの実践に必要な資質・能力を育成することを主眼としたものである。指導項目などについては，従前どおりに示している。

(1) 目標

1　目　標

　クリーニングの見方・考え方を働かせ，実践的・体験的な学習活動を行うことなどを通して，クリーニングの実践に必要な資質・能力を次のとおり育成することを目指す。

(1) クリーニング理論に関する実際的な知識について体系的・系統的に理解するとともに，関連する技術を身に付けるようにする。

(2) クリーニング理論に関する課題を発見し，クリーニングの職業倫理を踏まえて合理的かつ創造的に解決する力を養う。

(3) クリーニング理論について，よりよいクリーニングの実践を目指して自ら学び，人々の公衆衛生の向上に主体的かつ協働的に取り組む態度を養う。

　この科目においては，クリーニング理論に関する知識と技術を身に付け，クリーニング理論に関する課題を発見し，職業人として合理的かつ創造的に解決する力，よりよいクリーニングの実践を目指して人々の公衆衛生の向上に主体的かつ協働的に参画し寄与する態度を養うことをねらいとしている。

　目標の(1)については，クリーニング理論に関する基礎的な知識と技術を身に付けるようにすることを意味している。

　目標の(2)については，クリーニング理論に関する課題を発見し，クリーニング職業倫理を踏まえて，科学的根拠に基づき，合理的かつ創造的に解決する力を養うことを意味している。

　目標の(3)については，職業人としての必要な豊かな人間性を育み，よりよい社会の構築を目指して自ら学び，クリーニングの実践を通して人々の公衆衛生の向上に主体的かつ協動的に取り組む態度を養うことを意味している。

(2) 内容とその取扱い

① 内容の構成及び取扱い

　この科目は，目標に示す資質・能力を身に付けることができるよう，(1)衣服と汚れ，(2)クリーニングの科学，(3)水と洗浄作用，(4)界面活性剤，(5)洗剤と溶剤，(6)ランドリー，(7)ウェットクリーニング，(8)ドライクリーニング，

(9)特殊加工とシミ抜きの九つの指導項目で，2～4単位程度履修されることを想定して内容を構成している。また，内容を取り扱う際の配慮事項は次のように示している。

（内容を取り扱う際の配慮事項）

> 3　内容の取扱い
>
> 　(1)　内容を取り扱う際には，次の事項に配慮するものとする。
>
> 　　ア　指導に当たっては，実験・実習を中心として取り扱うこと。

　内容を取り扱う際は，この科目がクリーニング業に従事する者として必要な知識や技術を理解するために位置付けられていることから，クリーニング産業全般の導入として基礎的な内容を扱うことが大切である。

　アについては，実験・実習を中心に，クリーニングに関する理論について，可能な限り実践と結び付けて指導することをねらいとしている。

② 内容

> 2　内　容
>
> 　　1に示す資質・能力を身に付けることができるよう，次の〔指導項目〕を指導する。

〔指導項目〕

> (1)　衣服と汚れ
>
> 　　ア　クリーニングの歴史と目的
>
> 　　イ　着衣の目的
>
> 　　ウ　汚れの種類
>
> 　　エ　汚れの付着機構

（内容の範囲や程度）

> (2)　内容の範囲や程度については，次の事項に配慮するものとする。
>
> 　　ア　〔指導項目〕の(1)については，着衣に伴う汚れの種類や性質などに重点を置いて取り扱うこと。

(1) 衣服と汚れ

　ここでは，科目の目標を踏まえ，着衣に伴う汚れの種類や性質などを理解する

ことをねらいとしている。

このねらいを実現するため，次の①から③までの事項を身に付けることができるよう，〔指導項目〕を指導する。

① 衣服と汚れについて理解し，関連する技術を身に付けること。

② 衣服の汚れについて，クリーニングに関わる基本的な課題を発見し，倫理観を踏まえて合理的かつ創造的に解決策を見いだすこと。

③ 衣服と汚れについて自ら学び，人々の公衆衛生の向上を目指すクリーニングへの活用に主体的かつ協働的に取り組むこと。

ア　クリーニングの歴史と目的

ここでは，クリーニングの歴史を服飾の変化と石鹸や合成洗剤の進歩と関連付けて取り扱う。また，クリーニング業の目的や意義についても取り扱う。

イ　着衣の目的

ここでは，保健衛生（体温の調整，身体の防護）と整容（身体の装飾，道徳儀礼上，標識類別など）について取り扱う。また，着衣と汚れの関係についても取り扱う。

ウ　汚れの種類

ここでは，人体や生活環境からの汚れ及びその性状から分類して取り扱う。

エ　汚れの付着機構

ここでは，物理的付着と吸着，静電気，油脂結合，化学結合等について取り扱う。また，被洗物の汚れについては，繊維の性質と関連付けて取り扱う。

〔指導項目〕

---

(2) クリーニングの科学
　ア　クリーニングの三要素
　イ　洗浄作用のメカニズム

---

(2) クリーニングの科学

ここでは，科目の目標を踏まえ，クリーニングで必要な三要素や洗浄作用のメカニズムを理解し，関連する技術を身に付けることをねらいとしている。

このねらいを実現するため，次の①から③までの事項を身に付けることができるよう，〔指導項目〕を指導する。

① クリーニングの科学について理解し，関連する技術を身に付けること。

② クリーニングの科学について，基本的な課題を発見し，倫理観を踏まえて合理的かつ創造的に解決策を見いだすこと。

③ クリーニングの科学について自ら学び，人々の公衆衛生の向上を目指すク

リーニングへの活用に主体的かつ協働的に取り組むこと。

ア　クリーニングの三要素

　ここでは，汚れを取り除く条件として，水（又は溶剤），洗剤及び物理的な力が相互に関連してクリーニングが行われていることについて取り扱う。

イ　洗浄作用のメカニズム

　ここでは，水，界面活性剤，アルカリ剤及び溶剤の相互作用によって，汚れが繊維から引き離される仕組みについて取り扱う。

〔指導項目〕

---

(3) 水と洗浄作用

　　ア　硬水と軟水

　　イ　硬水の欠点と軟化法

---

(3) 水と洗浄作用

　ここでは，科目の目標を踏まえ，洗濯用水の必要条件や改善方法について理解し，関連する技術を身に付けることをねらいとしている。

　このねらいを実現するため，次の①から③までの事項を身に付けることができるよう，〔指導項目〕を指導する。

　①　水と洗浄作用の概要について理解し，関連する技術を身に付けること。

　②　水と洗浄作用について，クリーニングに関わる基本的な課題を発見し，倫理観を踏まえて合理的かつ創造的に解決策を見いだすこと。

　③　水と洗浄作用について自ら学び，人々の公衆衛生の向上を目指すクリーニングへの活用に主体的かつ協働的に取り組むこと。

ア　硬水と軟水

　ここでは，硬水と軟水の違いについて，それぞれの性質に重点を置いて取り扱う。

イ　硬水の欠点と軟化法

　ここでは，硬水が洗濯用水として適さないことと硬水の軟化法について，具体的に理解できるよう取り扱う。

〔指導項目〕

---

(4) 界面活性剤

　　ア　界面活性剤の構造と性質

　　イ　ビルダーの種類と働き

ウ　補助剤の種類と働き

（内容の範囲や程度）

　　イ　〔指導項目〕の(4)については，界面活性剤の種類などに重点を置いて
　　　取り扱うこと。

(4) 界面活性剤

　ここでは，科目の目標を踏まえ，界面活性剤の種類などを理解し，関連する技術を身に付けることをねらいとしている。

　このねらいを実現するため，次の①から③までの事項を身に付けることができるよう，〔指導項目〕を指導する。

　①　界面活性剤の概要について理解し，関連する技術を身に付けること。

　②　界面活性剤について，クリーニングに関わる基本的な課題を発見し，倫理観を踏まえて合理的かつ創造的に解決策を見いだすこと。

　③　界面活性剤について自ら学び，人々の公衆衛生の向上を目指すクリーニングへの活用に主体的かつ協働的に取り組むこと。

ア　界面活性剤の構造と性質

　ここでは，界面活性剤の構造，作用，性質について取り扱う。

イ　ビルダーの種類と働き

　ここでは，アルカリ剤の働きについて重点的に取り扱う。

ウ　補助剤の種類と働き

　ここでは，酵素，再汚染防止剤，蛍光増白剤，漂白剤などの働きについて重点的に取り扱う。

〔指導項目〕

　(5) 洗剤と溶剤
　　ア　洗剤と溶剤の違い
　　イ　洗剤と溶剤の働き

(5) 洗剤と溶剤

　ここでは，科目の目標を踏まえ，洗剤と溶剤の違いや働きなどを理解し，関連する技術を取得することをねらいとしている。

　このねらいを実現するため，次の①から③までの事項を身に付けることができるよう，〔指導項目〕を指導する。

① 洗剤と溶剤の概要について理解し，関連する技術を身に付けること。

② 洗剤と溶剤について，クリーニングに関わる基本的な課題を発見し，倫理観を踏まえて合理的かつ創造的に解決策を見いだすこと。

③ 洗剤と溶剤について自から学び，人々の公衆衛生の向上を目指すクリーニングへの活用に主体的かつ協働的に取り組むこと。

ア　洗剤と溶剤の違い

　ここでは，ウェットクリーニング，ドライクリーニングなどの洗濯方式によって，溶剤や洗剤の種類が異なることについて取り扱う。

イ　洗剤と溶剤の働き

　ここでは，洗濯方式によって洗剤や溶剤が異なっても，その働きに違いがないことについて取り扱う。

〔指導項目〕

---

(6) ランドリー
　ア　ランドリーとウェットクリーニング
　イ　被洗物と洗濯方式
　ウ　ランドリーの工程

(内容の範囲や程度)

ウ　〔指導項目〕の(6)については，ランドリーの特徴と適する被洗物，工程に沿った洗剤濃度や洗濯時間などに重点を置いて取り扱うこと。

---

(6)　ランドリー

　ここでは，科目の目標を踏まえ，ランドリーの特徴と適する被洗物，工程に沿った洗剤濃度や洗濯時間などについて理解し，関連する技術を身に付けることをねらいとしている。

　このねらいを実現するため，次の①から③までの事項を身に付けることができるよう，〔指導項目〕を指導する。

①　ランドリーの概要について理解し，関連する技術を身に付けること。

②　ランドリーについて，クリーニングに関わる基本的な課題を発見し，倫理観を踏まえて合理的かつ創造的に解決策を見いだすこと。

③　ランドリーについて自から学び，人々の公衆衛生の向上を目指すクリーニングへの活用に主体的かつ協働的に取り組むこと。

ア　ランドリーとウェットクリーニング

ここでは，ランドリーにおけるクリーニングの実際とウェットクリーニングの内容や方法等について取り扱うとともに，それに適した被洗物についても取り扱う。

イ　被洗物と洗濯方式

ここでは，被洗物に適した洗濯方式の決定について具体的に取り扱う。

ウ　ランドリーの工程

ここでは，ランドリーにおけるクリーニング工程について具体的に取り扱う。

〔指導項目〕

---

(7) ウェットクリーニング
　　ア　被洗物
　　イ　洗剤と洗濯方法

---

(7) ウェットクリーニング

ここでは，科目の目標を踏まえ，被洗物の性質や洗濯方法を理解し，関連する技術を身に付けることをねらいとしている。

このねらいを実現するため，次の①から③までの事項を身に付けることができるよう，〔指導項目〕を指導する。

①　ウェットクリーニングの概要について理解し，関連する技術を身に付けること。

②　ウェットクリーニングについて，クリーニングに関わる基本的な課題を発見し，倫理観を踏まえて合理的かつ創造的に解決策を見いだすこと。

③　ウェットクリーニングについて自から学び，人々の公衆衛生の向上を目指すクリーニングへの活用に主体的かつ協働的に取り組むこと。

ア　被洗物

ここでは，ウェットクリーニングを実施しなければならない被洗物について取り扱う。

イ　洗剤と洗濯方法

ここでは，ウェットクリーニングに適した洗剤の選択と洗濯方法について取り扱う。

〔指導項目〕

---

(8) ドライクリーニング

　　　ア　溶剤と洗剤

　　　イ　工程と洗浄方式

　　　ウ　溶剤管理と清浄方法

（内容の範囲や程度）

　　エ　〔指導項目〕の(8)については，ドライクリーニングの特徴，有機溶剤
　　　の取扱いと人体に及ぼす影響，廃棄物の処理などに重点を置いて取り扱
　　　うこと。

(8) ドライクリーニング

　ここでは，科目の目標を踏まえ，ドライクリーニングの特徴，有機溶剤の取扱いと人体に及ぼす影響，廃棄物の処理などについて理解し，関連する技術を身に付けることをねらいとしている。

　このねらいを実現するため，次の①から③までの事項を身に付けることができるよう，〔指導項目〕を指導する。

　　①　ドライクリーニングの概要について理解し，関連する技術を身に付けること。

　　②　ドライクリーニングについて，クリーニングに関わる基本的な課題を発見し，倫理観を踏まえて合理的かつ創造的に解決策を見いだすこと。

　　③　ドライクリーニングについて自ら学び，人々の公衆衛生の向上を目指すクリーニングへの活用に主体的かつ協働的に取り組むこと。

ア　溶剤と洗剤

　ここでは，ドライクリーニング溶剤の種類，性質，特性について取り扱うとともに，ドライクリーニング用洗剤の特性についても取り扱う。

イ　工程と洗浄方式

　ここでは，洗浄工程と洗浄方式の種類と特徴について取り扱う。

ウ　溶剤管理と清浄方法

　ここでは，溶剤管理の目的と方法，溶剤を清浄する方法及び種類とその特徴などについて取り扱う。

〔指導項目〕

　(9) 特殊加工とシミ抜き

　　　ア　各種加工の目的と種類

　　　イ　シミ抜きの用具と機器

ウ　シミの分類と判別

　　エ　シミ抜きの方法

（内容の範囲や程度）

> オ　〔指導項目〕の(9)については，シミ抜きに関する知識，薬品の取扱い
> 　と管理，被洗物の損傷などについて取り扱うこと。

(9) 特殊加工とシミ抜き

　ここでは，科目の目標を踏まえ，シミ抜きに関する知識，薬品の取扱いと管理，被洗物の損傷などについて理解し，関連する技術を身に付けることをねらいとしている。

　このねらいを実現するため，次の①から③までの事項を身に付けることができるよう，〔指導項目〕を指導する。

　①　特殊加工とシミ抜きについて理解し，関連する技術を身に付けること。

　②　特殊加工とシミ抜きについて，クリーニングに関わる基本的な課題を発見し，倫理観を踏まえて合理的かつ創造的に解決策を見いだすこと。

　③　特殊加工とシミ抜きについて自ら学び，人々の公衆衛生の向上を目指すクリーニングへの活用に主体的かつ協働的に取り組むこと。

ア　各種加工の目的と種類

　ここでは，各種加工の種類と目的，必要性について取り扱う。

イ　シミ抜きの用具と機器

　ここでは，各種シミ抜き用具，機器の取扱いや使用方法について取り扱う。

ウ　シミの分類と判別

　ここでは，水溶性，油性などのシミの判別と薬品による処理方法についての知識を深めるよう取り扱う。

エ　シミ抜きの方法

　ここでは，繊維やシミに抜きに適した用具や機具，薬品などについて具体物を用いて取り扱う。

4　繊維

　この科目は，繊維製品に関する実際的な知識及び技術を身に付け，繊維製品に関する課題を発見し解決する力，人々の公衆衛生の向上に寄与する態度など，クリーニングの実践に必要な資質・能力を育成することを主眼としたものである。

　今回の改訂では，指導項目の(4)繊維の各種加工について，内容を明確にするよう小項目を設け，改善を図った。

(1) 目標

1　目　標
　　クリーニングの見方・考え方を働かせ，実践的・体験的な学習活動を
　行うことなどを通して，クリーニングの実践に必要な資質・能力を次の
　とおり育成することを目指す。
　(1)　繊維製品に関する実際的な知識について体系的・系統的に理解する
　　　とともに，関連する技術を身に付けるようにする。
　(2)　繊維製品に関する課題を発見し，クリーニングの職業倫理を踏まえ
　　　て合理的かつ創造的に解決する力を養う。
　(3)　繊維製品のクリーニングについて，よりよいクリーニングの実践を
　　　目指して自ら学び，人々の公衆衛生の向上に主体的かつ協働的に取り
　　　組む態度を養う。

　この科目においては，繊維に関する知識を身に付け，繊維に関する課題を発見し，職業人として合理的かつ創造的に解決する力，よりよいクリーニングの実践を目指して人々の公衆衛生の向上に主体的かつ協働的に参画し寄与する態度を養うことをねらいとしている。

　目標の(1)については，繊維に関する基礎的な知識と技術を身に付けるようにすることを意味している。

　目標の(2)については，繊維に関する課題を発見し，クリーニング職業倫理を踏まえて，科学的根拠に基づき，合理的かつ創造的に解決する力を養うことを意味している。

　目標の(3)については，職業人としての必要な豊か人間性を育み，よりよい社会の構築を目指して自ら学び，クリーニングの実践を通して人々の公衆衛生の向上に主体的かつ協動的に取り組む態度を養うことを意味している。

(2) 内容とその取扱い

①　内容の構成及び取扱い

　この科目は，目標に示す資質・能力を身に付けることができるよう，(1)繊維の種類，(2)繊維の性質と判別，(3)織物と編み物，(4)繊維の各種加工，(5)付属品や飾りのクリーニングと取扱いの五つの指導項目で，２〜４単位程度履修されることを想定して内容を構成している。また，内容を取り扱う際の配慮事項は次のように示している。

（内容を取り扱う際の配慮事項）

> 3　内容の取扱い
> 　(1)　内容を取り扱う際には，次の事項に配慮するものとする。
> 　　ア　〔指導項目〕の(2)及び(4)については，各種繊維の特徴，判別方
> 　　　法及び加工などについて実験・実習を通して指導すること。

　内容を取り扱う際は，繊維の素材や加工方法などクリーニング業に携わる者にとって繊維やその製品に関する基礎的な知識や技術を習得することが大切である。

　アについては，各種繊維の特徴，判別方法及び加工などについて実験・実習を通して指導すること。

②　内容

> 2　内　容
> 　　1に示す資質・能力を身に付けることができるよう，次の〔指導項目〕
> 　を指導する。

〔指導項目〕

> (1)　繊維の種類
> 　ア　繊維素材による分類

(1)　繊維の種類

　ここでは，科目の目標を踏まえ，繊維の性質や特徴を理解し，関連する技術を身に付けることをねらいとしている。

　このねらいを実現するため，次の①から③までの事項を身に付けることができるよう，〔指導項目〕を指導する。

①　繊維の種類について理解し，関連する技術を身に付けること。

②　繊維の種類について，クリーニングに関わる基本的な課題を発見し，倫理観を踏まえて合理的かつ創造的に解決策を見いだすこと。

③　繊維の種類について自から学び，人々の公衆衛生の向上を目指すクリーニングへの活用に主体的かつ協働的に取り組むこと。

ア　繊維素材による分類

　ここでは，繊維を素材によって分類し，その種類，用途，クリーニングの方法

と関連付けて取り扱う。

〔指導項目〕

---

(2) 繊維の性質と判別
　ア　各種繊維の性質
　イ　各種繊維の判別

（内容の範囲や程度）

---

(2) 内容の範囲や程度については，次の事項に配慮するものとする。
　ア　〔指導項目〕の(2)については，各種繊維の用途や取扱いに重点を置
　　いて取り扱うこと。

---

(2) 繊維の性質と判別

　ここでは，科目の目標を踏まえ，各種繊維の用途や取扱いについて理解し，関連する技術を身に付けることをねらいとしている。

　このねらいを実現するため，次の①から③までの事項を身に付けることができるよう，〔指導項目〕を指導する。

① 繊維の性質と判別について理解し，関連する技術を身に付けること。

② 繊維の性質と判別について，クリーニングに関わる基本的な課題を発見し，倫理観を踏まえて合理的かつ創造的に解決策を見いだすこと。

③ 繊維の性質と判別について自から学び，人々の公衆衛生の向上を目指すクリーニングへの活用に主体的かつ協働的に取り組むこと。

ア　各種繊維の性質

　ここでは，各種繊維の物理・化学的性質や特徴，製法について取り扱う。

イ　各種繊維の判別

　ここでは，各種の繊維を職別する方法を実験等を通じて具体的に取り扱う。

〔指導項目〕

---

(3) 織物と編み物
　ア　織物の組織と性質
　イ　編み物の組織と性質
　ウ　不織布など

> イ 〔指導項目〕の(3)については，織物と編み物のそれぞれの用途や取扱い，不織布，人工皮革などに重点を置いて取り扱うこと。

(3) 織物と編み物

　ここでは，科目の目標を踏まえ，織物と編み物のそれぞれの用途や取扱い，不織布，人工皮革などについて理解し，関連する技術を身に付けることをねらいとしている。

　このねらいを実現するため，次の①から③までの事項を身に付けることができるよう，〔指導項目〕を指導する。

　①　織物と編み物について理解し，関連する技術を身に付けること。

　②　織物と編み物について，クリーニングに関わる基本的な課題を発見し，倫理観を踏まえて合理的かつ創造的に解決策を見いだすこと。

　③　織物と編み物について自ら学び，人々の公衆衛生の向上を目指すクリーニングへの活用に主体的かつ協働的に取り組むこと。

ア　織物の組織と性質

　ここでは，織物の三原組織の性質や特徴，用途について取り扱う。

イ　編み物の組織と性質

　ここでは，織物と編み物との違い，性質や特徴，用途について取り扱う。

ウ　不織布など

　ここでは，織物や編み物にとどまらず，不織布を提示するなどして，多様な被洗物に関心をもたせるよう配慮して取り扱う。

〔指導項目〕

> (4) 繊維の各種加工
> 　ア　各種加工の目的と種類

（内容の範囲や程度）

> ウ 〔指導項目〕の(4)については，防水，防虫加工方法などについて取り扱うこと。

(4) 繊維の各種加工

　ここでは，科目の目標を踏まえ，繊維に各種加工を施す目的と種類について理

第4章
聴覚障害者の
専門教科・科目

解し，関連する技術を身に付けることをねらいとしている。

　このねらいを実現するため，次の①から③までの事項を身に付けることができるよう，〔指導項目〕を指導する。

①　繊維の各種加工について理解し，関連する技術を身に付けること。

②　繊維の各種加工について，クリーニングに関わる基本的な課題を発見し，倫理観を踏まえて合理的かつ創造的に解決策を見いだすこと。

③　繊維の各種加工について自から学び，人々の公衆衛生の向上を目指すクリーニングへの活用に主体的かつ協働的に取り組むこと。

ア　各種加工の目的と種類

　ここでは，繊維に各種加工を施す目的と種類について取り扱う。

〔指導項目〕

---

(5) 付属品や飾りのクリーニングと取扱い

　　ア　付属品の取扱いと損傷などの防止

（内容の範囲や程度）

エ　〔指導項目〕の(5)については，ボタンや飾りなどの破損や熔解防止の方法について取り扱うこと。

---

(5) 付属品や飾りのクリーニングと取扱い

　ここでは，科目の目標を踏まえ，ボタンや飾りなどの破損や熔解防止の方法について理解し，関連する技術を身に付けることをねらいとしている。

　このねらいを実現するため，次の①から③までの事項を身に付けることができるよう，〔指導項目〕を指導する。

①　付属品や飾りのクリーニングと取扱いについて理解し，関連する技術を身に付けること。

②　付属品や飾りのクリーニングと取扱いについて，クリーニングに関わる基本的な課題を発見し，倫理観を踏まえて合理的かつ創造的に解決策を見いだすこと。

③　付属品や飾りのクリーニングと取扱いについて自から学び，人々の公衆衛生の向上を目指すクリーニングへの活用に主体的かつ協働的に取り組むこと。

ア　付属品の取扱いと損傷などの防止

　ここでは，クリーニング中の事故を防ぐために，繊維や被服に施された付属品

や飾りの取扱いについて具体的に取り扱う。

5　クリーニング機器・装置

　この科目は，クリーニング機器・装置に関する基礎的な知識及び技術を身に付け，クリーニング機器・装置に関する課題を発見し解決する力，人々の公衆衛生の向上に寄与する態度など，クリーニングの実践に必要な資質・能力を育成することを主眼としたものである。指導項目などについては，従前どおりに示している。

(1) 目標

> 1　目　標
> 　クリーニングの見方・考え方を働かせ，実践的・体験的な学習活動を行うことなどを通して，クリーニングの実践に必要な資質・能力を次のとおり育成することを目指す。
> (1) クリーニング機器・装置に関する実際的な知識について体系的・系統的に理解するとともに，関連する技術を身に付けるようにする。
> (2) クリーニング機器・装置の活用に関する課題を発見し，クリーニングの職業倫理を踏まえて合理的かつ創造的に解決する力を養う。
> (3) クリーニング機器・装置の活用について，よりよいクリーニングの実践を目指して自ら学び，人々の公衆衛生の向上に主体的かつ協働的に取り組む態度を養う。

　この科目においては，クリーニング機器・装置に関する知識及び技術を身に付け，クリーニング機器・装置に関する課題を発見し，職業人として合理的かつ創造的に解決する力，よりよいクリーニングの実践を目指して人々の公衆衛生の向上に主体的かつ協働的に参画し寄与する態度を養うことをねらいとしている。

　目標の (1) については，クリーニング機器・装置に関する基礎的な知識と技術を身に付けるようにすることを意味している。

　目標の (2) については，クリーニング機器・装置に関する課題を発見し，クリーニング職業倫理を踏まえて，科学的根拠に基づき，合理的かつ創造的に解決する力を養うことを意味している。

　目標の (3) については，職業人としての必要な豊か人間性を育み，よりよい社会の構築を目指して自ら学び，クリーニングの実践を通して人々の公衆衛生の向上に主体的かつ協動的に取り組む態度を養うことを意味している。

(2) 内容とその取扱い

① 内容の構成及び取扱い

　この科目は，目標に示す資質・能力を身に付けることができるよう，(1) ランドリー機器・装置の構造と操作，(2) ドライクリーニング機器・装置の構造と操作，(3) 各種プレス機の構造と操作，(4) シミ抜き機器，(5) ボイラー，(6) 機器・装置の安全な操作と事故・危険防止の六つの指導項目で，2～4単位程度履修されることを想定して内容を構成している。また，内容を取り扱う際の配慮事項は次のように示している。

（内容を取り扱う際の配慮事項）

　3　内容の取扱い

　(1) 内容を取り扱う際には，次の事項に配慮するものとする。

　　ア　〔指導項目〕の(4)については，各種シミ抜き機器及び道具類の取扱いに関して，実技や実習を中心として指導すること。

　　イ　〔指導項目〕の(6)については，機器・装置の安全な操作，点検及び事故・危険防止に関する事項を関連させながら取り扱うこと。

　内容を取り扱う際は，クリーニング業で活用されている機械・機器及び道具類の構造や安全な操作など実習を通して体験的に学習し，事故・危険防止に留意させることが大切である。

　アについては，実技や実習を中心として指導するよう配慮すること。

　イについては，安全な範囲を確認の上，蒸気の有無や表示，実際に触れてみることなど視覚や触覚を適切に活用して指導するよう配慮すること。

② 内容

　2　内　容

　　1に示す資質・能力を身に付けることができるよう，次の〔指導項目〕を指導する。

〔指導項目〕

---

(1) ランドリー機器・装置の構造と操作

　ア　洗濯機と脱水機

　イ　糊煮器と湯沸器

　ウ　乾燥機

> エ　ブラッシング器具

（内容の範囲や程度）

> (2)　内容の範囲や程度については，次の事項に配慮するものとする。
>
> 　　ア　指導に当たっては，基本的な構造，原理及び機能とその保守管理について，安全な操作と事故・危険防止の観点から重点的に取り扱うこと。

(1) ランドリー機器・装置の構造と操作

　ここでは，科目の目標を踏まえ，基本的な構造，原理及び機能とその保守管理について取り扱い，安全な操作をするための技術の取得し，事故・危険防止について理解することをねらいとしている。

　このねらいを実現するため，次の①から③までの事項を身に付けることができるよう，〔指導項目〕を指導する。

①　ランドリー機器・装置の構造と操作について理解し，関連する技術を身に付けること。

②　ランドリー機器・装置の構造と操作について，クリーニングに関わる基本的な課題を発見し，倫理観を踏まえて合理的かつ創造的に解決策を見いだすこと。

③　ランドリー機器・装置の構造と操作について自ら学び，人々の公衆衛生の向上を目指すクリーニングへの活用に主体的かつ協働的に取り組むこと。

ア　洗濯機と脱水機

　ここでは，近年洗濯機と脱水機が一体となっているものが多いが，それぞれの構造や電子制御についての理解を促し，その操作方法について取り扱う。

イ　糊煮器と湯沸器

　ここでは，安全な操作や事故防止に留意して取り扱う。

ウ　乾燥機

　ここでは，繊維や脱水率によって乾燥時間や温度に差異があることを関連付けて取り扱う。

エ　ブラッシング器具

　ここでは，ブラッシング器具の用途や取り扱い方について取り扱う。

（指導項目）

> (2)　ドライクリーニング機器・装置の構造と操作
>
> 　　ア　洗濯機と脱水機

イ　清浄装置

（内容の範囲や程度）

(2) 内容の範囲や程度については，次の事項に配慮するものとする。
　ア　指導に当たっては，基本的な構造，原理及び機能とその保守管理について，安全な操作と事故・危険防止の観点から重点的に取り扱うこと。

(2) ドライクリーニング機器・装置の構造と操作

ここでは，科目の目標を踏まえ，基本的な構造，原理及び機能とその保守管理について，安全な操作と事故・危険防止について理解し，関連する技術を身に付けることをねらいとしている。

このねらいを実現するため，次の①から③までの事項を身に付けることができるよう，〔指導項目〕を指導する。

① ドライクリーニング機器・装置の構造と操作について理解し，関連する技術を身に付けること。

② ドライクリーニング機器・装置の構造と操作について，クリーニングに関わる基本的な課題を発見し，倫理観を踏まえて合理的かつ創造的に解決策を見いだすこと。

③ ドライクリーニング機器・装置の構造と操作について自ら学び，人々の公衆衛生の向上を目指すクリーニングへの活用に主体的かつ協働的に取り組むこと。

ア　洗濯機と脱水機

ここでは，近年洗濯機と脱水機が一体型のものが多いが，その構造，電子制御の取扱いと操作について取り扱う。

イ　清浄装置

ここでは，洗浄装置の構造と取扱い，バルブ操作，スラッジの交換方法について取り扱う。

〔指導項目〕

(3) 各種プレス機の構造と操作
　ア　ワイシャツプレス機類
　イ　ズボンプレス機類
　ウ　シーツローラー

（内容の範囲や程度）

> (2) 内容の範囲や程度については，次の事項に配慮するものとする。
>   ア　指導に当たっては，基本的な構造，原理及び機能とその保守管理について，安全な操作と事故・危険防止の観点から重点的に取り扱うこと。

(3) 各種プレス機の構造と操作

　ここでは，科目の目標を踏まえ，基本的な構造，原理及び機能とその保守管理について，安全な操作と事故・危険防止について理解し，関連する技術を身に付けることをねらいとしている。

　このねらいを実現するため，次の①から③までの事項を身に付けることができるよう，〔指導項目〕を指導する。

　①　各種プレス機の構造と操作について理解し，関連する技術を身に付けること。

　②　各種プレス機の構造と操作について，クリーニングに関わる基本的な課題を発見し，倫理観を踏まえて合理的かつ創造的に解決策を見いだすこと。

　③　各種プレス機の構造と操作について自から学び，人々の公衆衛生の向上を目指すクリーニングへの活用に主体的かつ協働的に取り組むこと。

ア　ワイシャツプレス機類

　ここでは，ワイシャツプレス機類について，安全な操作方法と取扱いを重点的に取り扱う。

イ　ズボンプレス機類

　ここでは，ズボンプレス機類について，安全な操作方法と取扱いを重点的に取り扱う。

ウ　シーツローラー

　ここでは，シーツローラーについて，安全な操作方法と取扱いを重点的に取り扱う。

〔指導項目〕

> (4) シミ抜き機器
>   ア　蒸気シミ抜き器
>   イ　超音波シミ抜き器
>   ウ　ジェットスポッター

> (2) 内容の範囲や程度については，次の事項に配慮するものとする。
>
> 　ア　指導に当たっては，基本的な構造，原理及び機能とその保守管理について，安全な操作と事故・危険防止の観点から重点的に取り扱うこと。

(4) シミ抜き機器

　ここでは，科目の目標を踏まえ，基本的な構造，原理及び機能とその保守管理について，安全な操作と事故・危険防止について理解し，関連する技術を身に付けることをねらいとしている。

　このねらいを実現するため，次の①から③までの事項を身に付けることができるよう，〔指導項目〕を指導する。

　①　シミ抜きの機器について理解し，関連する技術を身に付けること。

　②　シミ抜きの機器について，クリーニングに関わる基本的な課題を発見し，倫理観を踏まえて合理的かつ創造的に解決策を見いだすこと。

　③　シミ抜きの機器ついて自から学び，人々の公衆衛生の向上を目指すクリーニングへの活用に主体的かつ協働的に取り組むこと。

ア　蒸気シミ抜き器

　ここでは，蒸気シミ抜き器のシミ抜きをする原理とその取扱いについて，安全かつ適切な操作方法に重点を置いて取り扱う。

イ　超音波シミ抜き器

　ここでは，超音波シミ抜き器のシミ抜きをする原理とその取扱いについて，安全かつ適切な操作方法に重点を置いて取り扱う。

ウ　ジェットスポッター

　ここでは，ジェットスポッターのシミ抜きをする原理とその取扱いについて，安全かつ適切な操作方法に重点を置いて取り扱う。

〔指導項目〕

> (5) ボイラー
>
> 　ア　ボイラーの構造
>
> 　イ　ボイラー用水の管理

> （2）内容の範囲や程度については，次の事項に配慮するものとする。
>
> 　ア　指導に当たっては，基本的な構造，原理及び機能とその保守管理について，安全な操作と事故・危険防止の観点から重点的に取り扱うこと。

(5) ボイラー

　ここでは，科目の目標を踏まえ，基本的な構造，原理及び機能とその保守管理について，安全な操作と事故・危険防止について理解し，関連する技術を身に付けることをねらいとしている。

　このねらいを実現するため，次の①から③までの事項を身に付けることができるよう，〔指導項目〕を指導する。

　①　ボイラーについて理解し，関連する技術を身に付けること。

　②　ボイラーについて，クリーニングに関わる基本的な課題を発見し，倫理観を踏まえて合理的かつ創造的に解決策を見いだすこと。

　③　ボイラーについて自から学び，人々の公衆衛生の向上を目指すクリーニングへの活用に主体的かつ協働的に取り組むこと。

ア　ボイラーの構造

　ここでは，蒸気発生の仕組みや構造，高温，高圧の圧力容器であることの理解を深め，併せて安全管理や取扱いについて取り扱う。

イ　ボイラー用水の管理

　ここでは，ボイラー用水が発生蒸気やボイラー本体に及ぼす影響について取り扱うとともに，水管理の重要性についても取り扱う。

〔指導項目〕

> （6）機器・装置の安全な操作と事故・危険防止
> 　ア　蒸気バルブ
> 　イ　電源とモーター
> 　ウ　事故・危険防止

（内容の範囲や程度）

> （2）内容の範囲や程度については，次の事項に配慮するものとする。
>
> 　ア　指導に当たっては，基本的な構造，原理及び機能とその保守管理について，安全な操作と事故・危険防止の観点から重点的に取り扱うこと。

(6) 機器・装置の安全な操作と事故・危険防止

　ここでは，科目の目標を踏まえ，基本的な構造，原理及び機能とその保守管理について，安全な操作と事故・危険防止の観点から重点的に取り扱うことをねらいとしている。

　このねらいを実現するため，次の①から③までの事項を身に付けることができるよう，〔指導項目〕を指導する。

　①　機器・装置の安全な操作と事故・危険防止について理解し，関連する技術を身に付けること。

　②　機器・装置の安全な操作と事故・危険防止について，クリーニングに関わる基本的な課題を発見し，倫理観を踏まえて合理的かつ創造的に解決策を見いだすこと。

　③　機器・装置の安全な操作と事故・危険防止について自ら学び，人々の公衆衛生の向上を目指すクリーニングへの活用に主体的かつ協働的に取り組むこと。

ア　蒸気バルブ

　ここでは，蒸気バルブに重点を置き，それぞれのクリーニング機器・装置の危険な箇所について，事例を取り上げて具体的に取り扱う。

イ　電源とモーター

　ここでは，電源とモーターに重点を置き，それぞれのクリーニング機器・装置の危険な箇所について，事例を取り上げて具体的に取り扱う。

ウ　事故・危険防止

　ここでは，事故・危険防止に重点を置き，それぞれのクリーニング機器・装置の危険な箇所について，具体的に取り上げるとともに，併せて事故の予防と突発的な事故への対応について，事例を取り上げて取り扱う。

6　クリーニング実習

　この科目は，クリーニングに関する実際的な知識及び技術を身に付け，クリーニングの実践に関する課題を発見し解決する力，人々の公衆衛生の向上に寄与する態度など，クリーニングの実践に必要な資質・能力を育成することを主眼としたものである。

　今回の改訂では，指導項目の(1)ランドリーのア洗濯物の受付と仕分について，内容の範囲や程度を明確に示すよう改善を図った。

(1) 目標

> 1　目　標
>
> 　クリーニングの見方・考え方を働かせ，実践的・体験的な学習活動を行うことなどを通して，クリーニングの実践に必要な資質・能力を次のとおり育成することを目指す。
>
> (1) クリーニングに関する実際的な知識について体系的・系統的に理解するとともに，関連する技術を身に付けるようにする。
>
> (2) クリーニングの実践に関する課題を発見し，クリーニングの職業倫理を踏まえて合理的かつ創造的に解決する力を養う。
>
> (3) よりよいクリーニングの実践を目指して自ら学び，人々の公衆衛生の向上に主体的かつ協働的に取り組む態度を養う。

　この科目においては，クリーニング科に属する各科目において育成した資質・能力を統合して活用することにより，クリーニングの理論と実践とを結び付け，産業現場におけるクリーニングの実践力を身に付けることをねらいとしている。

　目標の(1)については，クリーニング実習に関する基礎的な知識と技術を身に付けるようにすることを意味している。

　目標の(2)については，クリーニング実習に関する課題を発見し，クリーニングの職業倫理を踏まえて，科学的根拠に基づき，合理的かつ創造的に解決する力を養うことを意味している。

　目標の(3)については，職業人として必要な豊かな人間性を育み，よりよい社会の構築を目指して自ら学び，クリーニングの実践を通して人々の公衆衛生の向上に主体的かつ協動的に取り組む態度を養うことを意味している。

(2) 内容とその取扱い

① 内容の構成及び取扱い

　この科目は，目標に示す資質・能力を身に付けることができるよう，(1)ランドリー，(2)ウェットクリーニング，(3)ドライクリーニング，(4)仕上げ，(5)シミ抜きの五つの指導項目で，8〜16単位程度履修されることを想定して内容を構成している。また，内容を取り扱う際の配慮事項は次のように示している。

　（内容を取り扱う際の配慮事項）

> 3　内容の取扱い
>
> (1) 内容を取り扱う際には，次の事項に配慮するものとする。
>
> 　ア　クリーニング工場などの産業現場における見学や実習を通して，

> 機器・装置が適切に扱えるようにすること。

内容を取り扱う際は，最新の技術や産業界の動向に着目するとともに洗濯の知識や技術を理解し，適切な洗濯処理をすることが大切である。

アについては，工場の見学，実験や実習を通して，新しい技術や機器・装置，消費者のニーズや動向，勤労観などについて関心をもたせるよう配慮し取り扱うようにすること。

② 内容

> 2 内容
>   1に示す資質・能力を身に付けることができるよう，次の〔指導項目〕を指導する。

〔指導項目〕

> (1) ランドリー
>   ア 洗濯物の受付と仕分
>   イ ランドリーの実際
>   ウ 被洗物の種類別乾燥方法

(内容の範囲や程度)

> (2) 内容の範囲や程度については，次の事項に配慮するものとする。
>   ア 〔指導項目〕の(1)から(3)までについては，表示記号からの仕分やそれぞれの被洗物に適した洗濯方法と工程などに重点を置いて指導すること。特に，(3)については，溶剤の管理と清浄方法に留意して取り扱うこと。

(1) ランドリー

ここでは，科目の目標を踏まえ，表示記号からの仕分けやそれぞれの被洗物に適した洗濯方法と工程などを理解し，関連する技術を身に付けることをねらいとしている。

このねらいを実現するため，次の①から③までの事項を身に付けることができるよう，〔指導項目〕を指導する。

① ランドリーについて理解し，関連する技術を身に付けること。

② ランドリーについて，クリーニングに関わる基本的な課題を発見し，倫理観を踏まえて合理的かつ創造的に解決策を見いだすこと。

③ ランドリーについて自ら学び，人々の公衆衛生の向上を目指すクリーニングへの活用に主体的かつ協働的に取り組むこと。

ア　洗濯物の受付と仕分

ここでは，被洗物のマーキングの方法，各種繊維や被洗物に適した洗濯方式ごとに分類する作業について取り扱う。また，受付については，表示記号の学習と関連付けて取り扱う。

イ　ランドリーの実際

ここでは，ランドリーにおけるクリーニング工程に沿って，水位，温度，時間，洗剤濃度などに重点を置いて取り扱う。また，工程に沿って，洗剤と補助剤との関わりについても取り扱う。

ウ　被洗物の種類別乾燥方法

ここでは，被洗物に適した乾燥方法について，表示記号と関連付けて取り扱う。

〔指導項目〕

---

(2) ウェットクリーニング

　ア　ウェットクリーニングの実際

　イ　ドライクリーニングした被洗物の取扱い

　ウ　カーペット

（内容の範囲や程度）

---

(2) 内容の範囲や程度については，次の事項に配慮するものとする。

　ア　〔指導項目〕の(1)から(3)までについては，表示記号からの仕分やそれぞれの被洗物に適した洗濯方法と工程などに重点を置いて指導すること。特に，(3)については，溶剤の管理と清浄方法に留意して取り扱うこと。

---

(2) ウェットクリーニング

ここでは，科目の目標を踏まえ，表示記号からの仕分やそれぞれの被洗物に適した洗濯方法と工程などについて理解することをねらいとしている。

このねらいを実現するため，次の①から③までの事項を身に付けることができるよう，〔指導項目〕を指導する。

① ウェットクリーニングについて理解するとともに，関連する技術を身に付けること。

② ウェットクリーニングについて，クリーニングに関わる基本的な課題を発見し，倫理観を踏まえて合理的かつ創造的に解決策を見いだすこと。

③ ウェットクリーニングについて自から学び，人々の公衆衛生の向上を目指すクリーニングへの活用に主体的かつ協働的に取り組むこと。

ア　ウェットクリーニングの実際

ここでは，ウェットクリーニングを行わなければならない被洗物の見分け方，洗濯の方法，温度，洗剤の種類と濃度について取り扱う。

イ　ドライクリーニングした被洗物の取扱い

ここでは，洗濯後の移染防止や乾燥の方法について取り扱う。その際，化学やけどの防止など安全面についても取り扱う。

ウ　カーペット

ここでは，除塵，素材や汚れの度合による洗濯の方法，脱水及び乾燥の方法について取り扱う。

〔指導項目〕

---

(3) ドライクリーニング

　ア　ドライクリーニングの実際

　イ　溶剤の管理と清浄方法

　ウ　有機溶剤と廃棄物

（内容の範囲や程度）

---

(2) 内容の範囲や程度については，次の事項に配慮するものとする。

　ア　〔指導項目〕の(1)から(3)までについては，表示記号からの仕分やそれぞれの被洗物に適した洗濯方法と工程などに重点を置いて指導すること。特に，(3)については，溶剤の管理と清浄方法に留意して取り扱うこと。

---

(3) ドライクリーニング

ここでは，科目の目標を踏まえ，表示記号からの仕分やそれぞれの被洗物に適した洗濯方法と工程，溶剤の管理と洗浄方法などについて重点を置いて指導することをねらいとしている。

このねらいを実現するため，次の①から③までの事項を身に付けることができ

るよう，〔指導項目〕を指導する。

① ドライクリーニングについて理解し，関連する技術を身に付けること。

② ドライクリーニングについて，クリーニングに関わる基本的な課題を発見し，倫理観を踏まえて合理的かつ創造的に解決策を見いだすこと。

③ ドライクリーニングについて自ら学び，人々の公衆衛生の向上を目指すクリーニングへの活用に主体的かつ協働的に取り組むこと。

ア　ドライクリーニングの実際

ここでは，被洗物のワッシャーごとの分類，プリスポッティング，洗浄，脱液及び乾燥の要領について取り扱う。また，溶剤の取扱いについては，化学やけどの防止など安全面についても取り扱う。

イ　溶剤の管理と清浄方法

ここでは，溶剤の汚れ，清浄方法及び溶剤管理の必要性について取り扱う。その際，環境問題と関連付けて取り扱う。

ウ　有機溶剤と廃棄物

ここでは，有機溶剤の有害性と公害防止の観点からその取扱いや処理方法について重点的に取り扱う。また，廃棄物については，水質汚濁防止法（昭和45年法律第138号）と関連付けて取り扱う。

〔指導項目〕

---

(4) 仕上げ

　ア　ハンドアイロン仕上げ

　イ　シーツローラー仕上げとたたみ方

　ウ　各種プレス機による仕上げと手直し

---

(4) 仕上げ

ここでは，科目の目標を踏まえ，被洗物の繊維やその製品の特徴に適した仕上げとたたみ方などに重点を置いて指導することをねらいとしている。

このねらいを実現するため，次の①から③までの事項を身に付けることができるよう，〔指導項目〕を指導する。

① 仕上げについて理解し，関連する技術を身に付けることができる。

② 仕上げについて，クリーニングに関わる基本的な課題を発見し，倫理観を踏まえて合理的かつ創造的に解決策を見いだすこと。

③ 仕上げについて自ら学び，人々の公衆衛生の向上を目指すクリーニングへの活用に主体的かつ協働的に取り組むこと。

ア　ハンドアイロン仕上げ

　ここでは，各種被洗物に適した仕上げ手順について取り扱う。

イ　シーツローラー仕上げとたたみ方

　ここでは，被洗物の厚さと仕上げ速度，たたみ方などについて取り扱う。

ウ　各種プレス機による仕上げと手直し

　ここでは，各種プレス機に適している被洗物と仕上げ方と操作，手直しの方法などについて取り扱う。

〔指導項目〕

> (5) シミ抜き
> 　ア　シミの判別と使用薬品
> 　イ　シミ抜きの実際
> 　ウ　薬品の取扱いと管理

（内容の範囲や程度）

> イ　〔指導項目〕の(5)については，薬品の取扱いなどを具体的に指導すること。

(5) シミ抜き

　ここでは，科目の目標を踏まえ，器具や薬品の取扱いなどを具体的に指導することをねらいとしている。

　このねらいを実現するため，次の①から③までの事項を身に付けることができるよう，〔指導項目〕を指導する。

① シミ抜きについて理解し，関連する技術を身に付けること。

② シミ抜きについて，クリーニングに関わる基本的な課題を発見し，倫理観を踏まえて合理的かつ創造的に解決策を見いだすこと。

③ シミ抜きについて自ら学び，人々の公衆衛生の向上を目指すクリーニングへの活用に主体的かつ協働的に取り組むこと。

ア　シミの判別と使用薬品

　ここでは，シミを判別する方法，繊維に適した薬品，用具と使用方法などについて取り扱う。

イ　シミ抜きの実際

　ここでは，用具や機器薬品を使い，安全で完全にシミを抜く体験を設定するなど実際的に取り扱う。

ウ　薬品の取扱いと管理

　ここでは，シミ抜きに必要な各種薬品の安全な取扱いと管理に重点を置いて取り扱う。

7　課題研究

　この科目は，クリーニングの各分野に関する実際的な知識及び技術を身に付け，クリーニングの各分野に関する課題を発見し解決する力，公衆衛生の保持増進に取り組む態度など，クリーニングの実践に必要な資質・能力を育成することを主眼としたものである。

　今回の改訂では，指導項目については，従前どおりに示している。学習活動の質の向上が図られるよう，内容を取り扱う際の配慮事項を充実させ，改善を図った。

(1) 目標

> 1　目　標
> 　クリーニングの見方・考え方を働かせ，実践的・体験的な学習活動を行うことなどを通して，社会を支え産業の発展を担う職業人として必要な資質・能力を次のとおり育成することを目指す。
> (1) クリーニングの各分野について体系的・系統的に理解するとともに，相互に関連付けられた技術を身に付けるようにする。
> (2) クリーニングに関する課題を発見し，クリーニングやクリーニング関連産業に携わる者として解決策を探究し，科学的な根拠に基づき創造的に解決する力を養う。
> (3) 課題を解決する力の向上を目指して自ら学び，公衆衛生の保持増進に主体的かつ協働的に取り組む態度を養う。

　この科目においては，クリーニングに関する基礎的・基本的な知識と技術を適用し，創造的な能力と実践的な態度をもち，公衆衛生の保持増進を目指すクリーニングの諸課題を合理的に，かつ倫理観をもって，主体的かつ協働的に解決する力を養うことをねらいとしている。

　目標の(1)については，クリーニングに関する知識を体系的・系統的に理解し，関連する技術を身に付けるようにすることを意味している。

　目標の(2)については，クリーニング業に関する課題を発見し，職業倫理を踏まえて，科学的根拠に基づいて創造的に解決する力を養うことを意味している。

　目標の(3)については，職業人として豊かな人間性を育み，よりよい社会の構

築を目指して自ら学び，クリーニングの実践を通して人々の公衆衛生の向上に主体的かつ協動的に取り組む態度を養うことを意味している。

(2) 内容とその取扱い

① 内容の構成及び取扱い

この科目は，目標に示す資質・能力を身に付けることができるよう，(1)調査，研究，実験，(2)産業現場等における実習，(3)職業資格の取得の三つの指導項目で，2～4単位程度履修されることを想定して内容を構成している。また，内容を取り扱う際の配慮事項は次のように示している。

（内容を取り扱う際の配慮事項）

第3節
クリーニング科

3　内容の取扱い
(1) 内容を取り扱う際には，次の事項に配慮するものとする。
ア　生徒の興味・関心，進路希望等に応じて，〔指導項目〕の(1)から(3)までの中から個人又はグループでクリーニングに関する適切な課題を設定し，主体的かつ協働的に取り組む学習活動を通して，専門的な知識，技術などの深化・総合化を図り，クリーニングに関する課題の解決に取り組むことができるようにすること。なお，課題については，(1)から(3)までの2項目以上にまたがるものを設定することができること。
イ　課題研究の成果について発表する機会を設けるよう努めること。

内容を取り扱う際には，課題の設定に当たって，生徒の興味・関心，進路希望などに応じて，これまで学んできた学習成果を活用させ，〔指導項目〕の(1)から(3)までの中から個人又はグループで適切な課題を設定するようにする。また，(1)から(3)までの複数を組み合わせた課題を設定することもできる。その際，施設・設備，費用，完成までの時間，生徒の能力・適性などを考慮し，無理のない課題を設定するよう配慮する。

指導に当たっては，グループ編成などの工夫を図るとともに，事前に上級生の発表会を参観したり，作品を見たりするなどして，生徒自らが課題を発見し，設定できるようにすることが大切である。また，課題設定から課題解決にいたる探究過程においては，生徒の創造性を引き出すよう工夫して課題の解決に取り組むことが大切である。

アについては，生徒の自主的な課題設定と問題解決の過程を最優先し，個々の生徒の実態に応じて，計画的に取り組ませるようにすることが大切である。また，個人又はグループでクリーニングに関する適切な課題を設定し，主体的かつ

協働的に取り組む学習活動を通して，専門的な知識，技術などの深化・総合化を図り，クリーニングに関する課題の解決に取り組むことができるようにすることが大切である。

イについては，生涯にわたる学習の基礎を培う観点から，自ら学ぶ目標を定め，何をどのように学ぶかという主体的な学習の仕方を身に付けるように配慮し，自ら学ぶ意欲を養うことが大切である。したがって，生徒が自ら設定した課題解決や目標達成に向けて行う活動，職場体験などの主体的な学習において，メンバーや指導教員，企業人など，課題研究に関連する人たちと広くコミュニケーションを図りながら，この課題研究により得た学習成果について発表し，成果に対する評価を行い，改善することができるような指導の工夫が必要である。

② 内容

2　内　容

　1に示す資質・能力を身に付けることができるよう，次の〔指導項目〕を指導する。

ここでは，科目の目標を定めてクリーニングで身に付けた知識と技術を基盤として主体的かつ協働的な学習活動を通じ，人々の公衆衛生の向上に寄与する産業の発展を担うことができるようにすることをねらいとしている。

このねらいを実現するため，次の①から③までの事項を身に付けることができるよう，〔指導項目〕を指導する。

① クリーニングについて実践的な学習を通して体系的・系統的に理解するとともに，相互に関連付けられた技術を身に付けること。

② クリーニングに関する課題を発見し，倫理観を踏まえて合理的かつ創造的に解決すること。

③ クリーニングに関する課題を解決する力の向上を目指して自ら学び，人々の公衆衛生の向上に寄与する産業の創造と発展に主体的かつ協働的に取り組むこと。

〔指導項目〕

---

(1) 調査，研究，実験
(2) 産業現場等における実習
(3) 職業資格の取得

---

(1) 調査，研究，実験

ここでは，①から③までの事項を身に付けることができるよう，クリーニングに属する科目で学んだ内容に関連した調査，研究，実験を取り入れる。

新しい繊維の取扱いや洗濯の方法，シミ抜きによる変退色の復元，より効率的，経済的なクリーニングの研究などが考えられる。

(2) 産業現場等における実習

ここでは，①から③までの事項を身に付けることができるよう，クリーニングに関する産業現場等における実習を取り入れる。

クリーニングに関する産業現場等における体験的実習を通して，クリーニング業の実態について理解が図られるようにするとともに，勤労観，責任感，成就感が体得され，将来の職業人としての自覚が促される内容を工夫することが大切である。

(3) 職業資格の取得

ここでは，①から③までの事項を身に付けることができるよう，クリーニング師やボイラー技士，危険物取扱者などの資格を取得する意義や資格取得のための必要事項とそれが定められている目的などを探究する学習活動，資格取得に関連する専門的な知識や技術などについて深化・総合化を図る学習活動などを取り入れる。

生徒自ら明確な目的意識をもち，計画的に資格取得のための学習を進めていくよう適切な助言や援助を行う。

● 第5　各科目にわたる指導計画の作成と内容の取扱い

1　指導計画の作成に当たっての配慮事項

> 第3　各科目にわたる指導計画の作成と内容の取扱い
> 1　指導計画の作成に当たっては，次の事項に配慮するものとする。
> (1) 単元など内容や時間のまとまりを見通して，その中で育む資質・能力の育成に向けて，生徒の主体的・対話的で深い学びの実現を図るようにすること。その際，クリーニングの見方・考え方を働かせ，見通しをもって実験・実習などを行い，科学的な根拠に基づき創造的に探究するなどの実践的・体験的な学習活動の充実を図ること。

この事項は，クリーニング科の指導計画の作成に当たり，生徒の主体的・対話的で深い学びの実現を目指した授業改善を進めることとし，クリーニング科の特質に応じて，効果的な学習が展開できるように配慮すべき内容を示したものであ

る。

　選挙権年齢や成年年齢の引き下げなど，生徒にとって政治や社会が一層身近な
ものとなる中，学習内容を人生や社会の在り方と結び付けて深く理解し，これか
らの時代に求められる資質・能力を身に付け，生涯にわたって能動的に学び続け
ることができるようにするためには，これまでの学校教育の蓄積も生かしなが
ら，学習の質を一層高める授業改善の取組を活性化していくことが求められてい
る。

　指導に当たっては，(1)「知識及び技術」が習得されること，(2)「思考力，判
断力，表現力等」を育成すること，(3)「学びに向かう力，人間性等」を涵養す
ることが偏りなく実現されるよう，単元など内容や時間のまとまりを見通しなが
ら，生徒の主体的・対話的で深い学びの実現に向けた授業改善を行うことが重要
である。

　主体的・対話的で深い学びは，必ずしも1単位時間の授業の中で全てが実現さ
れるものではない。単元など内容や時間のまとまりの中で，例えば，主体的に学
習に取り組めるよう学習の見通しを立てたり学習したことを振り返ったりして自
身の学びや変容を自覚できる場面をどこに設定するか，対話によって自分の考え
などを広げたり深めたりする場面をどこに設定するか，学びの深まりをつくりだ
すために，生徒が考える場面と教師が教える場面をどのように組み立てるか，と
いった視点で授業改善を進めることが求められる。また，生徒や学校の実態に応
じ，多様な学習活動を組み合わせて授業を組み立てていくことが重要であり，単
元のまとまりを見通した学習を行うに当たり基礎となる「知識及び技術」の習得
に課題が見られる場合には，それを身に付けるために，生徒の主体性を引き出す
などの工夫を重ね，確実な習得を図ることが必要である。

　主体的・対話的で深い学びの実現に向けた授業改善を進めるに当たり，特に
「深い学び」の視点に関して，各教科等の学びの深まりの鍵となるのが「見方・
考え方」である。各教科等の特質に応じた物事を捉える視点や考え方である「見
方・考え方」を，習得・活用・探究という学びの過程の中で働かせることを通じ
て，より質の高い深い学びにつなげることが重要である。

(2) 各科目の指導に当たっては，各種化学繊維や仕上げに関する機器や技
　術の進展を踏まえ，科学的な知識と実際的な技術が習得されるよう留意
　すること。

　クリーニングに関する学科においては，新しい機器や設備，技術，洗剤などに
関する情報収集とその活用に努め，科学的な知識と実際的な技術の習得を図り，
クリーニングを行う際にそれらを生かすことができるように指導上の工夫を行う

ことが大切である。

(3) 地域や産業界等との連携・交流を通じた実践的な学習活動や就業体験活動を積極的に取り入れるとともに，社会人講師を積極的に活用するなどの工夫に努めること。

クリーニングに関する学科においては，従前より，「クリーニング実習」において，クリーニング科に関する各科目において習得した資質・能力を活用することにより，クリーニングの理論と実践とを結び付け，クリーニングに関する実践力を育成してきた。

今回の改訂においては，「社会に開かれた教育課程」の実現が目指されており，地域や産業界など社会との関わりの中で子供たち一人一人の豊かな学びを実現していくことが求められている。そのため，地域やクリーニング業界との双方向の協力関係を確立していくことが，極めて重要である。単に地域やクリーニング業界の協力を仰ぐというだけでなく，各学校の教育力を地域に還元することにより，地域やクリーニング業界との協力関係を築くことが大切である。このような地域や産業界等との協力関係に基づき，生徒の進路希望等も十分考慮しながら，実践的な学習活動や就業体験活動を積極的に取り入れ，より一層，指導の充実を図ることが求められる。さらに，各学校においては，特別非常勤講師制度などを活用して，社会人講師等を積極的に活用するなどの工夫が考えられる。

2　内容の取扱いに当たっての配慮事項

2　内容の取扱いに当たっては，次の事項に配慮するものとする。
(1) クリーニングに関する課題の解決方策について，科学的な根拠に基づき理論的に説明することや討論することなど，言語活動の充実を図ること。
(2) 各科目の指導に当たっては，コンピュータや情報通信ネットワークなどの活用を図り，学習の効果を高めるよう工夫すること。

(1)については，言語は生徒の学習活動を支える重要な役割を果たすものであり，言語能力は全ての教科等における資質・能力の育成や学習の基盤となるものと位置付けられている。特に，生徒の思考力，判断力，表現力等を育む観点から，クリーニングに関する様々な事象について，科学的な根拠に基づいて説明する学習活動や判断が必要な場面を設けて理由や根拠を論述する学習活動，最適な解決方法を探究するため討論する学習活動などといった言語活動は極めて重要で

ある。このため，クリーニング科の各科目の指導における言語活動をより一層充実させることが求められる。

（2）については，コンピュータや情報通信ネットワーク等の積極的な活用を図り，生徒の情報活用能力の育成に努めるとともに，クリーニングの実際においては，品質管理，作業の効率化，汚点（シミや汚れ）の発見などにそれらを生かすことができるように指導の工夫を図り，学習の効果を高めるよう配慮することが必要である。

3　実験・実習の実施に当たっての配慮事項

> 3　実験・実習を行うに当たっては，関連する法規等に従い，施設・設備や薬品などの安全管理に配慮し，学習環境を整えるとともに，事故防止や環境保全の指導を徹底し，安全と衛生に十分留意するものとする。また，廃液の処理についても十分留意するものとする。

クリーニングに関する学科において実験・実習を行うに当たっては，関連する法規等に従い，施設・設備や薬品等の安全管理，学習環境の整備，事故防止の指導とその徹底及び安全と衛生について，それぞれ具体的に検討し，対策を講じておく必要がある。

特に，「クリーニング機器・装置」において各種の機器・装置を学習し，「クリーニング実習」においてこれらの具体的な使用法について学習することとなる。したがって，洗濯機，脱水機，ドライクリーニング機器，シミ抜き機器，各種プレス機器及びボイラー等のクリーニングに関する機器・装置の操作，管理等についての安全に関する指導を徹底する必要がある。

また，洗剤や消毒薬等の使用及び廃液の処理に当たっては，環境保全に対する社会の関心が高まっていることから，これまで以上に自然環境の保護及び環境衛生等に留意して，実際の指導に当たることが大切である。

● 第1　歯科技工科改訂の要点

1　目標の改善

　教科及び科目の目標については，産業界で必要とされる資質・能力を見据えて三つの柱に沿って整理し，育成を目指す資質・能力のうち，(1)には「知識及び技術」を，(2)には「思考力，判断力，表現力等」を，(3)には「学びに向かう力，人間性等」を示した。

　今回の改訂では，「見方・考え方」を働かせた学習活動を通して，目標に示す資質・能力の育成を目指すこととした。これは平成28年12月の中央教育審議会答申において，「見方・考え方」は各教科等の学習の中で働き，鍛えられていくものであり，各教科等の特質に応じた物事を捉える視点や考え方として整理されたことを踏まえたものである。

2　内容の改善

(1)〔指導項目〕について

　今回の改訂では，教科に属する全ての科目の「2内容」においては〔指導項目〕として「(1)，(2)」などの大項目，「ア，イ」などの小項目を，柱書においては「1に示す資質・能力を身に付けることができるよう，次の〔指導項目〕を指導する」と示した。これは，〔指導項目〕として示す学習内容の指導を通じて，目標において三つの柱に整理した資質・能力を身に付けることを明確にしたものである。

　なお，項目の記述については，従前どおり事項のみを大綱的に示した。

(2)　1科目構成について

　科目構成については，情報社会の進展，歯科技工を巡る状況や歯科技工技術等の進歩に対応し，体系的・系統的な知識と技術，課題を発見し合理的かつ創造的に解決する力，職業人に求められる倫理観，自ら学ぶ力，主体的かつ協働的に取り組む態度を身に付けた人材を育成する観点から，従前どおり「歯科技工関係法規」，「歯科技工学概論」，「歯科理工学」，「歯の解剖学」，「顎口腔機能学」，「有床義歯技工学」，「歯冠修復技工学」，「矯正歯科技工学」，「小児歯科技工学」，「歯科技工実習」，「歯科技工情報」，「課題研究」の12科目を設けている。

第3節
クリーニング科

第4節
歯科技工科

(3) 指導計画の作成と内容の取扱いについての改善

指導計画の作成と内容の取扱いに関する主な改善事項は次のとおりである。

ア　単元など内容や時間のまとまりを見通して，その中で育む資質・能力の育成に向けて，生徒の主体的・対話的で深い学びの実現を図るようにした。

● 第2　歯科技工科の目標及び内容

教科の目標は，次のとおりである。

第1　目　標

　　歯科技工の見方・考え方を働かせ，実践的・体験的な学習活動を行うことなどを通して，歯科技工を通じ，歯科医療の発展に寄与する職業人として必要な資質・能力を次のとおり育成することを目指す。

(1) 歯科技工について体系的・系統的に理解するとともに，関連する技術を身に付けるようにする。

(2) 歯科技工に関する課題を発見し，職業人に求められる倫理観を踏まえ合理的かつ創造的に解決する能力を養う。

(3) 職業人として必要な豊かな人間性を育み，よりよい社会の構築を目指して自ら学び，歯科医療の発展に主体的かつ協働的に取り組む態度を養う。

今回の改訂においては，情報社会の進展，歯科技工を巡る状況や歯科技工技術等の進歩などを踏まえ，歯科技工の各分野における専門性に関わる資質・能力を「知識及び技術」，「思考力，判断力，表現力等」，「学びに向かう力，人間性等」という三つの柱に基づいて示した。

1 「歯科技工の見方・考え方を働かせ，実践的・体験的な学習活動を行うことなどを通して，歯科技工を通じ，歯科医療の発展に寄与する職業人として必要な資質・能力を次のとおり育成する」について

歯科技工の見方・考え方とは，歯科治療における歯科技工に関する事象を，当事者の考えや状況，歯科技工物が生活に与える影響に着目して捉え，当事者による自己管理を目指して，適切かつ効果的な歯科技工と関連付けることを意味している。

実践的・体験的な学習活動を行うことなどとは，具体的な課題の発見・解決の過程で，調査，研究，実験を行ったり，作品を制作したりするなどの実践的な活

動，産業現場等における実習などの体験的な活動を行うことが重要であることを意味している。

歯科技工を通じ，歯科医療の発展に寄与する職業人として必要な資質・能力とは，歯科技工に関する基礎的・基本的な知識と技術の習得，人々の生活における歯科技工物や歯科技工の意義や役割の理解及び諸課題の解決などに関わる学習は，最終的には歯科技工を通じ，歯科医療の発展に寄与する職業人として必要な資質・能力の育成につながるものであることを意味している。

2 「(1) 歯科技工について体系的・系統的に理解するとともに，関連する技術を身に付けるようにする。」について

体系的・系統的に理解するとともに，関連する技術を身に付けるようにするとは，歯科技工の各工程などの学習活動を通して，歯科技工に関する個別の事実的な知識，一定の手順や段階を追って身に付く個別の技術のみならず，相互に関連付けられるとともに，具体的なものづくりと結び付き，変化する状況や課題に応じて社会の中で主体的に活用することができる知識と技術及び将来の職業を見通して更に専門的な学習を続けることにつながる知識と技術を身に付けるようにすることを意味している。

3 「(2) 歯科技工に関する課題を発見し，職業人に求められる倫理観を踏まえ合理的かつ創造的に解決する力を養う。」について

歯科技工に関する課題を発見しとは，歯科技工の各工程などの学習を通して身に付けた様々な知識，技術などを活用し，地域や社会が健全で持続的に発展する上での歯科技工に関する諸課題を広い視野から課題を発見することを意味している。

職業人に求められる倫理観を踏まえ合理的かつ創造的に解決する力を養うとは，情報化などが進展する社会において，変化の先行きを見通すことが難しい予測困難な時代を迎える中で，単に生産性や効率を高めることのみを優先するのではなく，職業人に求められる倫理観等を踏まえ，歯科技工が社会に及ぼす影響に責任をもち，歯科技工の進展に対応するなどして解決策を考え，科学的な根拠に基づき結果を検証し改善することができるといった，歯科技工に関する確かな知識や技術などに裏付けられた思考力，判断力，表現力等を養うことを意味している。

4 「(3) 職業人として必要な豊かな人間性を育み，よりよい社会の構築を目指して自ら学び，歯科医療の発展に主体的かつ協働的に取り組む態度を養う。」について

職業人として必要な豊かな人間性を育みとは，歯科技工技術が現代社会で果たす意義と役割を踏まえ，単に技術的課題を改善するだけではなく，職業人に求められる倫理観，社会に貢献する意識などを育むことを意味している。

よりよい社会の構築を目指して自ら学びとは，歯科技工を通じ，歯科技工の発展が社会の発展と深く関わっており，ともに発展していくために，地域や社会の健全で持続的な発展を目指して歯科技工の各工程について主体的に学ぶ態度を意味している。

歯科医療の発展に主体的かつ協働的に取り組む態度を養うとは，絶え間のない技術革新などを踏まえ，既存の歯科技工技術等を改善・改良するのみでなく，ものづくりにおける協働作業などを通してコミュニケーションを図るなどして，よりよい歯科技工の作業プロセスを創造する中で，法規に基づいて歯科技工の発展に責任をもって協働的に取り組む態度を養うことを意味している。このような態度などを養うためには，職業資格の取得などを通して自ら学ぶ意欲を高めるなどの学習活動，課題の解決策を考案する中で，自己の考えを整理し伝え合ったり，討論したりするなどの学習活動，就業体験活動を活用して，様々な職業や年代などとつながりをもちながら，協働して課題の解決に取り組む学習活動などが大切である。なお，職業資格などの取得などについては，目的化しないよう留意して取り扱うことが重要である。

● 第3　歯科技工科の内容構成

歯科技工科は，従前どおりの12科目で構成している。歯科技工を巡る状況や歯科技工技術等の進歩などを踏まえ，科目の内容等の変更を行った。改訂前の科目との関連については，次の表に示すとおりである。

新旧科目対照表

改　　　訂	改　訂　前	備　考
歯科技工関係法規	歯科技工関係法規	
歯科技工学概論	歯科技工学概論	
歯科理工学	歯科理工学	
歯の解剖学	歯の解剖学	
顎口腔機能学	顎口腔機能学	

有床義歯技工学	有床義歯技工学	
歯冠修復技工学	歯冠修復技工学	
矯正歯科技工学	矯正歯科技工学	
小児歯科技工学	小児歯科技工学	
歯科技工実習	歯科技工実習	
歯科技工情報	歯科技工情報活用	名称変更
課題研究	課題研究	

第4　歯科技工科の各科目

1　歯科技工関係法規

　この科目は，歯科技工関係法規に関する知識を身に付け，歯科技工関係法規に関する課題を発見し解決する力，歯科医療の発展に寄与する態度など，歯科技工の実践に必要な資質・能力を育成することを主眼としたものである。

　今回の改訂では，歯科医療や歯科技工の関係法規を巡る動向を踏まえ，指導項目の(2)衛生行政の学習内容を整理するとともに，指導項目の(3)歯科技工士法に「ア法の目的と定義」を，(4)関係法規に「ア医療法」を取り入れ，改善を図った。

(1) 目標

　1　目　標

　　歯科技工の見方・考え方を働かせ，実践的・体験的な学習活動を行うことなどを通して，歯科技工の実践に必要な資質・能力を次のとおり育成することを目指す。

(1) 歯科技工関係法規について体系的・系統的に理解するようにする。

(2) 歯科技工関係法規に関する課題を発見し，歯科技工の職業倫理を踏まえて合理的かつ創造的に解決する力を養う。

(3) 歯科技工関係法規について，よりよい歯科技工の実践を目指して自ら学び，人々の歯科医療の発展に主体的かつ協働的に取り組む態度を養う。

　この科目においては，歯科技工の関係法規に関する知識を身に付け，歯科技工の関係法規に関する課題を発見し，職業人として合理的かつ創造的に解決する力，歯科医療の発展に主体的かつ協働的に参画し寄与する態度を養うことをねら

いとしている。

目標の(1)については，歯科技工の関係法規について基礎的な知識を身に付けるようにすることを意味している。

目標の(2)については，歯科技工の関係法規に関する課題を発見し，歯科技工に携わる者として，科学的根拠に基づいて，創造的に解決する力を養うことを意味している。

目標の(3)については，職業人として必要な豊かな人間性を育み，よりよい歯科技工の実践を目指して自ら学び，歯科医療の発展に主体的かつ協働的に取り組む態度を養うことを意味している。

(2) 内容とその取扱い

① 内容の構成及び取扱い

この科目は，目標に示す資質・能力を身に付けることができるよう，(1)法制概要，(2)衛生行政，(3)歯科技工士法，(4)関係法規の四つの指導項目で，1単位以上履修されることを想定して内容を構成している。また，内容を取り扱う際の配慮事項は次のように示している。

（内容を取り扱う際の配慮事項）

---

3 内容の取扱い
(1) 内容を取り扱う際には，次の事項に配慮するものとする。
ア 〔指導項目〕の(3)については，(4)との関連を図り，歯科技工士法における基本用語の的確な理解を促すとともに，罰則規定や諸届についての理解を深めるようにすること。

内容を取り扱う際は，この科目が歯科技工に従事する者として必要な関係法規を理解するために位置付けられていることから，歯科技工士として必要な歯科技工士法及び関係法規についての理解を深めるとともに，衛生行政や他の医療関係者法について知り，その業務を適切に遂行できるよう知識の習得を促すよう内容を取り扱うことが大切である。

アについては，歯科五法（医療法（昭和23年法律第205号），歯科医師法（昭和23年法律第202号），歯科技工士法（昭和30年法律第168号），歯科衛生士法（昭和23年法律第204号），歯科口腔保健の推進に関する法律（平成23年法律第95号））に触れ，歯科医師免許は歯科技工士免許や歯科衛生士免許を包含した資格であることや，歯科医療上の違反は歯科医師法で処罰され，歯科技工業務上の違反は歯科技工士法で処罰されるなど法の相互の関連等に留意しながら指導する必要がある。

② 内容

> 2　内　容
>
> 　1に示す資質・能力を身に付けることができるよう，次の〔指導項目〕を指導する。

〔指導項目〕

> (1) 法制概要
>
> 　ア　法の概念と体系

（内容の範囲や程度）

> (2) 内容の範囲や程度については，次の事項に配慮するものとする。
>
> 　ア　〔指導項目〕の(1)及び(2)については，法制の仕組み及び国や都道府県の衛生行政の概要について取り扱うこと。

(1) 法制概要

　ここでは，科目の目標を踏まえ，秩序ある社会を維持するためには法が必要であり，法は社会生活の規範であることや法の成立による分類とその内容について理解するとともに，法に関する一般的な知識を身に付けることをねらいとしている。

　このねらいを実現するため，次の①から③までの事項を身に付けることができるよう，〔指導項目〕を指導する。

① 法制の概要について理解すること。

② 法制の概要について，基本的な課題を発見し，倫理観を踏まえて合理的かつ創造的に解決策を見いだすこと。

③ 法制の概要について自ら学び，歯科技工の発展を図ることに主体的かつ協働的に取り組むこと。

ア　法の概念と体系

　ここでは，法の概念と体系について条約，憲法，法律，命令，規則，自治法規と順に取り上げ，法に関する一般的な知識について取り扱う。

〔指導項目〕

> (2) 衛生行政
> 　ア　衛生行政の意義
> 　イ　衛生行政の組織と活動

（内容の範囲や程度）

> ア　〔指導項目〕の(1)及び(2)については，法制の仕組み及び国や都道府
> 　県の衛生行政の概要について取り扱うこと。

(2) 衛生行政

　ここでは，科目の目標を踏まえ，歯科技工士と関わりにおいて具体的に我が国の衛生行政の仕組みを理解することをねらいとしている。

　このねらいを実現するため，次の①から③までの事項を身に付けることができるよう，〔指導項目〕を指導する。

　① 衛生行政の概要について理解すること。

　② 衛生行政について，基本的な課題を発見し，倫理観を踏まえて合理的かつ創造的に解決策を見いだすこと。

　③ 衛生行政について自ら学び，歯科技工の発展を図ることに主体的かつ協働的に取り組むこと。

ア　衛生行政の意義

　ここでは，衛生を実効あるものとするため，単に国民の個人的努力や民間団体の任意の活動によるだけでなく，国及び地方自治体による衛生行政が重要な役割を果たしていることについて取り扱う。

イ　衛生行政の組織と活動

　ここでは，国及び地方公共団体の衛生行政の組織と活動について取り上げ，衛生行政の仕組みとその意義について取り扱う。

〔指導項目〕

> (3) 歯科技工士法
> 　ア　法の目的と定義
> 　イ　歯科技工士免許と業務
> 　ウ　歯科技工所
> 　エ　罰則規定と附則等

（内容の範囲や程度）

> イ 〔指導項目〕の(3)については，歯科技工士法の概要，歯科技工士免許
> の要件，歯科技工の業務等を総合的に理解させるとともに，職業人とし
> ての心構えや倫理観にも触れるようにすること。

(3) 歯科技工士法

　ここでは，科目の目標を踏まえ，歯科技工士法について総合的に理解すること
をねらいとしている。

　このねらいを実現するため，次の①から③までの事項を身に付けることができ
るよう，〔指導項目〕を指導する。

① 歯科技工士法の概要について理解すること。

② 歯科技工士法について，歯科技工に関わる基本的な課題を発見し，倫理観
　を踏まえて合理的かつ創造的に解決策を見いだすこと。

③ 歯科技工士法について自ら学び，歯科技工の発展を図ることに主体的かつ
　協働的に取り組むこと。

ア 法の目的と定義

　ここでは，歯科技工士法の成り立ち，構成，法の目的，用語の定義について取
り扱う。

イ 歯科技工士免許と業務

　ここでは，免許の要件と方式，歯科技工士名簿への登録事項，免許証，免許取
消と業務停止，聴聞と弁明，禁止行為，歯科技工指示書，業務上の注意について
取り扱う。

ウ 歯科技工所

　ここでは，歯科技工所の届出事項，歯科技工所の管理者，改善命令と使用禁
止，報告の徴収と立入検査，広告の制限について取り扱う。

エ 罰則規定と附則等

　ここでは，歯科技工に関する違反行為（14項目）と罰則等について取り扱う。
また，法改正に伴う附則等の内容についても触れるようにする。歯科技工関係の
諸願，申請，届出事項，提出先，提出期限，手数料についても取り扱う。

〔指導項目〕

> (4) 関係法規
> 　ア 医療法

イ　歯科医師法

　　ウ　歯科衛生士法

（内容の範囲や程度）

　ウ　〔指導項目〕の(4)については，各医療従事者の業務内容等について歯
　　科技工との関わりに重点を置いて指導すること。

(4) 関係法規

　ここでは，科目の目標を踏まえ，各医療従事者の関係法規を理解することをね
らいとしている。

　このねらいを実現するため，次の①から③までの事項を身に付けることができ
るよう，〔指導項目〕を指導する。

　①　関係法規について，基礎的・基本的な事項を理解すること。

　②　関係法規について，歯科技工に関わる基本的な課題を発見し，倫理観を踏
　　まえて合理的かつ創造的に解決策を見いだすこと。

　③　関係法規について自ら学び，歯科技工の発展を図ることに主体的かつ協働
　　的に取り組むこと。

ア　医療法

　ここでは，医療法の目的と病院や診療所の法的定義について取り扱う。

イ　歯科医師法

　ここでは，歯科医療及び保健指導を行う歯科医師の役割やその業務について，
その概要を取り扱うとともに，歯科技工士の身分や業務との関わりについても取
り扱う。

ウ　歯科衛生士法

　ここでは，歯科疾患の予防及び口腔衛生の向上を図る歯科衛生士法についてそ
の概要について取り扱う。

2　歯科技工学概論

　この科目は，歯科技工及び口腔の機能と疾患など歯科技工学に関する知識を身
に付け，歯科技工学に関する課題を発見し解決する力，歯科医療の発展に寄与す
る態度など，歯科技工の実践に必要な資質・能力を育成することを主眼としたも
のである。

　今回の改訂では，歯科医療や歯科技工の進展に応じて，基礎的な知識を体系
的・系統的に示すよう，指導項目の(1)歯科技工総論及び(2)歯科技工管理と運
営に必要な学習を取り入れ，改善を図った。

(1) 目標

> 1　目　標
>
> 　歯科技工の見方・考え方を働かせ，実践的・体験的な学習活動を行う
> ことなどを通して，歯科技工の実践に必要な資質・能力を次のとおり育
> 成することを目指す。
> (1) 歯科技工及び口腔の機能と疾患に関する基礎的な知識について体系
> 　　的・系統的に理解するようにする。
> (2) 歯科技工及び口腔の機能と疾患に関する課題を発見し，歯科技工の
> 　　職業倫理を踏まえて合理的かつ創造的に解決する力を養う。
> (3) 歯科技工学について，よりよい歯科技工の実践を目指して自ら学び，
> 　　歯科医療の発展に主体的かつ協働的に取り組む態度を養う。

　この科目においては，歯科技工及び口腔の機能と疾患に関する基礎的な知識を
身に付け，歯科技工に関する課題を発見し，職業人として合理的かつ創造的に解
決する力，人々の公衆衛生の向上に主体的かつ協働的に参画し寄与する態度を養
うことをねらいとしている。

　目標の(1)については，歯科技工及び口腔の機能と疾患について基礎的な知識
を身に付けるようにすることを意味している。

　目標の(2)については，歯科技工及び口腔の機能と疾患に関する課題を発見
し，歯科技工に携わる者として，科学的根拠に基づいて，創造的に解決する力を
養うことを意味している。

　目標の(3)については，職業人として必要な豊かな人間性を育み，よりよい歯
科技工の実践を目指して自ら学び，人々の公衆衛生の向上に主体的かつ協働的に
取り組む態度を養うことを意味している。

(2) 内容とその取扱い

① 内容の構成及び取扱い

　この科目は，目標に示す資質・能力を身に付けることができるよう，(1)歯科
技工総論，(2)歯科技工管理と運営の二つの指導項目で，2単位以上履修される
ことを想定して内容を構成している。また，内容を取り扱う際の配慮事項は次の
ように示している。

（内容を取り扱う際の配慮事項）

3　内容の取扱い
　(1)　内容を取り扱う際には，次の事項に配慮するものとする。
　　ア　〔指導項目〕の(1)及び(2)については，歯科技工の概要を理解さ
　　　せるとともに医療従事者としての自覚を養うように努めること。

　内容を取り扱う際は，この科目は他の科目の基礎として位置付けられているこ
とから歯科技工及び口腔の機能と疾患に関する基礎的な知識が習得されるよう内
容を取り扱うことが大切である。

　アについては，歯科医療に関する基礎的な知識の習得を図り歯科技工の概要を
理解するとともに，それを通して歯科技工の重要性を認識し，歯科技工士という
専門職としての心構えを養うように留意する必要がある。

②　内容

2　内　容
　　1に示す資質・能力を身に付けることができるよう，次の〔指導項目〕
　を指導する。

〔指導項目〕

---

(1)　歯科技工総論
　ア　歯科医療と歯科技工
　イ　歯科技工士の役割と倫理
　ウ　顔・口腔組織の形態と機能
　エ　歯科疾患と周囲組織の変化
　オ　歯科臨床における歯科技工
　カ　口腔と全身の健康

（内容の範囲や程度）

---

(2)　内容の範囲や程度については，次の事項に配慮するものとする。
　　ア　〔指導項目〕の(1)については，歯科技工に必要な基礎的事項に重点
　　　を置いて取り扱うこと。

---

(1) 歯科技工総論

　ここでは，科目の目標を踏まえ，歯科技工に必要な基礎的事項を確実に習得することをねらいとしている。

　このねらいを実現するため，次の①から③までの事項を身に付けることができるよう，〔指導項目〕を指導する。

①　歯科技工に必要な基礎的事項について理解すること。

②　歯科技工に必要な基礎的事項に関わる基本的な課題を発見し，倫理観を踏まえて合理的かつ創造的に解決策を見いだすこと。

③　歯科技工に必要な基礎的事項について自ら学び，歯科技工の発展を図ることに主体的かつ協働的に取り組むこと。

ア　歯科医療と歯科技工

　ここでは，歯科医療に関する知識を取り扱うとともに，歯科技工の重要性と歯科医療関係者としての心構えについても取り扱う。

イ　歯科技工士の役割と倫理

　ここでは，歯科医療関係者に求められる職業倫理について取り扱い，歯科技工士としての心得を身に付けることについて取り扱う。

ウ　顔・口腔組織の形態と機能

　ここでは，口腔の構造について取り扱うとともに，口腔の機能についての基礎的な知識について取り扱う。

エ　歯科疾患と周囲組織の変化

　ここでは，歯科及び口腔の疾患の種類と原因，その予防について取り扱う。また，歯の喪失に伴う歯周組織の変化について取り扱う。

オ　歯科臨床における歯科技工

　ここでは，歯科及び口腔の疾患と歯科技工との関わりについて取り扱う。

カ　口腔と全身の健康

　ここでは，口腔が全身に及ぼす影響について取り扱う。また，我が国の健康政策の概要についても取り扱う。

〔指導項目〕

---

(2) 歯科技工管理と運営

　ア　歯科技工の作業環境

　イ　歯科技工業務と管理運営

　ウ　歯科技工における衛生管理

> イ 〔指導項目〕の(2)については，歯科技工業務の特徴を理解させ，その責務等を重点的に取り扱うこと。

(2) 歯科技工管理と運営

　ここでは，科目の目標を踏まえ，作業業務を円滑に実施するための必要な運営，管理及び作業環境について理解することをねらいとしている。

　このねらいを実現するため，次の①から③までの事項を身に付けることができるよう，〔指導項目〕を指導する。

　① 歯科技工管理と運営について理解すること。

　② 歯科技工管理と運営について，基本的な課題を発見し，倫理観を踏まえて合理的かつ創造的に解決策を見いだすこと。

　③ 歯科技工管理と運営について自ら学び，歯科技工の発展を図ることに主体的かつ協働的に取り組むこと。

ア 歯科技工の作業環境

　ここでは，歯科技工室の環境条件について取り扱う。歯科技工室の面積，照明，騒音，換気などの作業環境について触れるとともに，歯科技工室から発生する汚染物質とその対策及び作業のしやすさ等に関わる机，いす等の作業姿勢についても取り扱う。

イ 歯科技工業務と管理運営

　ここでは，歯科技工業務の特徴について取り扱い，それを踏まえて経営と管理について取り扱う。

ウ 歯科技工における衛生管理

　ここでは，健康の定義について取り扱うとともに，感染症に触れ，歯科技工作業における感染症の予防対策についても取り扱う。

3 歯科理工学

　この科目は，歯科理工学に関する知識と技術を身に付け，歯科理工学に関する課題を発見し解決する力，歯科医療の発展に寄与する態度など，歯科技工の実践に必要な資質・能力を育成することを主眼としたものである。

　今回の改訂では，歯科医療や歯科技工の進展を踏まえ，従前の内容(4)歯科鋳造を指導項目の(4)成形法に改め，学習内容を整理し，改善を図った。

(1) 目標

1　目　標

　歯科技工の見方・考え方を働かせ，実践的・体験的な学習活動を行う
ことなどを通して，歯科技工の実践に必要な資質・能力を次のとおり育
成することを目指す。

(1) 歯科理工学に関する基礎的な知識について体系的・系統的に理解す
　るとともに，関連する技術を身に付けるようにする。

(2) 歯科理工学に関する課題を発見し，歯科技工の職業倫理を踏まえて
　合理的かつ創造的に解決する力を養う。

(3) 歯科理工学について，よりよい歯科技工の実践を目指して自ら学び，
　歯科医療の発展に主体的かつ協働的に取り組む態度を養う。

　この科目においては，歯科理工に関する知識と技術を身に付け，歯科理工に関
する課題を発見し，職業人として合理的かつ創造的に解決する力，人々の公衆衛
生の向上に主体的かつ協働的に参画し，寄与する態度を養うことをねらいとして
いる。

　目標の (1) については，歯科理工について基礎的な知識と技術を身に付けるよ
うにすることを意味している。

　目標の (2) については，歯科理工に関する課題を発見し，歯科技工に携わる者
として，科学的根拠に基づいて，創造的に解決する力を養うことを意味してい
る。

　目標の (3) については，職業人として必要な豊かな人間性を育み，よりよい歯
科技工の実践を目指して自ら学び，人々の公衆衛生の向上に主体的かつ協働的に
取り組む態度を養うことを意味している。

(2) 内容とその取扱い

①　内容の構成及び取扱い

　この科目は，目標に示す資質・能力を身に付けることができるよう，(1) 歯科
理工学概論，(2) 歯科技工材料，(3) 歯科技工用機器，(4) 成形法の四つの指導項
目で，7 単位以上履修されることを想定して内容を構成している。また，内容を
取り扱う際の配慮事項は次のように示している。

　(内容を取り扱う際の配慮事項)

3　内容の取扱い

(1) 内容を取り扱う際には，次の事項に配慮するものとする。

> ア　指導に当たっては，実験・実習を中心として取り扱うこと。
>
> イ　〔指導項目〕の(4)については，「歯科技工実習」と関連させて取り
> 　扱うこと。

　内容を取り扱う際は，この科目が歯科技工に必要な歯科理工学の基礎的知識と技術を身に付ける科目に位置付けられていることから，歯科技工に必要な歯科材料の基礎的な知識と，それに伴う機械・器具についての取扱い方法などの技術を習得し，応用する能力を養うよう内容を取り扱うことが大切である。

　アについては，歯科材料の性質と規格についての理解を図るため，実験・実習を多く取り入れ，材料を適正に扱うための能力を育成する。また，実験・実習を通して，精度の高い歯科技工物を作るための応用力を身に付けさせるように努める。

　イについては，成形法についての基本的な知識の理解を図るとともに，それに必要な器具と材料の取扱いについて，「歯科技工実習」との関連を図りつつ指導する。金属成形については，鋳造体の欠陥を考察して対策を講じたり，鋳造体の精度と適合の向上を目指して工夫したりする態度，能力を養うように留意する。

②　内容

> 2　内　容
> 　1に示す資質・能力を身に付けることができるよう，次の〔指導項目〕を指導する。

〔指導項目〕

> (1) 歯科理工学概論
> 　ア　歯科理工の目的と意義
> 　イ　歯科材料の性質

（内容の範囲や程度）

> (2) 内容の範囲や程度については，次の事項に配慮するものとする。
> 　ア　〔指導項目〕の(1)については，歯科材料の機械的性質，物理的性質
> 　　及び化学的性質，歯科材料と人体との関連，歯科材料の接着並びに歯
> 　　科材料規格などの基礎的な内容について取り扱うこと。

(1) 歯科理工学概論

　ここでは，科目の目標を踏まえ，歯科理工の目的と意義，歯科材料の性質など，歯科技工学の概要について理解し，関連する技術を身に付けることをねらいとしている。

　このねらいを実現するため，次の①から③までの事項を身に付けることができるよう，〔指導項目〕を指導する。

　①　歯科理工学の概要について理解し，関連する技術を身に付けること。

　②　歯科理工学について，基本的な課題を発見し，倫理観を踏まえて合理的かつ創造的に解決策を見いだすこと。

　③　歯科理工学について自ら学び，歯科技工の発展を図ることに主体的かつ協働的に取り組むこと。

ア　歯科理工の目的と意義

　ここでは，歯科医療での歯科理工学の果たすべき役割を取り上げ，その意義と目的について取り扱う。

イ　歯科材料の性質

　ここでは，歯科材料の性質，試験方法に関する基礎的な知識と技術を取り扱うとともに，歯科材料を正しく評価し使用できるようにする。また，歯科材料の物性を評価するため，歯科材料の規格や歯科理工実験機器を用いた適正な測定法についても取り扱う。

〔指導項目〕

> (2) 歯科技工材料
> 　ア　金属材料
> 　イ　高分子材料
> 　ウ　無機材料

（内容の範囲や程度）

> イ　〔指導項目〕の(2)及び(3)については，相互に関連させて取り扱い，実際的な知識と技術の習得を図ること。

(2) 歯科技工材料

　ここでは，科目の目標を踏まえ，歯科技工で用いる歯科技工材料に関する知識と技術を身に付けることをねらいとしている。

　このねらいを実現するため，次の①から③までの事項を身に付けることができ

るよう，〔指導項目〕を指導する。

① 歯科技工材料について理解し，関連する技術を身に付けること。

② 歯科技工材料について，基本的な課題を発見し，倫理観を踏まえて合理的かつ創造的に解決策を見いだすこと。

③ 歯科技工材料について自ら学び，歯科技工の発展を図ることに主体的かつ協働的に取り組むこと。

ア　金属材料

ここでは，金属と歯科用合金の種類と性質について取り扱う。

イ　高分子材料

ここでは，歯科用高分子材料の種類と性質について取り扱う。

ウ　無機材料

ここでは，歯科用無機材料の種類と性質について取り扱う。

〔指導項目〕

(3) 歯科技工用機器
　　ア　切削機器
　　イ　研磨機器
　　ウ　歯科技工関連機器

（内容の範囲や程度）

イ　〔指導項目〕の(2)及び(3)については，相互に関連させて取り扱い，実際的な知識と技術の習得を図ること。

(3) 歯科技工用機器

ここでは，科目の目標を踏まえ，歯科技工用の機械及び器具の種類とその適正な取扱いについて理解し，関連する技術を身に付けることをねらいとしている。

このねらいを実現するため，次の①から③までの事項を身に付けることができるよう，〔指導項目〕を指導する。

① 歯科技工用機器について理解し，関連する技術を身に付けること。

② 歯科技工用機器について，基本的な課題を発見し，倫理観を踏まえて合理的かつ創造的に解決策を見いだすこと。

③ 歯科技工用機器について自ら学び，歯科技工の発展を図ることに主体的かつ協働的に取り組むこと。

ア 切削機器

　ここでは切削の理論について取り扱う。使用される切削機器の種類と性質についても取り扱い，それらを応用できる能力を養うようにする。また，粉塵などの労働衛生上の問題を取り上げ，防塵対策と関連付けながら取り扱う。

イ 研磨機器

　ここでは，研磨の理論について取り扱う。使用される研磨機器の種類と性質についても取り扱い，それらを応用できる能力を養うようにする。また，粉塵などの労働衛生上の問題を取り上げ，防塵対策と関連付けながら取り扱う。物理的研磨と化学的研磨についても触れる。

ウ 歯科技工関連機器

　ここでは，歯科技工関連機器の種類と性質について取り扱い，それらを応用できる能力を養うようにする。必要に応じて最新の歯科技工機器についても触れるようにする。

〔指導項目〕

---

(4) 成形法
　　ア　レジン成形
　　イ　セラミック成形
　　ウ　金属成形

（内容の範囲や程度）

ウ 〔指導項目〕の(4)については，レジン材料，セラミック材料及び金属
　材料の成形法の概要について取り扱うこと。

---

(4) 成形法

　ここでは，科目の目標を踏まえ歯科技工材料の成形法についての基礎的な知識を理解するととともに，それに必要な器具と材料の取扱いについて理解し，歯科材料を使用できる技術を身に付けることをねらいとしている。

　このねらいを実現するため，次の①から③までの事項を身に付けることができるよう，〔指導項目〕を指導する。

　①　成形法について理解し，関連する技術を身に付けること。

　②　成形法について，基本的な課題を発見し，倫理観を踏まえて合理的かつ創
　　造的に解決策を見いだすこと。

　③　成形法について自ら学び，歯科技工の発展を図ることに主体的かつ協働的

に取り組むこと。

ア　レジン成形

　ここでは，義歯床用レジンの重合法と重合反応および成形法について取り扱う。歯冠硬質レジンについては金属との接着の原理と方法についても取り扱う。

イ　セラミック成形

　ここでは，金属焼付用陶材，オールセラミッククラウン用陶材，ジルコニアの成形法について取り扱う。また，金属焼付用陶材については，金属との結合についても取り扱う。

ウ　金属成形

　ここでは，金属の融解，融解した金属の流動性，金属の凝固，結晶粒と結晶粒界，金属の鋳造収縮と補正，鋳造体の内部応力，鋳造の過程，鋳造体の欠陥とその対策について取り扱う。歯科鋳造で使用する材料としては，埋没材（鋳型材），ライニング材，界面活性剤について取り扱う。器具については，鋳造用合金の融解方法と使用機器，鋳造方法と使用機器について触れる。また，鋳造体の精度と適合に影響を及ぼす因子について取り扱う。

4　歯の解剖学

　この科目は，歯の解剖学に関する知識及び技術を身に付け，歯の解剖学に関する課題を発見し解決する力，歯科医療の発展に寄与する態度など，歯科技工の実践に必要な資質・能力を育成することを主眼としたものである。

　今回の改訂では，歯科医療や歯科技工の進展を踏まえ，指導項目の (1) 口腔解剖と (2) 歯の解剖について学習内容を整理し，改善を図った。

(1) 目標

　1　目　標

　　歯科技工の見方・考え方を働かせ，実践的・体験的な学習活動を行うことなどを通して，歯科技工の実践に必要な資質・能力を次のとおり育成することを目指す。

　(1) 歯の解剖学に関する基礎的な知識について体系的・系統的に理解するとともに，関連する技術を身に付けるようにする。

　(2) 歯の解剖学に関する課題を発見し，歯科技工の職業倫理を踏まえて合理的かつ創造的に解決する力を養う。

　(3) 歯の解剖学について，よりよい歯科技工の実践を目指して自ら学び，歯科医療の発展に主体的かつ協働的に取り組む態度を養う。

この科目においては，歯の解剖に関する知識と技術を身に付け，歯の解剖に関する課題を発見し，職業人として合理的かつ創造的に解決する力，人々の公衆衛生の向上に主体的かつ協働的に参画し，寄与する態度を養うことをねらいとしている。

　目標の(1)については，歯の解剖学に関する基礎的な知識と技術を身に付けるようにすることを意味している。

　目標の(2)については，歯の解剖学に関する課題を発見し，歯科技工に携わる者として，科学的根拠に基づいて，創造的に解決する力を養うことを意味している。

　目標の(3)については，職業人として必要な豊かな人間性を育み，よりよい歯科技工の実践を目指して自ら学び，人々の公衆衛生の向上に主体的かつ協働的に取り組む態度を養うことを意味している。

(2) 内容とその取扱い

① 内容の構成及び取扱い

　この科目は，目標に示す資質・能力を身に付けることができるよう，(1)口腔解剖，(2)歯の解剖の二つの指導項目で，5単位以上履修されることを想定して内容を構成している。また，内容を取り扱う際の配慮事項は次のように示している。

（内容を取り扱う際の配慮事項）

　3　内容の取扱い
　(1) 内容を取り扱う際には，次の事項に配慮するものとする。
　　ア　〔指導項目〕の(1)及び(2)については，「歯科技工実習」の2の〔指導項目〕の(1)及び(2)よりも先行して履修できるようにすること。
　　イ　指導に当たっては「顎口腔機能学」との関連を図り，口腔及び歯の解剖について総合的に理解させるよう留意すること。

　内容を取り扱う際は，この科目が歯科技工に必要な歯と口腔の解剖について基礎的な知識と技術を身に付けるための科目として位置付けられていることから，歯の形態と構造を正しく理解し，口腔における歯の総合的機能について，その重要性を認識するとともに，歯の形態を各種素材に正しく彫塑する技術を身に付けるよう指導することが大切である。

　アについては，歯科技工に関する教科の基礎的な内容が盛り込まれこまれていることから〔指導項目〕の(1)及び(2)については，「有床義歯技工学」，「歯冠修

復技工学」及び「歯科技工実習」の２の〔指導項目〕の(1)及び(2)よりも先行して履修できるようにする。

　イについては，口腔解剖と歯の解剖全般にわたる知識を習得し，それに基づいて正しい歯の形態を再現する技術を養うよう配慮して指導する。特に，解剖学用語を理解するともに，その用語を実態の場面で活用する態度を培うようにする。その際，解剖学に関して学習したことを，「顎口腔機能学」の学習において，更に具体的に学習できるように指導上配慮する必要がある。

② 内容

> 2　内　容
> 　1に示す資質・能力を身に付けることができるよう，次の〔指導項目〕を指導する。

（指導項目）

> (1) 口腔解剖
> 　ア　頭蓋の骨
> 　イ　口腔周囲の筋
> 　ウ　顎関節と口腔

（内容の範囲や程度）

> (2) 内容の範囲や程度については，次の事項に配慮するものとする。
> 　ア　〔指導項目〕の(1)については，口腔及び口腔周囲の概要について取り扱うこと。

(1) 口腔解剖

　ここでは，科目の目標を踏まえ，口腔周囲の骨及び筋，顎関節について，その作用や機能についての知識を習得し，歯科技工を適切に行う能力と態度を身に付けることをねらいとしている。

　このねらいを実現するため，次の①から③までの事項を身に付けることができるよう，〔指導項目〕を指導する。

　①　口腔解剖について理解し，関連する技術を身に付けること。

　②　口腔解剖について，基本的な課題を発見し，倫理観を踏まえて合理的かつ創造的に解決策を見いだすこと。

③　口腔解剖について自ら学び，歯科技工の発展を図ることに主体的かつ協働的に取り組むこと。

ア　頭蓋の骨

ここでは，頭蓋各部の名称，構成について取り扱う。特に，口腔機能に関わる骨について重点的に取り扱う。

イ　口腔周囲の筋

ここでは，各部の名称，構成について取り扱う。特に，口腔周囲の筋の役割や機能については，歯科技工との関係に留意して取り扱う。

ウ　顎関節と口腔

ここでは，各部の名称，構成について取り扱う。特に，顎関節の作用と咀嚼運動との関係については，口腔周辺の役割が重要であることから，口腔の名称及び形態，口腔を形成する顎関節，舌，唾液腺等についての理解を図るよう取り扱う。

〔指導項目〕

---

(2)　歯の解剖
　　ア　歯の概説
　　イ　永久歯の形態
　　ウ　歯の発生
　　エ　歯と歯周組織
　　オ　歯列弓と上下顎の位置関係

（内容の範囲や程度）

イ　〔指導項目〕の(2)については，歯や歯周組織の形態と構造及び機能について取り扱うこと。

---

(2)　歯の解剖

ここでは，科目の目標を踏まえ，歯の機能や形態及び組成について理解し，歯科技工を適切に行う能力と態度を育てることをねらいとしている。

このねらいを実現するため，次の①から③までの事項を身に付けることができるよう，〔指導項目〕を指導する。

①　歯の解剖について理解し，関連する技術を身に付けること。

②　歯の解剖について，基本的な課題を発見し，倫理観を踏まえて合理的かつ創造的に解決策を見いだすこと。

③　歯の解剖について自ら学び，歯科技工の発展を図ることに主体的かつ協働的に取り組むこと。

ア　歯の概説

　ここでは，歯に関する一般的な知識について取り扱うとともに，天然歯の観察を取り入れるなどしてその形態を正しく理解するよう取り扱う。

イ　永久歯の形態

　ここでは，切歯，犬歯，小臼歯，大臼歯の種類及び各部の名称を取り扱うとともに，見本模型や天然歯の観察によって，それぞれの解剖学的形態とその機能及び形態の特徴等について取り扱う。その際，分類，形態，色調，構造等の特徴について，乳歯と永久歯を比較しながら取り扱う。

ウ　歯の発生

　ここでは，歯の発生，発育及び交換の過程を取り扱うとともに，歯の組織の基本的構造について取り扱う。

エ　歯と歯周組織

　ここでは，歯の重要性について取り扱うとともに，歯の機能，歯の組織，歯周組織に係る各部の名称と構成について取り扱う。

オ　歯列弓と上下顎の位置関係

　ここでは，正常な歯を取り上げ，その形態や数，大きさ，機能，咬合の種類，歯の位置関係及び歯列弓の形態について取り扱う。そして，歯の数，形態，色など，歯の異常についても取り扱う。

5　顎口腔機能学

　この科目は，顎口腔機能学に関する知識及び技術を身に付け，顎口腔機能学に関する課題を発見し解決する力，歯科医療の発展に寄与する態度など，歯科技工の実践に必要な資質・能力を育成することを主眼としたものである。

　今回の改訂では，歯科医療や歯科技工の進展を踏まえ，従前の内容の(2)下顎運動と咬合を指導項目の(2)下顎位と下顎運動に改め，学習内容を整理した。また，指導項目の(3)咬合器についても学習内容を整理し，新たに(4)咬合検査と顎機能障害を設け，改善を図った。

(1) 目標

　１　目　標

　　歯科技工の見方・考え方を働かせ，実践的・体験的な学習活動を行うことなどを通して，歯科技工の実践に必要な資質・能力を次のとおり育成することを目指す。

---

(1) 顎口腔機能学に関する基礎的な知識について体系的・系統的に理解
するとともに，関連する技術を身に付けるようにする。
(2) 顎口腔機能学に関する課題を発見し，歯科技工の職業倫理を踏まえ
て合理的かつ創造的に解決する力を養う。
(3) 顎口腔機能学について，よりよい歯科技工の実践を目指して自ら学
び，歯科医療の発展に主体的かつ協働的に取り組む態度を養う。

この科目においては，顎口腔機能学に関する知識と技術を身に付け，顎口腔機
能に関する課題を発見し，職業人として合理的かつ創造的に解決する力，人々の
公衆衛生の向上に主体的かつ協働的に参画し寄与する態度を養うことをねらいと
している。

目標の (1) については，顎口腔機能の基礎的な知識と技術を身に付けるように
することを意味している。

目標の (2) については，顎口腔機能に関する課題を発見し，歯科技工に携わる
者として，科学的根拠に基づいて，創造的に解決する力を養うことを意味してい
る。

目標の (3) については，職業人として必要な豊かな人間性を育み，よりよい歯
科技工の実践を目指して自ら学び，人々の公衆衛生の向上に主体的かつ協働的に
取り組む態度を養うことを意味している。

(2) 内容とその取扱い

① 内容の構成及び取扱い

この科目は，目標に示す資質・能力を身に付けることができるよう，(1)顎口
腔系の概論，(2)下顎位と下顎運動，(3)咬合器，(4)咬合検査と顎機能障害の四
つの指導項目で，2単位以上履修されることを想定して内容を構成している。ま
た，内容を取り扱う際の配慮事項は次のように示している。

（内容を取り扱う際の配慮事項）

3　内容の取扱い
(1) 内容を取り扱う際には，次の事項に配慮するものとする。
ア 〔指導項目〕の (1) から (3) までについては，「歯科技工実習」の 2
の〔指導項目〕の (1) 及び (2) よりも先行して履修できるようにする
こと。

内容を取り扱う際は，この科目が歯科技工に必要な顎口腔系の形態と機能や咬
合器に関する知識と技術を身に付ける科目と位置付けられていることから，単に

231

咬合器の取扱い方を習得するために，顎口腔系について理解するだけでなく，生体の一部をなす技工物を製作するという観点から顎口腔系の機能について理解するよう配慮して指導することが大切である。

アについては，歯科技工に関する教科の基礎的な内容が盛り込まれていることから，〔指導項目〕の(1)から(3)までについては，「有床義歯技工学」，「歯冠修復技工学」及び「歯科技工実習」の2の〔指導項目〕の(1)及び(2)よりも先行して履修できるようにし，当該科目の授業が円滑に行えるよう配慮する必要がある。

② 内容

> 2 内 容
> 1に示す資質・能力を身に付けることができるよう，次の〔指導項目〕を指導する。

〔指導項目〕

> (1) 顎口腔系の概論
> ア 顎口腔系の構造と機能

(内容の範囲や程度)

> (2) 内容の範囲や程度については，次の事項に配慮するものとする。
> ア 〔指導項目〕の(1)については，顎口腔系器官の機能を，その構造と関連させながら取り扱うこと。

(1) 顎口腔系の概論

ここでは，科目の目標を踏まえ，顎口腔系の構造と機能などについて理解し，関連する技術を身に付けることをねらいとしている。

このねらいを実現するため，次の①から③までの事項を身に付けることができるよう，〔指導項目〕を指導する。
① 顎口腔系の概論について理解し，関連する技術を身に付けること。
② 顎口腔系の概論について，基本的な課題を発見し，倫理観を踏まえて合理的かつ創造的に解決策を見いだすこと。
③ 顎口腔系の概論について自ら学び，歯科技工の発展を図ることに主体的かつ協働的に取り組むこと。

ア　顎口腔系の構造と機能

　ここでは，顎口腔系の役割，顎口腔系の形態や機能と歯科技工との関係について取り扱う。顎口腔系の機能については咀嚼，嚥下，発音，表情について取り扱い，形態については歯と歯列，顎口腔系を構成する骨，顎口腔系を構成する筋，顎関節について，それぞれ取り扱う。その際，顎口腔系の形態や機能が，食事やコミュニケーションなど日常生活に影響を及ぼしていることにも触れる。

〔指導項目〕

---

(2)　下顎位と下顎運動
　　ア　下顎位
　　イ　下顎運動
　　ウ　咬合様式

（内容の範囲や程度）

イ　〔指導項目〕の(2)については，各種の咬合様式等に関して，歯の接触関係を中心に取り扱うこと。

---

(2)　下顎位と下顎運動

　ここでは，科目の目標を踏まえ，顎運動に関する基本的な知識と技術を身に付けることをねらいとしている。

　このねらいを実現するため，次の①から③までの事項を身に付けることができるよう，〔指導項目〕を指導する。

　①　下顎位と下顎運動について理解し，関連する技術を身に付けること。

　②　下顎位と下顎運動について，基本的な課題を発見し，倫理観を踏まえて合理的かつ創造的に解決策を見いだすこと。

　③　下顎位と下顎運動について自ら学び，歯科技工の発展を図ることに主体的かつ協働的に取り組むこと。

ア　下顎位

　ここでは，咬頭嵌合位（中心咬合位），顆頭安定位，下顎安静位，偏心位について取り扱う。

イ　下顎運動

　ここでは，下顎の限界運動，下顎の基本運動，機能運動について取り扱う。

ウ　咬合様式

　ここでは，咬頭嵌合位における咬合接触と偏心位における咬合接触（咬合様

式）及び咬合干渉について取り扱う。

〔指導項目〕

> (3) 咬合器
>   ア　咬合器の機能と分類
>   イ　咬合器の扱い方

（内容の範囲や程度）

> ウ　〔指導項目〕の(3)のイについては，平均値咬合器と半調節性咬合器の
> 取り扱い方に重点を置いて指導し，全調節性咬合器については，その概
> 略を理解させること。

(3) 咬合器

　ここでは科目の目標を踏まえ咬合器の機能と扱い方などの知識と技術を身に付けることをねらいとしている。

　このねらいを実現するため，次の①から③までの事項を身に付けることができるよう，〔指導項目〕を指導する。

① 咬合器の機能と扱い方などを理解し，関連する技術を身に付けること。

② 咬合器について，基本的な課題を発見し，倫理観を踏まえて合理的かつ創造的に解決策を見いだすこと。

③ 咬合器について自ら学び，歯科技工の発展を図ることに主体的かつ協働的に取り組むこと。

ア　咬合器の機能と分類

　ここでは，解剖学的咬合器と非解剖学的咬合器について取り扱う。解剖学的咬合器においては，調節性による分類，構造による分類について取り扱う。

イ　咬合器の扱い方

　ここでは，咬合器の取扱いのうち，平均値咬合器と半調節性咬合器に重点を置いて取り扱い，的確な取扱い方が身に付くようにする。平均値咬合器では，平均値の意味と使用手順について取り扱う。半調節咬合器では，咬合器の顎運動の再現原理と使用手順について取り扱う。全調節性咬合器については，全調節性咬合器の再現方法について触れる。

〔指導項目〕

> (4) 咬合検査と顎機能障害
> ア　咬合検査と顎機能障害

(4) 咬合検査と顎機能障害

　ここでは，科目の目標を踏まえ，咬合検査，顎口腔機能障害とその対応について理解し，関連する技術を身に付けることをねらいとしている。

　このねらいを実現するため，次の①から③までの事項を身に付けることができるよう，〔指導項目〕を指導する。

　①　咬合検査と顎機能障害について理解し，関連する技術を身に付けること。

　②　咬合検査と顎機能障害について，基本的な課題を発見し，倫理観を踏まえて合理的かつ創造的に解決策を見いだすこと。

　③　咬合検査と顎機能障害について自ら学び，歯科技工の発展を図ることに主体的かつ協働的に取り組むこと。

ア　咬合検査と顎機能障害

　ここでは，咬合検査について検査法の種類とその概要について取り扱う。顎機能障害については，その概要とスプリントの製作法について取り扱う。

6　有床義歯技工学

　この科目は，有床義歯技工学に関する知識及び技術を身に付け，有床義歯技工学に関する課題を発見し解決する力，歯科医療の発展に寄与する態度など，歯科技工の実践に必要な資質・能力を育成することを主眼としたものである。指導項目などについては，従前どおりに示している。

(1) 目標

> 1　目　標
> 　歯科技工の見方・考え方を働かせ，実践的・体験的な学習活動を行うことなどを通して，歯科技工の実践に必要な資質・能力を次のとおり育成することを目指す。
> (1) 有床義歯技工学に関する基礎的な知識について体系的・系統的に理解するとともに，関連する技術を身に付けるようにする。
> (2) 有床義歯技工学に関する課題を発見し，歯科技工の職業倫理を踏まえて合理的かつ創造的に解決する力を養う。
> (3) 有床義歯技工学について，よりよい歯科技工の実践を目指して自ら

学び，歯科医療の発展に主体的かつ協働的に取り組む態度を養う。

　この科目においては，有床義歯技工学に関する知識と技術を身に付け，有床義歯技工に関する課題を発見し，職業人として合理的かつ創造的に解決する力，人々の公衆衛生の向上に主体的かつ協働的に参画し寄与する態度を養うことをねらいとしている。

　目標の(1)については，有床義歯技工学の基礎的な知識と技術を身に付けるようにすることを意味している。

　目標の(2)については，有床義歯技工学に関する課題を発見し，歯科技工に携わる者として，科学的根拠に基づいて，創造的に解決する力を養うことを意味している。

　目標の(3)については，職業人として必要な豊かな人間性を育み，よりよい歯科技工の実践を目指して自ら学び，人々の公衆衛生の向上に主体的かつ協働的に取り組む態度を養うことを意味している。

(2) 内容とその取扱い
① 内容の構成及び取扱い

　この科目は，目標に示す資質・能力を身に付けることができるよう，(1)有床義歯技工学総論，(2)全部床義歯技工学，(3)部分床義歯技工学の三つの指導項目で，12単位以上履修されることを想定して内容を構成している。また，内容を取り扱う際の配慮事項は次のように示している。

　(内容を取り扱う際の配慮事項)

3　内容の取扱い
　(1) 内容を取り扱う際には，次の事項に配慮するものとする。
　　ア　指導に当たっては，「歯の解剖学」及び「顎口腔機能学」との関連を図り，症例実習を中心にして基礎的な知識と技術の習得を図ること。
　　イ　有床義歯の製作の指導に当たっては，機能的回復と審美的回復に必要な知識の習得に努めるようにすること。

　内容を取り扱う際は，この科目が有床義歯技工に関する基礎的な知識と技術を習得するための科目と位置付けられていることから，患者の口腔内の様子を把握させ，診療行為と関連させながら指導するよう配慮することが大切である。

　アについては，歯の機能と形態の指導に当たっては「顎口腔機能学」，「歯の解剖学」と関連付けて取り扱い，個々の患者の下顎運動に合致した義歯製作の理解

を深めるようにする。

　イについては，機能的回復のための条件について取り扱うとともに，個性にマッチした審美的回復についての理解を深めるよう取り扱う。

②　内容

```
2　内　容
　　1に示す資質・能力を身に付けることができるよう，次の〔指導項目〕
を指導する。
```

〔指導項目〕

```
(1)　有床義歯技工学総論
　ア　有床義歯技工学概説
　イ　有床義歯技工に関連のある生体についての基礎知識
```

(1) 有床義歯技工学総論

　ここでは，科目の目標を踏まえ，有床義歯技工学と関連のある生体についての知識と技術を身に付け，その健康増進に寄与する意識を高めることをねらいとしている。

　このねらいを実現するため，次の①から③までの事項を身に付けることができるよう，〔指導項目〕を指導する。

①　有床義歯技工学について理解すること。

②　有床義歯技工学について，基本的な課題を発見し，倫理観を踏まえて合理的かつ創造的に解決策を見いだすこと。

③　有床義歯技工学について自ら学び，歯科技工の発展を図ることに主体的かつ協働的に取り組むこと。

ア　有床義歯技工学概説

　ここでは，有床義歯技工学の意義と目的，有床義歯の種類，固定性補綴物との相違について取り扱う。

イ　有床義歯技工に関連のある生体についての基礎知識

　ここでは，顎口腔に関連する基礎的な知識について取り扱う。その際，「顎口腔機能学」との関連に十分配慮するとともに，咀嚼機能についての理解を深めるように取り扱う。

〔指導項目〕

> (2) 全部床義歯技工学
> ア　全部床義歯の構成要素，分類
> イ　全部床義歯の製作

（内容の範囲や程度）

> (2) 内容の範囲や程度については，次の事項に配慮するものとする。
> ア　〔指導項目〕の(2)については，顎口腔を取り巻く骨，筋肉などの形態的特徴や機能的特徴について，咬合器と関連させながら取り扱うこと。

(2) 全部床義歯技工学

　ここでは，科目の目標を踏まえ，全部床義歯に関する基礎的な知識と技術を身に付けることをねらいとしている。

　このねらいを実現するため，次の①から③までの事項を身に付けることができるよう，〔指導項目〕を指導する。

① 全部床義歯技工学について理解し，関連する技術を身に付けること。

② 全部床義歯技工学について，基本的な課題を発見し，倫理観を踏まえて合理的かつ創造的に解決策を見いだすこと。

③ 全部床義歯技工学について自ら学び，歯科技工の発展を図ることに主体的かつ協働的に取り組むこと。

ア　全部床義歯の構成要素，分類

　ここでは全部床義歯の種類と目的について取り扱い，診療行為の意義についての理解を促す。また，全部床義歯の構成要素について取り扱い，特に，床の役割については重点的に取り扱う。

イ　全部床義歯の製作

　ここでは，全部床義歯の製作手順とその技術について，理工学理論に基づいた習得が図られるよう取り扱う。また，診療行為と技工操作の関連についても取り扱い，よりよい補綴物の製作ができるように指導する。特に，人工歯排列においては，全部床義歯に与える咬合様式が，有歯顎のそれとは大きく異なることに十分配慮して製作に当たるよう取り扱う。

〔指導項目〕

> (3) 部分床義歯技工学
>   ア　部分床義歯の構成要素，分類
>   イ　部分床義歯の製作

（内容の範囲や程度）

> イ　〔指導項目〕の(3)については，残存歯との調和に配慮した人工歯排列
>   及び咬合調整に重点を置いて取り扱うこと。

(3) 部分床義歯技工学

　ここでは，科目の目標を踏まえ，部分床義歯技工学に関する知識と適切な技工操作を行う技術を身に付けることをねらいとしている。

　このねらいを実現するため，次の①から③までの事項を身に付けることができるよう，〔指導項目〕を指導する。

①　部分床義歯技工について理解し，関連する技術を身に付けること。

②　部分床義歯技工について，基本的な課題を発見し，倫理観を踏まえて合理的かつ創造的に解決策を見いだすこと。

③　部分床義歯技工について自ら学び，歯科技工の発展を図ることに主体的かつ協働的に取り組むこと。

ア　部分床義歯の構成要素，分類

　ここでは，部分床義歯の目的，分類，構成について取り扱う。歯が一部欠損している患者の咀嚼機能，審美性の回復及び残存歯，顎堤，顎関節などの関連組織を保護し，正常に回復された口腔状態を永続させることが部分床義歯の目的である。また，分類については，残存歯又は欠損部の分布状態による分類，咀嚼圧の支持域による分類，義歯の維持装置の位置による分類，義歯の目的別による分類に触れる。構成については，維持装置，連結装置，義歯床，人工歯について取り扱う。

　また，支台装置及び連結装置の種類と特徴について取り扱うとともに，部分床義歯装着における為害作用について理解を深めるよう取り扱う。

イ　部分床義歯の製作

　ここでは，支台装置及び連結装置の基本的な製作法について取り扱う。また，人工歯排列，義歯床については，全部床義歯との違いを理解しながら製作できるよう関連付けて取り扱う。

239

7 歯冠修復技工学

　この科目は，歯冠修復技工学に関する知識及び技術を身に付け，歯冠修復技工学に関する課題を発見し解決する力，歯科医療の発展に寄与する態度など，歯科技工の実践に必要な資質・能力を育成することを主眼としたものである。

　今回の改訂では，歯科医療や歯科技工の進展を踏まえ，従前の内容の五つの項目を統合整理し，五つの指導項目として学習内容を整理し，改善を図った。

(1) 目標

> 1　目　標
> 　歯科技工の見方・考え方を働かせ，実践的・体験的な学習活動を行うことなどを通して，歯科技工の実践に必要な資質・能力を次のとおり育成することを目指す。
> (1) 歯冠修復技工学に関する基礎的な知識について体系的・系統的に理解するとともに，関連する技術を身に付けるようにする。
> (2) 歯冠修復技工学に関する課題を発見し，歯科技工の職業倫理を踏まえて合理的かつ創造的に解決する力を養う。
> (3) 歯冠修復技工学について，よりよい歯科技工の実践を目指して自ら学び，歯科医療の発展に主体的かつ協働的に取り組む態度を養う。

　この科目においては，歯冠修復技工学に関する知識と技術を身に付け，歯冠修復技工に関する課題を発見し，職業人として合理的かつ創造的に解決する力，人々の公衆衛生の向上に主体的かつ協働的に参画し寄与する態度を養うことをねらいとしている。

　目標の(1)については，歯冠修復技工の基礎的な知識と技術を身に付けるようにすることを意味している。

　目標の(2)については，歯冠修復技工に関する課題を発見し，歯科技工に携わる者として，科学的根拠に基づいて，創造的に解決する力を養うことを意味している。

　目標の(3)については，職業人として必要な豊かな人間性を育み，よりよい歯科技工の実践を目指して自ら学び，人々の公衆衛生の向上に主体的かつ協働的に取り組む態度を養うことを意味している。

(2) 内容とその取扱い
① 内容の構成及び取扱い

　この科目は，目標に示す資質・能力を身に付けることができるよう，(1)歯冠

修復技工学概論，(2) 部分被覆冠，(3) 全部被覆冠，(4) ブリッジ，(5) インプラントの五つの指導項目で，13単位以上履修されることを想定して内容を構成している。また，内容を取り扱う際の配慮事項は次のように示している。

（内容を取り扱う際の配慮事項）

3　内容の取扱い

(1) 内容を取り扱う際には，次の事項に配慮するものとする。

ア　「歯の解剖学」，「顎口腔機能学」及び「有床義歯技工学」と関連を図り，症例実習を中心にして基礎的な知識と技術の習得を図ること。

イ　〔指導項目〕の (3) 及び (4) については，歯冠修復技工学の中心となる分野であることから，他の分野と関連させながら，的確な理解を深めるよう留意すること。

　内容を取り扱う際は，この科目が歯冠修復技工に関する基礎的な知識と技術を習得するための科目として位置付けられていることから「歯の解剖学」，「顎口腔機能学」等の知識を活用して，歯冠の部分的欠損又は歯の欠損に対し，歯の機能と審美を回復させるための歯冠修復物を製作するために必要な知識と基本的な技術の習得を図ることが大切である。

　アについては，「歯の解剖学」，「顎口腔機能学」及び「有床義歯技工学」との関連に十分配慮するとともに，生体の一部分を修復するということから，術式だけにこだわらないように留意して取り扱うことが大切である。

　イについては，歯冠修復技工学の中心となる分野として，一連の製作方法を細かく指導し，他の分野との関連に留意しながら取り扱うことが大切である。

② 内容

2　内　容

　1に示す資質・能力を身に付けることができるよう，次の〔指導項目〕を指導する。

〔指導項目〕

---

(1) 歯冠修復技工学概論

ア　歯冠修復技工の目的と意義

イ　印象採得と作業模型

ウ　咬合採得と咬合器

---

(1) 歯冠修復技工学概論

　ここでは，科目の目標を踏まえ，歯冠修復技工の目的と意義，歯冠修復物製作における一連の操作などについて理解し，関連する技術を身に付けることをねらいとしている。

　このねらいを実現するため，次の①から③までの事項を身に付けることができるよう，〔指導項目〕を指導する。

　①　歯冠修復技工学について理解し，関連する技術を身に付けること。

　②　歯冠修復技工学について，基本的な課題を発見し，倫理観を踏まえて合理的かつ創造的に解決策を見いだすこと。

　③　歯冠修復技工学について自ら学び，歯科技工の発展を図ることに主体的かつ協働的に取り組むこと。

ア　歯冠修復技工の目的と意義

　ここでは，歯冠修復技工の目的と意義について取り扱う。顎口腔系の特徴と修復物によって回復されるべき顎口腔系の主な機能について取り扱う。

イ　印象採得と作業模型

　ここでは，歯冠修復物の製作に当たって用いられる印象材の種類を取り上げ，精密印象の意義と取扱いについて取り扱う。また，間接法における歯冠修復物製作のための作業模型の目的と意義について取り扱い，その精度と取扱いについての理解を深める。

ウ　咬合採得と咬合器

　ここでは，上下歯列の咬合関係を記録するための咬合採得について取り扱い，それぞれの歯冠修復物の製作に適した咬合器の選択について取り扱う。

〔指導項目〕

---

(2) 部分被覆冠
　　ア　部分被覆冠の概要と種類
　　イ　部分被覆冠の製作法

---

(2) 部分被覆冠

　ここでは，科目の目標を踏まえ，部分被覆冠の概要や製作方法などについて理解し，関連する技術を身に付けることをねらいとしている。

　このねらいを実現するため，次の①から③までの事項を身に付けることができるよう，〔指導項目〕を指導する。

　①　部分被覆冠について理解し，関連する技術を身に付けること。

② 部分被覆冠について，基本的な課題を発見し，倫理観を踏まえて合理的か
つ創造的に解決策を見いだすこと。

③ 部分被覆冠について自ら学び，歯科技工の発展を図ることに主体的かつ協
働的に取り組むこと。

ア 部分被覆冠の概要と種類

ここでは，部分被覆冠の意義と特徴と，咀嚼その他の生理的機能の回復につ
いて取り扱う。インレーについては，窩洞形態の種類と意義，構成について取り
扱う。

イ 部分被覆冠の製作法

ここでは，メタルインレーを中心に，その製作方法についての知識と基本的な
技術について取り扱う。

〔指導項目〕

---

(3) 全部被覆冠
 ア 全部被覆冠の概要と種類
 イ 全部金属冠の製作法
 ウ 前装冠の製作法

---

(3) 全部被覆冠

ここでは，科目の目標を踏まえ，全部被覆冠の概要と製作方法などを理解し，
関連する技術を身に付けることをねらいとしている。

このねらいを実現するため，次の①から③までの事項を身に付けることができ
るよう，〔指導項目〕を指導する。

① 全部被覆冠について理解し，関連する技術を身に付けること。

② 全部被覆冠について，基本的な課題を発見し，倫理観を踏まえて合理的か
つ創造的に解決策を見いだすこと。

③ 全部被覆冠について自ら学び，歯科技工の発展を図ることに主体的かつ協
働的に取り組むこと。

ア 全部被覆冠の概要と種類

ここでは，全部被覆冠の意義と特徴，咀嚼その他の生理的機能の回復につい
て取り扱う。

イ 全部金属冠の製作法

ここでは，全部金属冠の製作手順について，診療行為と技工操作の関連につい
ての理解を図りながら，よりよい補綴物の製作ができるよう取り扱う。特に，全
部金属冠はブリッジ及びその他の歯冠修復物の基礎となるので，その意義と製作

法については重点的に取り扱う。

ウ　前装冠の製作法

　ここでは，前装金属冠の種類と意義，構成，製作方法等について取り扱う。さらに，前歯部の審美補綴に位置する分野として，一連の製作方法について細かく取り扱う。

〔指導項目〕

---

(4) ブリッジ
　ア　ブリッジの概要と種類
　イ　支台装置の種類
　ウ　ポンティックの種類と特徴
　エ　連結部の種類と特徴

---

(4) ブリッジ

　ここでは，科目の目標を踏まえ，ブリッジの概要と製作方法などを理解し，関連する技術を身に付けることをねらいとしている。

　このねらいを実現するため，次の①から③までの事項を身に付けることができるよう，〔指導項目〕を指導する。

　①　ブリッジについて理解し，関連する技術を身に付けること。

　②　ブリッジについて，基本的な課題を発見し，倫理観を踏まえて合理的かつ創造的に解決策を見いだすこと。

　③　ブリッジについて自ら学び，歯科技工の発展を図ることに主体的かつ協働的に取り組むこと。

ア　ブリッジの概要と種類

　ここでは，ブリッジの意義と特徴，咀嚼その他の生理的機能の回復について取り扱う。

イ　支台装置の種類

　ここでは，ブリッジの支台装置の種類と適応用途について取り扱う。

ウ　ポンティックの種類と特徴

　ここでは，ブリッジのポンティックに必要な要件，種類と形態及び適応用途について取り扱う。

エ　連結部の種類と特徴

　ここでは，連結部の種類と特徴に触れるとともに，固定性ブリッジ，半固定性ブリッジ，可撤性ブリッジの相違点と臨床的な適応症について取り扱う。

〔指導項目〕

> (5) インプラント
>   ア　インプラントの概要と種類
>   イ　インプラントを用いた治療の流れ

（内容の範囲や程度）

> (2) 内容の範囲や程度については，次の事項に配慮するものとする。
>   ア　〔指導項目〕の(5)については，インプラント治療の概要とインプラント上部構造の製作法を取り扱うこと。

(5) インプラント

　ここでは，科目の目標を踏まえ，インプラントを用いた歯科治療と歯科技工との関わりについて理解し，関連する技術を身に付け，インプラント治療における歯科医師と歯科技工士との連携の重要性を認識することをねらいとしている。

　このねらいを実現するため，次の①から③までの事項を身に付けることができるよう，〔指導項目〕を指導する。

　① インプラントについて理解し，関連する技術を身に付けること。

　② インプラントについて，基本的な課題を発見し，倫理観を踏まえて合理的かつ創造的に解決策を見いだすこと。

　③ インプラントについて自ら学び，歯科技工の発展を図ることに主体的かつ協働的に取り組むこと。

ア　インプラントの概要と種類

　ここでは，インプラントの構造と種類，生体との結合について取り扱う。

イ　インプラントを用いた治療の流れ

　ここでは，インプラントを用いた歯科治療の流れとその過程で用いられる歯科技工物について取り扱う。また，インプラント上部構造の製作における注意点についても取り扱う。

8　矯正歯科技工学

　この科目は，矯正歯科技工学に関する知識及び技術を身に付け，矯正歯科技工学に関する課題を発見し解決する力，歯科医療の発展に寄与する態度など，歯科技工の実践に必要な資質・能力を育成することを主眼としたものである。

　今回の改訂では，歯科医療や歯科技工の進展を踏まえ，従前の内容の四つの項目を統合整理し，三つの指導項目として学習内容を整理した。また，各指導項目

には，小項目を新設し，改善を図った。

(1) 目標

1　目　標
　　歯科技工の見方・考え方を働かせ，実践的・体験的な学習活動を行うことなどを通して，歯科技工の実践に必要な資質・能力を次のとおり育成することを目指す。
　(1) 矯正歯科技工学に関する基礎的な知識について体系的・系統的に理解するとともに，関連する技術を身に付けるようにする。
　(2) 矯正歯科技工学に関する課題を発見し，歯科技工の職業倫理観を踏まえ合理的かつ創造的に解決する力を養う。
　(3) 矯正歯科技工学について，よりよい歯科技工の実践を目指して自ら学び，歯科医療の発展に主体的かつ協働的に取り組む態度を養う。

　この科目においては，矯正歯科技工学に関する知識と技術を身に付け，矯正歯科技工に関する課題を発見し，職業人として合理的かつ創造的に解決する力，人々の公衆衛生の向上に主体的かつ協働的に参画し寄与する態度を養うことをねらいとしている。

　目標の(1)については，矯正歯科技工に関する基礎的な知識と技術を身に付けるようにすることを意味している。

　目標の(2)については，矯正歯科技工に関する課題を発見し，矯正歯科技工に携わる者として，科学的根拠に基づいて，創造的に解決する力を養うことを意味している。

　目標の(3)については，職業人として必要な豊かな人間性を育み，よりよい歯科技工の実践を目指して自ら学び，人々の公衆衛生の向上に主体的かつ協働的に取り組む態度を養うことを意味している。

(2) 内容とその取扱い
① 内容の構成及び取扱い

　この科目は，目標に示す資質・能力を身に付けることができるよう，(1)矯正歯科技工学概論，(2)矯正用口腔模型，(3)矯正装置の三つの指導項目で，2単位以上履修されることを想定して内容を構成している。また，内容を取り扱う際の配慮事項は次のように示している。

（内容を取り扱う際の配慮事項）

> 3　内容の取扱い
> (1)　内容を取り扱う際には，次の事項に配慮するものとする。
> 　ア　「歯の解剖学」及び「小児歯科技工学」との関連を図り，基礎的な
> 　　　知識と技術の習得を図ること。
> 　イ　〔指導項目〕の(3)については，矯正歯科治療と関連させて指導す
> 　　　ること。

　内容を取り扱う際は，この科目が歯科技工に必要な矯正歯科技工に関する知識
と技術を習得するための科目として位置付けられていることから，矯正歯科治療
の基礎的概念を理解し，矯正装置の役割を知るとともに，一般的に使用されてい
る歯科矯正装置の製作法や材料器具の扱いについて習得を図るよう指導すること
が大切である。

　アについては，成長に伴う口腔内の変化等について，「歯の解剖学」及び「小
児歯科技工学」と関連付けて指導するよう配慮する。

　イについては，矯正歯科治療の基本的概念を理解し，矯正歯科治療がどのよう
な手順で進められ，その経過において矯正装置がどのような働きをするかについ
て理解した上で矯正装置の製作を行う必要がある。矯正装置の製作に先立って，
矯正歯科技工の基本的技術について取り扱うことにより，使用器具，材料の取扱
いに慣れ，矯正装置の製作についての基本的技術が養われるよう指導することが
大切である。

② 　内容

> 2　内　容
> 　　1に示す資質・能力を身に付けることができるよう，次の〔指導項目〕
> 　を指導する。

〔指導項目〕

> (1)　矯正歯科技工学概論
> 　ア　矯正歯科治療と矯正歯科技工
> 　イ　正常咬合と不正咬合

（内容の範囲や程度）

> (2) 内容の範囲や程度については，次の事項に配慮するものとする。
>　　ア　〔指導項目〕の(1)については，不正咬合に重点を置いて指導すること。

(1) 矯正歯科技工学概論

　ここでは，科目の目標を踏まえ，矯正歯科技工の概要や不正咬合について理解し，関連する技術を身に付けることをねらいとしている。

　このねらいを実現するため，次の①から③までの事項を身に付けることができるよう，〔指導項目〕を指導する。

　①　矯正歯科技工学について理解し，関連する技術を身に付けること。

　②　矯正歯科技工学について，基本的な課題を発見し，倫理観を踏まえて合理的かつ創造的に解決策を見いだすこと。

　③　矯正歯科技工学について自ら学び，歯科技工の発展を図ることに主体的かつ協働的に取り組むこと。

ア　矯正歯科治療と矯正歯科技工

　ここでは，矯正歯科治療の目的，進め方について取り扱い，それを踏まえて矯正歯科技工の目的と意義について取り扱う。また，歯が移動するメカニズムについても触れ，矯正歯科技工を行う上で必要な矯正歯科治療の基礎的な概念について取り扱うようにする。

イ　正常咬合と不正咬合

　ここでは，正常咬合の条件と種類について取り扱う。不正咬合では，個々の歯の位置の異常，歯列弓の形態の異常，上下歯列弓の対向関係の異常，アングルの不正咬合の分類について取り扱う。

〔指導項目〕

> (2) 矯正用口腔模型
>　　ア　矯正用口腔模型の種類と特徴

(2) 矯正用口腔模型

　ここでは，科目の目標を踏まえ，矯正用口腔模型の意義と特殊性を理解し，関連する技術を身に付けることをねらいとしている。

　このねらいを実現するため，次の①から③までの事項を身に付けることができるよう，〔指導項目〕を指導する。

① 矯正用口腔模型について理解し，関連する技術を身に付けること。

② 矯正用口腔模型について，基本的な課題を発見し，倫理観を踏まえて合理的かつ創造的に解決策を見いだすこと。

③ 矯正用口腔模型について自ら学び，歯科技工の発展を図ることに主体的かつ協働的に取り組むこと。

ア 矯正用口腔模型の種類と特徴

ここでは，矯正用口腔模型の目的並びに種類及び特徴について取り扱い，平行模型とセットアップモデルについては，製作法とその注意点について取り扱う。

〔指導項目〕

---

(3) 矯正装置

　ア　矯正装置の必要条件と分類

　イ　矯正装置

　ウ　保定装置

（内容の範囲や程度）

イ 〔指導項目〕の(3)については，装置の目的と構造について取り扱い，イ及びウの各装置のうち基本的なものについては製作方法にも触れること。

---

(3) 矯正装置

ここでは，科目の目標を踏まえ，基本的な動的矯正装置と保定装置について理解し，関連する技術を身に付けることをねらいとしている。

このねらいを実現するため，次の①から③までの事項を身に付けることができるよう，〔指導項目〕を指導する。

① 矯正装置について理解し，関連する技術を身に付けること。

② 矯正装置について，基本的な課題を発見し，倫理観を踏まえて合理的かつ創造的に解決策を見いだすこと。

③ 矯正装置について自ら学び，歯科技工の発展を図ることに主体的かつ協働的に取り組むこと。

ア 矯正装置の必要条件と分類

ここでは，矯正装置の基本的な条件と口腔内で使用される矯正装置の所要条件及び矯正装置の分類について取り扱う。

イ　矯正装置

　ここでは，各種の動的矯正装置の目的，構成について取り扱う。基本的な動的矯正装置については，その製作法についても取り上げ，使用する材料の特性や使用器具の取扱いについて習得を図るよう取り扱う。動的矯正装置の目的については，矯正歯科治療と関連付けて，その機序について理解を図るよう取り扱う。

ウ　保定装置

　ここでは，各種の保定装置の目的と構成について取り扱う。また基本的な保定装置については，その製作法についても取り上げ，使用する材料の特性や使用器具の取扱いについて習得を図るように取り扱う。保定装置の製作については矯正歯科治療と関連付け，その目的について理解を図るように取り扱う。

9　小児歯科技工学

　この科目は，小児歯科技工学に関する知識及び技術を身に付け，小児歯科技工学に関する課題を発見し解決する力，歯科医療の発展に寄与する態度など，歯科技工の実践に必要な資質・能力を育成することを主眼としたものである。指導項目などについては，従前どおりに示している。

(1) 目標

　　1　目　標
　　　歯科技工の見方・考え方を働かせ，実践的・体験的な学習活動を行うことなどを通して，歯科技工の実践に必要な資質・能力を次のとおり育成することを目指す。
　　(1) 小児歯科技工学に関する基礎的な知識について体系的・系統的に理解するとともに，関連する技術を身に付けるようにする。
　　(2) 小児歯科技工学に関する課題を発見し，歯科技工の職業倫理を踏まえ合理的かつ創造的に解決する力を養う。
　　(3) 小児歯科技工学について，よりよい歯科技工の実践を目指して自ら学び，歯科医療の発展に主体的かつ協働的に取り組む態度を養う。

　この科目においては，小児歯科技工学に関する知識と技術を身に付け，小児歯科技工に関する課題を発見し，職業人として合理的かつ創造的に解決する力，小児の公衆衛生の向上に主体的かつ協働的に参画し寄与する態度を養うことをねらいとしている。

　目標の(1)については，小児歯科技工に関する基礎的な知識と技術を身に付けるようにすることを意味している。

目標の (2) については，小児歯科技工に関する課題を発見し，小児歯科技工に携わる者として，科学的根拠に基づいて，創造的に解決する力を養うことを意味している。

目標の (3) については，職業人として必要な豊かな人間性を育み，よりよい歯科技工の実践を目指して自ら学び，小児の公衆衛生の向上に主体的かつ協働的に取り組む態度を養うことを意味している。

(2) 内容とその取扱い

① 内容の構成及び取扱い

この科目は，目標に示す資質・能力を身に付けることができるよう，(1) 小児歯科技工学概論，(2) 乳歯の歯冠修復，(3) 咬合誘導装置の三つの指導項目で，2単位以上履修されることを想定して内容を構成している。また，内容を取り扱う際の配慮事項は次のように示している。

（内容を取り扱う際の配慮事項）

3　内容の取扱い
(1) 内容を取り扱う際には，次の事項に配慮するものとする。
ア 「歯の解剖学」との関連を図り，基礎的な知識と技術の習得を図ること。
イ 〔指導項目〕の (2) 及び (3) については，小児歯科治療と関連させて指導すること。

内容を取り扱う際は，この科目が歯科技工に必要な小児歯科技工の知識と技術を習得するための科目として位置付けられていることから，小児歯科の基礎的概念を理解し，小児歯科治療に使用されている歯冠修復物及び咬合誘導装置の役割や製作法について習得するよう指導することが大切である。

アについては，「歯の解剖学」の基礎的な知識を基に，成人歯科と小児歯科の相違について理解するとともに，小児歯科技工を行う上で留意すべき点を理解するよう配慮することが大切である。

イについては，小児の成長発育といった知識を基に，各種の小児歯科技工物の役割や製作法及び材料の特性，器具の取扱いについての理解を図るよう配慮して指導することが大切である。

② 内容

> 2　内　容
>   1に示す資質・能力を身に付けることができるよう，次の〔指導項目〕
>   を指導する。

〔指導項目〕

> (1) 小児歯科技工学概論
>   ア　小児歯科治療と小児歯科技工
>   イ　歯，顎，顔面の成長発育

(内容の範囲や程度)

> (2) 内容の範囲や程度については，次の事項に配慮するものとする。
>   ア　〔指導項目〕の(1)については，小児の成長発育に伴う歯，顎及び口
>   腔等の変化に重点を置いて取り扱うこと。

(1) 小児歯科技工学概論

　ここでは，科目の目標を踏まえ小児歯科治療と小児歯科技工との関わりや小児
の歯，歯列及び顎，顔面の成長について理解し，関連する技術を身に付けること
をねらいとしている。

　このねらいを実現するため，次の①から③までの事項を身に付けることができ
るよう，〔指導項目〕を指導する。

　①　小児歯科技工について理解し，関連する技術を身に付けること。

　②　小児歯科技工について，基本的な課題を発見し，倫理観を踏まえて合理的
　　かつ創造的に解決策を見いだすこと。

　③　小児歯科技工について自ら学び，歯科技工の発展を図ることに主体的かつ
　　協働的に取り組むこと。

ア　小児歯科治療と小児歯科技工

　ここでは，乳歯列期と混合歯列期の齲蝕，欠損，不正咬合とそれにかかわる歯
科技工についての概要について扱う。

イ　歯，顎，顔面の成長発育

　ここでは，小児の成長発育について，顎・顔面及び歯と歯列に分けて，その過
程について取り扱う。歯と歯列については，無歯期から永久歯期までのそれぞれ
の時期における特徴について取り扱う。また，乳歯の特徴や形態及び乳歯と永久

歯の萌出時期についても取り扱う。

〔指導項目〕

---

(2) 乳歯の歯冠修復
　ア　成形充塡
　イ　被覆冠

---

(2) 乳歯の歯冠修復

　ここでは，科目の目標を踏まえ，小児歯科治療における歯冠修復の種類と特徴について理解することをねらいとしている。

　このねらいを実現するため，次の①から③までの事項を身に付けることができるよう，〔指導項目〕を指導する。

　①　乳歯の歯冠修復について理解すること。

　②　乳歯の歯冠修復について，基本的な課題を発見し，倫理観を踏まえて合理的かつ創造的に解決策を見いだすこと。

　③　乳歯の歯冠修復について自ら学び，歯科技工の発展を図ることに主体的かつ協働的に取り組むこと。

ア　成形充塡

　ここでは，小児歯科治療に用いられる成形充塡の種類について取り扱う。

イ　被覆冠

　ここでは，小児歯科治療に用いる乳歯用既製金属冠，鋳造冠，ジャケットクラウンの使用目的と製作法について取り扱う。また，乳歯に用いるインレーについても触れるようにする。

〔指導項目〕

---

(3) 咬合誘導装置
　ア　保隙装置
　イ　スペースリゲイナー
　ウ　口腔習癖除去装置

（内容の範囲や程度）

イ　〔指導項目〕の(3)については，装置の目的と構造について取り扱い，
　アからウまでの各装置のうち，基本的なものについては製作方法にも触

---

(3) 咬合誘導装置

　ここでは，科目の目標を踏まえ，咬合誘導装置の種類と分類及び装置の構成，製作法について理解し，基本的なものについては製作できることをねらいとしている。

　このねらいを実現するため，次の①から③までの事項を身に付けることができるよう，〔指導項目〕を指導する。

①　咬合誘導装置について理解し，関連する技術を身に付けること。

②　咬合誘導装置について，基本的な課題を発見し，倫理観を踏まえて合理的かつ創造的に解決策を見いだすこと。

③　咬合誘導装置について自ら学び，歯科技工の発展を図ることに主体的かつ協働的に取り組むこと。

ア　保隙装置

　ここでは，保隙装置の必要条件，保隙装置の分類について取り扱う。また，各種保隙装置の目的，構成を理解し，そのいくつかについては製作法についても取り扱う。

イ　スペースリゲイナー

　ここでは，スペースリゲイナーの目的と種類，構成及び製作法について取り扱う。

ウ　口腔習癖除去装置

　ここでは，口腔習癖の種類と口腔への影響について取り扱うとともに，口腔習癖除去装置の目的と種類について取り扱う。

10　歯科技工実習

　この科目は，歯科技工に関する実際的な知識及び技術を身に付け，歯科技工の実践に関する課題を発見し解決する力，歯科医療の発展に寄与する態度など，歯科技工の実践に必要な資質・能力を育成することを主眼としたものである。指導項目などについては，従前どおりに示している。

(1) 目標

1　目　標

　歯科技工の見方・考え方を働かせ，実践的・体験的な学習活動を行うことなどを通して，歯科技工の実践に必要な資質・能力を次のとおり育成することを目指す。

---

(1) 歯科技工の実践について体系的・系統的に理解するとともに，関連する技術を身に付けるようにする。

(2) 歯科技工の実践に関する課題を発見し，歯科技工の職業倫理を踏まえて合理的かつ創造的に解決する力を養う。

(3) よりよい歯科技工の実践を目指して自ら学び，歯科医療の発展に主体的かつ協働的に取り組む態度を養う。

この科目においては，歯科技工に関する知識と技術を身に付け，歯科技工に関する課題を発見し，職業人として合理的かつ創造的に解決する力，人々の公衆衛生の向上に主体的かつ協働的に参画し寄与する態度を養うことをねらいとしている。

目標の(1)については，歯科技工に関する基礎的な知識と技術を身に付けるようにすることを意味している。

目標の(2)については，歯科技工に関する課題を発見し，歯科技工に携わる者として，科学的根拠に基づいて，創造的に解決する力を養うことを意味している。

目標の(3)については，職業人として必要な豊かな人間性を育み，よりよい歯科技工の実践を目指して自ら学び，人々の公衆衛生の向上に主体的かつ協働的に取り組む態度を養うことを意味している。

(2) 内容とその取扱い
① 内容の構成及び取扱い

この科目は，目標に示す資質・能力を身に付けることができるよう，(1)有床義歯技工実習，(2)歯冠修復技工実習，(3)歯形彫刻技工実習の三つの指導項目で，11単位以上履修されることを想定して内容を構成している。また，内容を取り扱う際の配慮事項は次のように示している。

（内容を取り扱う際の配慮事項）

3　内容の取扱い

(1) 内容を取り扱う際には，次の事項に配慮するものとする。

ア　指導に当たっては，実験・実習を中心にして使用機械及び器具の理解を深め，基礎的な知識と技術を総合的に習得させるよう留意すること。また，安全管理や保健管理に関わる知識の習得に努めること。

イ　臨床的模型上での実習を行うなど，多種多様な模型の活用を図り，適切な知識や技術を習得させること。また，「歯の解剖学」，「有床義

歯技工学」及び「歯冠修復技工学」と関連させながら，生徒の実態に応じて適切に指導すること。

　内容を取り扱う際は，この科目が歯科技工に関する実際的な知識と技術を総合的に習得するための科目として位置付けられていることから，生物学的，理工学的及び社会学的な要件並びに審美的な要件に基づき，他の科目と関連させて取り扱うことが大切である。また歯科技工に関する基礎的知識，基本的技術を基盤にして，歯科技工の総合的かつ発展的な技術の習得を図ることが大切である。

　このため，模型を通して患者の口腔内の様子を把握させるとともに，診療行為と関連させながら指導することが必要である。

　アについては，実験・実習を中心にして歯科技工の各工程における基礎的な知識と技術を総合的に習得することができるよう指導することが大切である。

　イについては，臨床的模型上での実習により，模型の多種多様性を知り，これに対処する能力を養うとともに，関連する科目相互の関連性を総合的に把握するように努めることが大切である。

②　内容

> 　2　内　容
> 　　1に示す資質・能力を身に付けることができるよう，次の〔指導項目〕を指導する。

〔指導項目〕

> (1) 有床義歯技工実習

（内容の範囲や程度）

> (2) 内容の範囲や程度については，次の事項に配慮するものとする。
> 　ア　〔指導項目〕の(1)については，臨床的模型を使用した全部床義歯の製作及び蠟義歯製作の反復練習に重点を置いて指導すること。

(1) 有床義歯技工実習

　ここでは，科目の目標を踏まえ，臨床的模型を使用した有床義歯技工に対応することができる知識と技術を身に付けることをねらいとしている。

　アについては，無歯顎者の臨床的模型を使用した全部床義歯を製作することに

256

より，実際の無歯顎患者の顎口腔について知り，それに対応できる能力を養うよう配慮して指導することが大切である。蠟義歯製作の反復練習をすることにより技術の熟達を図ることが大切である。

このねらいを実現するため，次の①から③までの事項を身に付けることができるよう，〔指導項目〕を指導する。

① 有床義歯技工について理解し，関連する技術を身に付けること。

② 有床義歯技工について，基本的な課題を発見し，倫理観を踏まえて合理的かつ創造的に解決策を見いだすこと。

③ 有床義歯技工について自ら学び，歯科技工の発展を図ることに主体的かつ協働的に取り組むこと。

〔指導項目〕

---

(2) 歯冠修復技工実習

（内容の範囲や程度）

イ 〔指導項目〕の(2)については，臨床的模型を使用した歯冠修復物の製作及び冠の蠟形成の反復練習に重点を置いて指導すること。

---

(2) 歯冠修復技工実習

ここでは，科目の目標を踏まえ，臨床的模型を使用した歯冠修復技工に対応することができる知識と技術を身に付けることをねらいとしている。

イについては，臨床的模型を使用した歯冠修復物の製作をすることにより，実際の患者の口腔内について知り，それに対応する能力を養うようにする。また，冠の蠟形成の反復練習をすることにより，技術の熟達を図ることが大切である。

このねらいを実現するため，次の①から③までの事項を身に付けることができるよう，〔指導項目〕を指導する。

① 歯冠修復技工について理解し，関連する技術を身に付けること。

② 歯冠修復技工について，基本的な課題を発見し，倫理観を踏まえて合理的かつ創造的に解決策を見いだすこと。

③ 歯冠修復技工について自ら学び，歯科技工の発展を図ることに主体的かつ協働的に取り組むこと。

（3）　歯形彫刻技工実習

（3）　歯形彫刻技工実習

　ここでは，科目の目標を踏まえ，歯科技工に対応することができる歯形彫刻に関する知識と技術を身に付けることをねらいとしている。

　このねらいを実現するため，次の①から③までの事項を身に付けることができるよう，〔指導項目〕を指導する。

① 　歯形彫刻について理解し，関連する技術を身に付けること。

② 　歯形彫刻について，基本的な課題を発見し，倫理観を踏まえて合理的かつ創造的に解決策を見いだすこと。

③ 　歯形彫刻について自ら学び，歯科技工の発展を図ることに主体的かつ協働的に取り組むこと。

11　歯科技工情報

　この科目は，歯科技工の実践に確かな情報と情報技術を適切に活用し，歯科技工における課題の解決を効果的に行う資質・能力を育成するものであり，歯科技工科に属する各科目と関連付けて学習することが重要である。

　今回の改訂では，社会の変化への対応として，歯科技工における情報の活用と管理，歯科技工における課題解決を位置付けるとともに，学習内容を整理するなどの改善を図った。

(1)　目標

1　目　標
歯科技工の見方・考え方を働かせ，実践的・体験的な学習活動を行うことなどを通して，歯科技工の実践に必要な資質・能力を次のとおり育成することを目指す。 （1）歯科技工情報について体系的・系統的に理解するとともに，関連する技術を身に付けるようにする。 （2）歯科技工情報に関する基本的な課題を発見し，歯科技工の職業倫理を踏まえて合理的かつ創造的に解決する力を養う。 （3）歯科技工情報について，よりよい歯科技工の実践を目指して自ら学び，歯科医療の発展に関する課題解決に主体的かつ協働的に取り組む態度を養う。

この科目では，情報社会の進展に応じた情報と情報技術に関する知識と技術を習得し，歯科技工の実践に適切に活用できるようにすることをねらいとしている。

目標の(1)は，歯科技工の実践に必要な情報と情報活用について基礎的な知識と技術を身に付けるようにすることを意味している。

目標の(2)は，歯科技工の実践に必要な情報と情報活用に関する課題を発見し，歯科技工の職業倫理を踏まえて解決する力を養うことを意味している。

目標の(3)は，歯科技工に関する課題の解決に当たっては，情報と情報技術の適切な活用を目指し，情報の管理や取扱いに責任をもち，主体的かつ協働的に歯科技工の実践に取組む態度を養うことを意味している。

(2) 内容とその取扱い

① 内容の構成及び取扱い

この科目は，目標に示す資質・能力を身に付けることができるよう，(1)情報社会の倫理と責任，(2)歯科技工における情報の活用と管理，(3)歯科技工における課題解決の三つの指導項目で，2単位以上履修されることを想定して内容を構成している。また，内容を取り扱う際の配慮事項は次のように示している。

（内容を取り扱う際の配慮事項）

3　内容の取扱い

(1) 内容を取り扱う際には，次の事項に配慮するものとする。

ア　多様な題材やデータを取り上げ，情報技術の進展に応じた演習などを通して，生徒が情報及びネットワークを適切に活用できるよう，情報の信頼性を判断する能力及び情報モラルを育成すること。

この科目の指導に当たっては，情報社会における倫理と個人の責任に基づき，歯科技工の実践に必要な情報を適切に取り扱うとともに，歯科技工科に属する各科目の学習と関連付けて課題解決を図る学習を通して，歯科技工の実習においても実際の情報を責任をもって取り扱う能力を育てるように指導することが大切である。

② 内容

2　内　容

1に示す資質・能力を身に付けることができるよう，次の〔指導項目〕

を指導する。

〔指導項目〕

(1) 情報社会の倫理と責任
　　ア　情報社会の特徴
　　イ　情報社会の倫理
　　ウ　情報を扱う個人の責任

(内容の範囲や程度)

(2) 内容の範囲や程度については，次の事項に配慮するものとする。
　　ア　〔指導項目〕の(1)については，個人のプライバシーや著作権を含む
　　　　知的財産の保護，個人における情報の管理や発信に関する責任につい
　　　　て，法令と関連付けて取り扱うこと。

(1) 情報社会の倫理と責任

　ここでは，科目の目標を踏まえ，情報社会の進展に応じた情報と情報技術の理
解を基に，個人情報や著作権などの取扱いについて関係法規を遵守するとともに
望ましい倫理観を身に付け，日常生活において情報と情報技術を適切に活用でき
るようにすることをねらいとしている。

　このねらいを実現するため，次の①から③までの事項を身に付けることができ
るよう，〔指導項目〕を指導する。

①　情報社会の倫理と責任について理解すること。

②　情報社会の倫理と責任について，歯科技工の業務に関わる基本的な課題を
　　発見し，倫理観を踏まえて合理的かつ創造的に解決策を見いだすこと。

③　情報社会の倫理と責任について自ら学び，歯科技工の発展を図ることに主
　　体的かつ協働的に取り組むこと。

ア　情報社会の特徴

　ここでは，変化を続ける情報社会の現状と課題について取り扱う。日常生活に
おける情報通信ネットワーク等の活用方法とともに，個人情報の漏えいや著作権
の侵害などの事例を取り上げ，考察する学習活動を取り入れる。

イ　情報社会の倫理

　ここでは，情報社会で求められる倫理観や関連する法や制度を取り扱う。情報
通信ネットワークによる多様なコミュニケーション手段の特徴を踏まえて適切に
活用することや，個人と世界が直接つながる情報社会における倫理観の醸成の重

要性について，身近な事例を取り上げ，考察する学習を取り入れる。

ウ　情報を扱う個人の責任

　ここでは，個人による不適切な情報発信や情報管理の影響が拡大し，情報を扱う個人に大きな責任が生じている現状を取り扱う。情報の発信や漏えいなどによって，他の人を傷つけたり，経済的な損失を与えたりした場合は，刑事罰や民事罰及び賠償の対象ともなることを関係法規とともに取り扱う。

〔指導項目〕

---

(2) 歯科技工における情報の活用と管理
　　ア　歯科技工分野の情報
　　イ　情報システムの特徴
　　ウ　情報の活用
　　エ　情報の管理

（内容の範囲や程度）

イ　〔指導項目〕の(2)については，歯科医療福祉関係者で共有する情報通
　　信ネットワークの特徴と活用について，地域の実例などを取り扱うこと。
　　また，業務における情報セキュリティの重要性について法令と関連付け
　　て取り扱うこと。

---

(2)　歯科技工における情報の活用と管理

　ここでは，科目の目標を踏まえ，歯科技工分野では様々な個人情報を取り扱うことを踏まえ，情報の活用と管理について関係法規を遵守し，倫理観を踏まえて適切に行えるようにすることをねらいとしている。

　このねらいを実現するため，次の①から③までの事項を身に付けることができるよう，〔指導項目〕を指導する。

①　歯科技工における情報の活用と管理について理解するとともに，関連する
　　技術を身に付けること。

②　歯科技工における情報の活用と管理に関する課題を発見し，倫理観を踏ま
　　えて合理的かつ創造的に解決策を見いだすこと。

③　歯科技工における情報の活用と管理について自ら学び，歯科技工における
　　課題解決に主体的かつ協働的に取り組むこと。

ア　歯科技工分野の情報

　ここでは，歯科技工分野における情報として，歯科技工の業務の中で使われる

顧客管理，在庫管理，経営管理などについて取り扱う。

イ　情報システムの特徴

　ここでは，歯科技工分野における情報システムとして，顧客の個人情報をはじめ，様々な情報を活用している現状について，現場実習などの事例を取り上げて取り扱う。

ウ　情報の活用

　ここでは，顧客管理や在庫管理，経営管理等の事例を扱いながら，歯科技工分野における情報活用の実際について取り扱う。

エ　情報の管理

　ここでは，歯科技工の業務上知り得た患者の個人情報を取り扱う場合は，個人情報保護法を遵守しなければならないこと及び使用する情報システムは現状に応じたセキュリティ対策を講じなければならないことを取り上げる。

〔指導項目〕

---

(3)　歯科技工における課題解決
　　ア　課題に応じた情報収集
　　イ　情報分析と解決方法
　　ウ　情報の発信方法

（内容の範囲や程度）

ウ　〔指導項目〕の(3)については，生徒が主体的に課題を設定して，情報を集め分析し，課題の解決に向けてモデル化，シミュレーション，プログラミングなどを行い，情報デザインなどを踏まえた発信方法を考え，協議する演習などを行うこと。

---

(3)　歯科技工における課題解決

　ここでは，歯科技工に関わる課題の発見から解決の過程において，進展する情報及び情報技術を適切かつ効果的に活用できるようにすることをねらいとしている。

　このねらいを実現するため，次の①から③までの事項を身に付けることができるよう，〔指導項目〕を指導する。

　　①　歯科技工における課題の発見から解決の過程について理解するとともに，関連する技術を身に付けること。

　　②　歯科技工における基本的な課題を発見し，倫理観を踏まえ情報及び情報技

術を適切かつ効果的に活用して解決策を見いだすこと。

③　歯科技工における課題の発見から解決の過程について自ら学び，情報及び情報技術の適切かつ効果的な活用に主体的かつ協働的に取り組むこと。

ア　課題に応じた情報収集

歯科技工における課題に応じた情報収集の視点（信頼性，標準性，公平性，国際性など）と収集の方法（文献検索，統計資料など）を取り扱う。

イ　情報分析と解決方法

歯科技工における課題に応じた情報の分析と解決方法として，統計処理の手法やモデル化，シミュレーションなどを取り上げる。また，必要に応じて思考過程をアルゴリズムで整理する学習活動を行う。

ウ　情報の発信方法

歯科技工における課題に応じた情報の発信方法として，対象や内容に応じた情報デザインやプレゼンテーションを考察し，互いに発表するなどの学習活動を取り入れる。

12　課題研究

この科目は，歯科技工の各分野に関する実際的な知識及び技術を身に付け，歯科技工の各分野に関する課題を発見し解決する力，歯科医療の発展に取り組む態度など，歯科技工の実践に必要な資質・能力を育成することを主眼としたものである。

今回の改訂では，指導項目については，従前どおりに示している。学習活動の質の向上が図られるよう，内容を取り扱う際の配慮事項を充実させ，改善を図った。

(1) 目標

1　目　標

歯科技工の見方・考え方を働かせ，実践的・体験的な学習活動を行うことなどを通して，社会を支え産業の発展を担う職業人として必要な資質・能力を次のとおり育成することを目指す。

(1) 歯科技工について体系的・系統的に理解するとともに，相互に関連付けられた技術を身に付けるようにする。

(2) 歯科技工に関する課題を発見し，歯科技工士として解決策を探究し，科学的な根拠に基づき創造的に解決する力を養う。

(3) 課題を解決する力の向上を目指して自ら学び，歯科医療の発展に主体的かつ協働的に取り組む態度を養う。

この科目においては歯科技工に関する基礎的・基本的な知識と技術を適用し，創造的な能力と実践的な態度をもち，歯科医療の発展を目指す歯科技工の諸課題を合理的に，かつ倫理観をもって，主体的かつ協働的に解決する力を養うことをねらいとしている。

目標の(1)については，歯科技工に関する知識を体系的・系統的に理解し，関連する技術を身に付けるようにすることを意味している。

目標の(2)については，歯科技工の業務に関する課題を発見し，職業倫理を踏まえて，科学的な根拠に基づいて創造的に解決する力を養うことを意味している。

目標の(3)については，職業人として豊かな人間性を育み，よりよい社会の構築を目指して自ら学び，歯科技工の実践を通して歯科医療の発展に主体的かつ協働的に取り組む態度を養うことを意味している。

(2) 内容とその取扱い

① 内容の構成及び取扱い

この科目は，目標に示す資質・能力を身に付けることができるよう，(1)調査，研究，実験，(2)作品制作，(3)医療現場等における実習，(4)職業資格の取得の四つの指導項目で，4単位以上履修されることを想定して内容を構成している。また，内容を取り扱う際の配慮事項は次のように示している。

（内容を取り扱う際の配慮事項）

3　内容の取扱い

(1) 内容を取り扱う際には，次の事項に配慮するものとする。

ア　生徒の興味・関心，進路希望等に応じて，〔指導項目〕の(1)から(4)までの中から，個人又はグループで歯科技工に関する適切な課題を設定し，主体的かつ協働的に取り組む学習活動を通して，専門的な知識，技術などの深化・総合化を図り，歯科技工に関する課題の解決に取り組むことができるようにすること。なお，課題については，(1)から(4)までの2項目以上にまたがるものを設定することができること。

イ　課題研究の成果について発表する機会を設けるよう努めること。

内容を取り扱う際には，課題の設定に当たって，生徒の興味・関心，進路希望などに応じて，これまで学んできた学習成果を活用させ，〔指導項目〕の(1)から(4)までの中から個人又はグループで適切な課題を設定するようにする。ま

た，(1)から(4)までの複数を組み合わせた課題を設定することもできる。その際，施設・設備，費用，完成までの時間，生徒の能力・適性などを考慮し，無理のない課題を設定するよう配慮する。

　指導に当たっては，グループ編成などの工夫を図るとともに，事前に上級生の発表会を参観したり，作品を見たりするなどして，生徒自らが課題を発見し，設定できるようにすることが大切である。また，課題設定から課題解決にいたる探究過程においては，生徒の創造性を引き出すよう工夫して課題の解決に取り組むことができるようにすることが大切である。

　アについては，生徒の自主的な課題設定と問題解決の過程を最優先し，個々の生徒の実態に応じて，計画的に取り組ませるようにすることが大切である。また，個人又はグループで歯科技工に関する適切な課題を設定し，主体的かつ協働的に取り組む学習活動を通して，専門的な知識，技術などの深化・総合化を図り，歯科技工に関する課題の解決に取り組むことができるようにすることが大切である。

　イについては，生涯にわたる学習の基礎を培う観点から，自ら学ぶ目標を定め，何をどのように学ぶかという主体的な学習の仕方を身に付けるように配慮し，自ら学ぶ意欲を養うことが大切である。したがって，生徒が自ら設定した課題解決や目標達成に向けて行う活動，就業体験活動などの主体的な学習において，メンバーや指導教員，企業人など，課題研究に関連する人たちと広くコミュニケーションを図りながら，この課題研究により得た学習成果について発表し，成果に対する評価を行い，改善することができるような指導の工夫が必要である。また，課題研究の授業時間内だけではなく，文化祭などの様々な機会を利用して，学習成果を発表し，その評価が客観的になされるよう配慮することが大切である。

② 内容

> 2　内　容
> 　1に示す資質・能力を身に付けることができるよう，次の〔指導項目〕を指導する。

　ここでは，科目の目標を定めて歯科技工で身に付けた知識と技術を基盤として主体的かつ協働的な学習活動を通じ，歯科医療の発展に寄与する産業の発展を担うことができるようにすることをねらいとしている。

　このねらいを実現するため，次の①から③までの事項を身に付けることができるよう，〔指導項目〕を指導する。

① 歯科技工について実践的な学習を通して体系的・系統的に理解するとともに，相互に関連付けられた技術を身に付けること。

② 歯科技工に関する課題を発見し，倫理観を踏まえて合理的かつ創造的に解決すること。

③ 歯科技工に関する課題を解決する力の向上を目指して自ら学び，歯科医療の発展に寄与する産業の創造と発展に主体的かつ協働的に取り組むこと。

〔指導項目〕

(1) 調査，研究，実験
(2) 作品制作
(3) 医療現場等における実習
(4) 職業資格の取得

(1) 調査，研究，実験

ここでは，①から③までの事項を身に付けることができるよう，歯科技工に属する科目で学んだ内容に関連した調査，研究，実験を取り入れる。

歯科技工の歴史的経緯，歯科鋳造用合金の性質等に関する実験，研究などが考えられる。

(2) 作品制作

ここでは，ここでは，①から③までの事項を身に付けることができるよう，歯科技工に属する科目で学んだ内容に関連した作品制作を取り入れる。

これまでに各科目で習得した知識や技術を活用し，適切な作業模型を選定したり，生物学的，理工学的，社会学的な要件及び審美的な要件を満たす作品が制作できるよう配慮する。

(3) 医療現場等における実習

ここでは，①から③までの事項を身に付けることができるよう，歯科技工に関する医療現場等における実習を取り入れる。

歯科技工に関する医療現場等における実習を通して，勤労観や責任感，成就感などを体得させるとともに，各科目に関連する知識と技術を創造的，発展的に習得させる。

(4) 職業資格の取得

ここでは，①から③までの事項を身に付けることができるよう，歯科技工士の資格を取得する意義や資格取得のための必要事項とそれが制度化されている目的などを探究する学習活動，資格取得に関連する専門的な知識や技術などについて深化・総合化を図る学習活動などを取り入れる。

生徒自ら明確な目的意識をもち，計画的に資格取得のための学習を進めていくよう適切な助言や援助を行う。

● 第5　各科目にわたる指導計画の作成と内容の取扱い

1　指導計画の作成に当たっての配慮事項

> 第3　各科目にわたる指導計画の作成と内容の取扱い
> 1　指導計画の作成に当たっては，次の事項に配慮するものとする。
> (1) 単元など内容や時間のまとまりを見通して，その中で育む資質・能力の育成に向けて，生徒の主体的・対話的で深い学びの実現を図るようにすること。その際，歯科技工の見方・考え方を働かせ，見通しをもって実験・実習などを行い，科学的な根拠に基づき創造的に探究するなどの実践的・体験的な学習活動の充実を図ること。

　この事項は，歯科技工科の指導計画の作成に当たり，生徒の主体的・対話的で深い学びの実現を目指した授業改善を進めることとし，歯科技工科の特質に応じて，効果的な学習が展開できるように配慮すべき内容を示したものである。

　選挙権年齢や成年年齢の引き下げなど，生徒にとって政治や社会が一層身近なものとなる中，学習内容を人生や社会の在り方と結び付けて深く理解し，これからの時代に求められる資質・能力を身に付け，生涯にわたって能動的に学び続けることができるようにするためには，これまでの学校教育の蓄積も生かしながら，学習の質を一層高める授業改善の取組を活性化していくことが求められている。

　指導に当たっては，(1)「知識及び技術」が習得されること，(2)「思考力，判断力，表現力等」を育成すること，(3)「学びに向かう力，人間性等」を涵養することが偏りなく実現されるよう，単元など内容や時間のまとまりを見通しながら，生徒の主体的・対話的で深い学びの実現に向けた授業改善を行うことが重要である。

　主体的・対話的で深い学びは，必ずしも1単位時間の授業の中で全てが実現されるものではない。単元など内容や時間のまとまりの中で，例えば，主体的に学習に取り組めるよう学習の見通しを立てたり学習したことを振り返ったりして自身の学びや変容を自覚できる場面をどこに設定するか，対話によって自分の考えなどを広げたり深めたりする場面をどこに設定するか，学びの深まりをつくりだすために，生徒が考える場面と教師が教える場面をどのように組み立てるか，といった視点で授業改善を進めることが求められる。また，生徒や学校の実態に応

じ，多様な学習活動を組み合わせて授業を組み立てていくことが重要であり，単元のまとまりを見通した学習を行うに当たり基礎となる「知識及び技術」の習得に課題が見られる場合には，それを身に付けるために，生徒の主体性を引き出すなどの工夫を重ね，確実な習得を図ることが必要である。

　主体的・対話的で深い学びの実現に向けた授業改善を進めるに当たり，特に「深い学び」の視点に関して，各教科等の学びの深まりの鍵となるのが「見方・考え方」である。各教科等の特質に応じた物事を捉える視点や考え方である「見方・考え方」を，習得・活用・探究という学びの過程の中で働かせることを通じて，より質の高い深い学びにつなげることが重要である。

> (2) 各科目の指導に当たっては，できるだけ実験・実習を通して，実際的，具体的に理解させるようにすること。

　歯科技工に関する専門科目がいずれも実際的な知識と技術の習得を目標としていることを考慮し，指導計画の作成に当たっては，常に，具体的な目標を設定し，理論と実験・実習を関連させて扱うよう配慮することが大切である。

> (3) 地域や歯科技工所等との連携・交流を通じた実践的な学習活動や就業体験活動を積極的に取り入れるとともに，社会人講師を積極的に活用するなどの工夫に努めること。

　歯科技工に関する学科においては，従前より「歯科技工実習」において，歯科技工科に関する各科目において習得した資質・能力を活用することにより，歯科技工の理論と実践とを結び付け，歯科技工に関する実践力を育成してきた。

　今回の改訂においては，「社会に開かれた教育課程」の実現が目指されており，地域や産業界など社会との関わりの中で子供たち一人一人の豊かな学びを実現していくことが求められている。そのため，地域や歯科技工業界との双方向の協力関係を確立していくことが，極めて重要である。単に地域や歯科技工業界の協力を仰ぐというだけでなく，各学校の教育力を地域に還元することにより，地域や歯科技工業界との協力関係を築くことが大切である。このような地域や産業界等との協力関係に基づき，生徒の進路希望等も十分考慮しながら，実践的な学習活動や就業体験活動を積極的に取り入れ，より一層，指導の充実を図ることが求められる。さらに，各学校においては，特別非常勤講師制度などを活用して，社会人講師等を積極的に活用するなどの工夫が考えられる。

2 内容の取扱いに当たっての配慮事項

> 2 内容の取扱いに当たっては，次の事項に配慮するものとする。
> (1) 各科目の指導に当たっては，各種歯科材料，歯科技工用機械等の進歩を考慮して，科学的知識と技術の習得について，特に留意すること。
> (2) 各科目の指導に当たっては，コンピュータや情報通信ネットワーク等の活用を図り，学習の効果を高めるようにすること。

 (1)については，歯科技工に関する各種歯科材料や歯科技工用機械等については，新たな歯科材料や歯科技工用機械等が開発されたり，既存の器具や技術の向上が図られたりしている。一方，歯科技工の業務においては，安全管理や衛生管理に十分留意し，事故や怪我の防止に努める必要がある。このため，歯科技工に関する事例について科学的な知識と実際的な技術の習得が図られるよう取り扱うことが必要である。

 (2)については，コンピュータや情報通信ネットワーク等の積極的な活用を図り，生徒の情報活用能力の育成に努めるとともに，歯科技工の実際においては，歯科技工の技術や各種データの分析などにそれらを生かすことができるように指導の工夫を図り，学習の効果を高めるよう配慮することが必要である。

3 実験・実習の実施に当たっての配慮事項

> 3 実験・実習を行うに当たっては，関連する法規等に従い，施設・設備や薬品等の安全管理に配慮し，学習環境を整えるとともに，事故防止や環境保全の指導を徹底し，安全と衛生に十分留意するものとする。

 歯科技工に関する学科において実験・実習を行うに当たっては，関連する法規等に従い，施設・設備や薬品等の安全管理，学習環境の整備，事故防止の指導とその徹底及び安全と衛生について，それぞれ具体的に検討し，対策を講じておく必要がある。

 特に，使用する機械及び薬剤等については，その使用に際して危険を伴うことが多いことから，特に安全面に関する指導を徹底して行うことが必要である。このため，実験や実習においては，環境整備や事前指導を十分に行い，実際の場面においても，用具・機械等の確実な操作に習熟させ，安全面での配慮ができるようにする必要がある。

付録

教育基本法

平成十八年十二月二十二日　法律第百二十号

　我々日本国民は，たゆまぬ努力によって築いてきた民主的で文化的な国家を更に発展させるとともに，世界の平和と人類の福祉の向上に貢献することを願うものである。

　我々は，この理想を実現するため，個人の尊厳を重んじ，真理と正義を希求し，公共の精神を尊び，豊かな人間性と創造性を備えた人間の育成を期するとともに，伝統を継承し，新しい文化の創造を目指す教育を推進する。

　ここに，我々は，日本国憲法の精神にのっとり，我が国の未来を切り拓く教育の基本を確立し，その振興を図るため，この法律を制定する。

第一章　教育の目的及び理念

（教育の目的）

第一条　教育は，人格の完成を目指し，平和で民主的な国家及び社会の形成者として必要な資質を備えた心身ともに健康な国民の育成を期して行われなければならない。

（教育の目標）

第二条　教育は，その目的を実現するため，学問の自由を尊重しつつ，次に掲げる目標を達成するよう行われるものとする。

　一　幅広い知識と教養を身に付け，真理を求める態度を養い，豊かな情操と道徳心を培うとともに，健やかな身体を養うこと。

　二　個人の価値を尊重して，その能力を伸ばし，創造性を培い，自主及び自律の精神を養うとともに，職業及び生活との関連を重視し，勤労を重んずる態度を養うこと。

　三　正義と責任，男女の平等，自他の敬愛と協力を重んずるとともに，公共の精神に基づき，主体的に社会の形成に参画し，その発展に寄与する態度を養うこと。

　四　生命を尊び，自然を大切にし，環境の保全に寄与する態度を養うこと。

　五　伝統と文化を尊重し，それらをはぐくんできた我が国と郷土を愛するとともに，他国を尊重し，国際社会の平和と発展に寄与する態度を養うこと。

（生涯学習の理念）

第三条　国民一人一人が，自己の人格を磨き，豊かな人生を送ることができるよう，その生涯にわたって，あらゆる機会に，あらゆる場所において学習することができ，その成果を適切に生かすことのできる社会の実現が図られなければならない。

（教育の機会均等）

第四条　すべて国民は，ひとしく，その能力に応じた教育を受ける機会を与えられなければならず，人種，信条，性別，社会的身分，経済的地位又は門地によって，教育上差別されない。

２　国及び地方公共団体は，障害のある者が，その障害の状態に応じ，十分な教育を受けられるよう，教育上必要な支援を講じなければならない。

３　国及び地方公共団体は，能力があるにもかかわらず，経済的理由によって修学が困難な者に対して，奨学の措置を講じなければならない。

付録1

（義務教育）

第五条　国民は，その保護する子に，別に法律で定めるところにより，普通教育を受けさせる義務を負う。

2　義務教育として行われる普通教育は，各個人の有する能力を伸ばしつつ社会において自立的に生きる基礎を培い，また，国家及び社会の形成者として必要とされる基本的な資質を養うことを目的として行われるものとする。

3　国及び地方公共団体は，義務教育の機会を保障し，その水準を確保するため，適切な役割分担及び相互の協力の下，その実施に責任を負う。

4　国又は地方公共団体の設置する学校における義務教育については，授業料を徴収しない。

（学校教育）

第六条　法律に定める学校は，公の性質を有するものであって，国，地方公共団体及び法律に定める法人のみが，これを設置することができる。

2　前項の学校においては，教育の目標が達成されるよう，教育を受ける者の心身の発達に応じて，体系的な教育が組織的に行われなければならない。この場合において，教育を受ける者が，学校生活を営む上で必要な規律を重んずるとともに，自ら進んで学習に取り組む意欲を高めることを重視して行われなければならない。

（大学）

第七条　大学は，学術の中心として，高い教養と専門的能力を培うとともに，深く真理を探究して新たな知見を創造し，これらの成果を広く社会に提供することにより，社会の発展に寄与するものとする。

2　大学については，自主性，自律性その他の大学における教育及び研究の特性が尊重されなければならない。

（私立学校）

第八条　私立学校の有する公の性質及び学校教育において果たす重要な役割にかんがみ，国及び地方公共団体は，その自主性を尊重しつつ，助成その他の適当な方法によって私立学校教育の振興に努めなければならない。

（教員）

第九条　法律に定める学校の教員は，自己の崇高な使命を深く自覚し，絶えず研究と修養に励み，その職責の遂行に努めなければならない。

2　前項の教員については，その使命と職責の重要性にかんがみ，その身分は尊重され，待遇の適正が期せられるとともに，養成と研修の充実が図られなければならない。

（家庭教育）

第十条　父母その他の保護者は，子の教育について第一義的責任を有するものであって，生活のために必要な習慣を身に付けさせるとともに，自立心を育成し，心身の調和のとれた発達を図るよう努めるものとする。

2　国及び地方公共団体は，家庭教育の自主性を尊重しつつ，保護者に対する学習の機会及び情報の提供その他の家庭教育を支援するために必要な施策を講ずるよう努めなければならない。

（幼児期の教育）

第十一条　幼児期の教育は，生涯にわたる人格形成の基礎を培う重要なものであることにかんがみ，国及び地方公共団体は，幼児の健やかな成長に資する良好な環境の整備その他適当な方法によって，その振興に努めなければならない。

付録1

273

（社会教育）

第十二条　個人の要望や社会の要請にこたえ，社会において行われる教育は，国及び地方公共団体によって奨励されなければならない。

2　国及び地方公共団体は，図書館，博物館，公民館その他の社会教育施設の設置，学校の施設の利用，学習の機会及び情報の提供その他の適当な方法によって社会教育の振興に努めなければならない。

（学校，家庭及び地域住民等の相互の連携協力）

第十三条　学校，家庭及び地域住民その他の関係者は，教育におけるそれぞれの役割と責任を自覚するとともに，相互の連携及び協力に努めるものとする。

（政治教育）

第十四条　良識ある公民として必要な政治的教養は，教育上尊重されなければならない。

2　法律に定める学校は，特定の政党を支持し，又はこれに反対するための政治教育その他政治的活動をしてはならない。

（宗教教育）

第十五条　宗教に関する寛容の態度，宗教に関する一般的な教養及び宗教の社会生活における地位は，教育上尊重されなければならない。

2　国及び地方公共団体が設置する学校は，特定の宗教のための宗教教育その他宗教的活動をしてはならない。

第三章　教育行政

（教育行政）

第十六条　教育は，不当な支配に服することなく，この法律及び他の法律の定めるところにより行われるべきものであり，教育行政は，国と地方公共団体との適切な役割分担及び相互の協力の下，公正かつ適正に行われなければならない。

2　国は，全国的な教育の機会均等と教育水準の維持向上を図るため，教育に関する施策を総合的に策定し，実施しなければならない。

3　地方公共団体は，その地域における教育の振興を図るため，その実情に応じた教育に関する施策を策定し，実施しなければならない。

4　国及び地方公共団体は，教育が円滑かつ継続的に実施されるよう，必要な財政上の措置を講じなければならない。

（教育振興基本計画）

第十七条　政府は，教育の振興に関する施策の総合的かつ計画的な推進を図るため，教育の振興に関する施策についての基本的な方針及び講ずべき施策その他必要な事項について，基本的な計画を定め，これを国会に報告するとともに，公表しなければならない。

2　地方公共団体は，前項の計画を参酌し，その地域の実情に応じ，当該地方公共団体における教育の振興のための施策に関する基本的な計画を定めるよう努めなければならない。

第四章　法令の制定

第十八条　この法律に規定する諸条項を実施するため，必要な法令が制定されなければならない。

付録1

学校教育法（抄）

昭和二十二年三月三十一日法律第二十六号

第四章　小学校

第三十条　小学校における教育は，前条に規定する目的を実現するために必要な程度において第二十一条各号に掲げる目標を達成するよう行われるものとする。

②　前項の場合においては，生涯にわたり学習する基盤が培われるよう，基礎的な知識及び技能を習得させるとともに，これらを活用して課題を解決するために必要な思考力，判断力，表現力その他の能力をはぐくみ，主体的に学習に取り組む態度を養うことに，特に意を用いなければならない。

第三十一条　小学校においては，前条第一項の規定による目標の達成に資するよう，教育指導を行うに当たり，児童の体験的な学習活動，特にボランティア活動など社会奉仕体験活動，自然体験活動その他の体験活動の充実に努めるものとする。この場合において，社会教育関係団体その他の関係団体及び関係機関との連携に十分配慮しなければならない。

第三十四条　小学校においては，文部科学大臣の検定を経た教科用図書又は文部科学省が著作の名義を有する教科用図書を使用しなければならない。

②　前項に規定する教科用図書（以下この条において「教科用図書」という。）の内容を文部科学大臣の定めるところにより記録した電磁的記録（電子的方式，磁気的方式その他人の知覚によつては認識することができない方式で作られる記録であつて，電子計算機による情報処理の用に供されるものをいう。）である教材がある場合には，同項の規定にかかわらず，文部科学大臣の定めるところにより，児童の教育の充実を図るため必要があると認められる教育課程の一部において，教科用図書に代えて当該教材を使用することができる。

③　前項に規定する場合において，視覚障害，発達障害その他の文部科学大臣の定める事由により教科用図書を使用して学習することが困難な児童に対し，教科用図書に用いられた文字，図形等の拡大又は音声への変換その他の同項に規定する教材を電子計算機において用いることにより可能となる方法で指導することにより当該児童の学習上の困難の程度を低減させる必要があると認められるときは，文部科学大臣の定めるところにより，教育課程の全部又は一部において，教科用図書に代えて当該教材を使用することができる。

④・⑤　（略）

第六章　高等学校

第五十条　高等学校は，中学校における教育の基礎の上に，心身の発達及び進路に応じて，高度な普通教育及び専門教育を施すことを目的とする。

第五十一条　高等学校における教育は，前条に規定する目的を実現するため，次に掲げる目標を達成するよう行われるものとする。

　一　義務教育として行われる普通教育の成果を更に発展拡充させて，豊かな人間性，創造性及び健やかな身体を養い，国家及び社会の形成者として必要な資質を養うこと。

　二　社会において果たさなければならない使命の自覚に基づき，個性に応じて将来の進路を決定させ，一般的な教養を高め，専門的な知識，技術及び技能を習得させること。

　三　個性の確立に努めるとともに，社会について，広く深い理解と健全な批判力を養い，社会の発展に寄与する態度を養うこと。

第五十二条　高等学校の学科及び教育課程に関する事項は，前二条の規定及び第六十二条において読

み替えて準用する第三十条第二項の規定に従い，文部科学大臣が定める。

第五十六条　高等学校の修業年限は，全日制の課程については，三年とし，定時制の課程及び通信制の課程については，三年以上とする。

第五十八条　高等学校には，専攻科及び別科を置くことができる。

②　高等学校の専攻科は，高等学校若しくはこれに準ずる学校若しくは中等教育学校を卒業した者又は文部科学大臣の定めるところにより，これと同等以上の学力があると認められた者に対して，精深な程度において，特別の事項を教授し，その研究を指導することを目的とし，その修業年限は，一年以上とする。

③　高等学校の別科は，前条に規定する入学資格を有する者に対して，簡易な程度において，特別の技能教育を施すことを目的とし，その修業年限は，一年以上とする。

第六十二条　第三十条第二項，第三十一条，第三十四条，第三十七条第四項から第十七項まで及び第十九項並びに第四十二条から第四十四条までの規定は，高等学校に準用する。この場合において，第三十条第二項中「前項」とあるのは「第五十一条」と，第三十一条中「前条第一項」とあるのは「第五十一条」と読み替えるものとする。

第八章　特別支援教育

第七十二条　特別支援学校は，視覚障害者，聴覚障害者，知的障害者，肢体不自由者又は病弱者（身体虚弱者を含む。以下同じ。）に対して，幼稚園，小学校，中学校又は高等学校に準ずる教育を施すとともに，障害による学習上又は生活上の困難を克服し自立を図るために必要な知識技能を授けることを目的とする。

第七十三条　特別支援学校においては，文部科学大臣の定めるところにより，前条に規定する者に対する教育のうち当該学校が行うものを明らかにするものとする。

第七十四条　特別支援学校においては，第七十二条に規定する目的を実現するための教育を行うほか，幼稚園，小学校，中学校，義務教育学校，高等学校又は中等教育学校の要請に応じて，第八十一条第一項に規定する幼児，児童又は生徒の教育に関し必要な助言又は援助を行うよう努めるものとする。

第七十五条　第七十二条に規定する視覚障害者，聴覚障害者，知的障害者，肢体不自由者又は病弱者の障害の程度は，政令で定める。

第七十六条　（略）

②　特別支援学校には，小学部及び中学部のほか，幼稚部又は高等部を置くことができ，また，特別の必要のある場合においては，前項の規定にかかわらず，小学部及び中学部を置かないで幼稚部又は高等部のみを置くことができる。

第七十七条　特別支援学校の幼稚部の教育課程その他の保育内容，小学部及び中学部の教育課程又は高等部の学科及び教育課程に関する事項は，幼稚園，小学校，中学校又は高等学校に準じて，文部科学大臣が定める。

第八十一条　幼稚園，小学校，中学校，義務教育学校，高等学校及び中等教育学校においては，次項各号のいずれかに該当する幼児，児童及び生徒その他教育上特別の支援を必要とする幼児，児童及び生徒に対し，文部科学大臣の定めるところにより，障害による学習上又は生活上の困難を克服するための教育を行うものとする。

②　小学校，中学校，義務教育学校，高等学校及び中等教育学校には，次の各号のいずれかに該当する児童及び生徒のために，特別支援学級を置くことができる。

一　知的障害者

付録1

276

二　肢体不自由者

三　身体虚弱者

四　弱視者

五　難聴者

六　その他障害のある者で，特別支援学級において教育を行うことが適当なもの

③　（略）

第八十二条　第二十六条，第二十七条，第三十一条（第四十九条及び第六十二条において読み替えて準用する場合を含む。），第三十二条，第三十四条（第四十九条及び第六十二条において準用する場合を含む。），第三十六条，第三十七条（第二十八条，第四十九条及び第六十二条において準用する場合を含む。），第四十二条から第四十四条まで，第四十七条及び第五十六条から第六十条までの規定は特別支援学校に，第八十四条の規定は特別支援学校の高等部に，それぞれ準用する。

第九章　大学

第八十四条　大学は，通信による教育を行うことができる。

附　則

第九条　高等学校，中等教育学校の後期課程及び特別支援学校並びに特別支援学級においては，当分の間，第三十四条第一項（第四十九条，第四十九条の八，第六十二条，第七十条第一項及び第八十二条において準用する場合を含む。）の規定にかかわらず，文部科学大臣の定めるところにより，第三十四条第一項に規定する教科用図書以外の教科用図書を使用することができる。

②　第三十四条第二項及び第三項の規定は，前項の規定により使用する教科用図書について準用する。

付録1

学校教育法施行規則（抄） 昭和二十二年五月二十三日文部省令第十一号

第四章　小学校

第二節　教育課程

第五十四条　児童が心身の状況によつて履修することが困難な各教科は，その児童の心身の状況に適合するように課さなければならない。

第五十六条の五　学校教育法第三十四条第二項に規定する教材（以下この条において「教科用図書代替教材」という。）は，同条第一項に規定する教科用図書（以下この条において「教科用図書」という。）の発行者が，その発行する教科用図書の内容の全部（電磁的記録に記録することに伴つて変更が必要となる内容を除く。）をそのまま記録した電磁的記録である教材とする。

2　学校教育法第三十四条第二項の規定による教科用図書代替教材の使用は，文部科学大臣が別に定める基準を満たすように行うものとする。

3　学校教育法第三十四条第三項に規定する文部科学大臣の定める事由は，次のとおりとする。

一　視覚障害，発達障害その他の障害

二　日本語に通じないこと

三　前二号に掲げる事由に準ずるもの

4　学校教育法第三十四条第三項の規定による教科用図書代替教材の使用は，文部科学大臣が別に定める基準を満たすように行うものとする。

第五十七条　小学校において，各学年の課程の修了又は卒業を認めるに当たつては，児童の平素の成績を評価して，これを定めなければならない。

第五十八条　校長は，小学校の全課程を修了したと認めた者には，卒業証書を授与しなければならない。

第三節　学年及び授業日

第五十九条　小学校の学年は，四月一日に始まり，翌年三月三十一日に終わる。

第六章　高等学校

第一節　設備，編制，学科及び教育課程

第八十一条　二以上の学科を置く高等学校には，専門教育を主とする学科（以下「専門学科」という。）ごとに学科主任を置き，農業に関する専門学科を置く高等学校には，農場長を置くものとする。

2〜5　（略）

第八十八条の三　高等学校は，文部科学大臣が別に定めるところにより，授業を，多様なメディアを高度に利用して，当該授業を行う教室等以外の場所で履修させることができる。

第八十九条　高等学校においては，文部科学大臣の検定を経た教科用図書又は文部科学省が著作の名義を有する教科用図書のない場合には，当該高等学校の設置者の定めるところにより，他の適切な教科用図書を使用することができる。

2　第五十六条の五の規定は，学校教育法附則第九条第二項において準用する同法第三十四条第二項又は第三項の規定により前項の他の適切な教科用図書に代えて使用する教材について準用する。

第二節　入学，退学，転学，留学，休学及び卒業等

第九十一条　第一学年の途中又は第二学年以上に入学を許可される者は，相当年齢に達し，当該学年に在学する者と同等以上の学力があると認められた者とする。

第九十二条　他の高等学校に転学を志望する生徒のあるときは，校長は，その事由を具し，生徒の在学証明書その他必要な書類を転学先の校長に送付しなければならない。転学先の校長は，教育上支障がない場合には，転学を許可することができる。

2　全日制の課程，定時制の課程及び通信制の課程相互の間の転学又は転籍については，修得した単位に応じて，相当学年に転入することができる。

第九十三条　校長は，教育上有益と認めるときは，生徒が外国の高等学校に留学することを許可することができる。

2　校長は，前項の規定により留学することを許可された生徒について，外国の高等学校における履修を高等学校における履修とみなし，三十六単位を超えない範囲で単位の修得を認定することができる。

3　校長は，前項の規定により単位の修得を認定された生徒について，第百四条第一項において準用する第五十九条又は第百四条第二項に規定する学年の途中においても，各学年の課程の修了又は卒業を認めることができる。

第九十七条　校長は，教育上有益と認めるときは，生徒が当該校長の定めるところにより他の高等学校又は中等教育学校の後期課程において一部の科目の単位を修得したときは，当該修得した単位数を当該生徒の在学する高等学校が定めた全課程の修了を認めるに必要な単位数のうちに加えることができる。

2　前項の規定により，生徒が他の高等学校又は中等教育学校の後期課程において一部の科目の単位を修得する場合においては，当該他の高等学校又は中等教育学校の校長は，当該生徒について一部の科目の履修を許可することができる。

3　（略）

第九十八条　校長は，教育上有益と認めるときは，当該校長の定めるところにより，生徒が行う次に掲げる学修を当該生徒の在学する高等学校における科目の履修とみなし，当該科目の単位を与えることができる。

一　大学，高等専門学校又は専修学校の高等課程若しくは専門課程における学修その他の教育施設等における学修で文部科学大臣が別に定めるもの

二　知識及び技能に関する審査で文部科学大臣が別に定めるものに係る学修

三　ボランティア活動その他の継続的に行われる活動（当該生徒の在学する高等学校の教育活動として行われるものを除く。）に係る学修で文部科学大臣が別に定めるもの

第九十九条　第九十七条の規定に基づき加えることのできる単位数及び前条の規定に基づき与えることのできる単位数の合計数は三十六を超えないものとする。

第百条　校長は，教育上有益と認めるときは，当該校長の定めるところにより，生徒が行う次に掲げる学修（当該生徒が入学する前に行つたものを含む。）を当該生徒の在学する高等学校における科目の履修とみなし，当該科目の単位を与えることができる。

一　高等学校卒業程度認定試験規則（平成十七年文部科学省令第一号）の定めるところにより合格点を得た試験科目（同令附則第二条の規定による廃止前の大学入学資格検定規程（昭和二十六年文部省令第十三号。以下「旧規程」という。）の定めるところにより合格点を得た受検科目を含む。）に係る学修

二　高等学校の別科における学修で第八十四条の規定に基づき文部科学大臣が公示する高等学校学習指導要領の定めるところに準じて修得した科目に係る学修

第百条の二　学校教育法第五十八条の二に規定する文部科学大臣の定める基準は，次のとおりとす

る。

　一　修業年限が二年以上であること。

　二　課程の修了に必要な総単位数その他の事項が，別に定める基準を満たすものであること。

　2　（略）

第三節　定時制の課程及び通信制の課程並びに学年による教育課程の区分を設けない場合その他

第百四条　第四十三条から第四十九条まで（第四十六条を除く。），第五十四条，第五十六条の五から第七十一条まで（第六十九条を除く。）及び第七十八条の二の規定は，高等学校に準用する。

　2　（略）

　3　校長は，特別の必要があり，かつ，教育上支障がないときは，第一項において準用する第五十九条に規定する学年の途中においても，学期の区分に従い，入学（第九十一条に規定する入学を除く。）を許可し並びに各学年の課程の修了及び卒業を認めることができる。

第八章　特別支援教育

第百二十八条　特別支援学校の高等部の教育課程は，別表第三及び別表第五に定める各教科に属する科目，総合的な学習の時間，特別活動並びに自立活動によつて編成するものとする。

　2　前項の規定にかかわらず，知的障害者である生徒を教育する場合は，国語，社会，数学，理科，音楽，美術，保健体育，職業，家庭，外国語，情報，家政，農業，工業，流通・サービス及び福祉の各教科，第百二十九条に規定する特別支援学校高等部学習指導要領で定めるこれら以外の教科及び道徳，総合的な学習の時間，特別活動並びに自立活動によつて教育課程を編成するものとする。

第百二十九条　特別支援学校の幼稚部の教育課程その他の保育内容並びに小学部，中学部及び高等部の教育課程については，この章に定めるもののほか，教育課程その他の保育内容又は教育課程の基準として文部科学大臣が別に公示する特別支援学校幼稚部教育要領，特別支援学校小学部・中学部学習指導要領及び特別支援学校高等部学習指導要領によるものとする。

第百三十条　特別支援学校の小学部，中学部又は高等部においては，特に必要がある場合は，第百二十六条から第百二十八条までに規定する各教科（次項において「各教科」という。）又は別表第三及び別表第五に定める各教科に属する科目の全部又は一部について，合わせて授業を行うことができる。

　2　特別支援学校の小学部，中学部又は高等部においては，知的障害者である児童若しくは生徒又は複数の種類の障害を併せ有する児童若しくは生徒を教育する場合において特に必要があるときは，各教科，特別の教科である道徳（特別支援学校の高等部にあつては，前条に規定する特別支援学校高等部学習指導要領で定める道徳），外国語活動，特別活動及び自立活動の全部又は一部について，合わせて授業を行うことができる。

第百三十一条　特別支援学校の小学部，中学部又は高等部において，複数の種類の障害を併せ有する児童若しくは生徒を教育する場合又は教員を派遣して教育を行う場合において，特に必要があるときは，第百二十六条から第百二十九条までの規定にかかわらず，特別の教育課程によることができる。

　2　前項の規定により特別の教育課程による場合において，文部科学大臣の検定を経た教科用図書又は文部科学省が著作の名義を有する教科用図書を使用することが適当でないときは，当該学校の設置者の定めるところにより，他の適切な教科用図書を使用することができる。

　3　第五十六条の五の規定は，学校教育法附則第九条第二項において準用する同法第三十四条第二項

又は第三項の規定により前項の他の適切な教科用図書に代えて使用する教材について準用する。

第百三十二条　特別支援学校の小学部，中学部又は高等部の教育課程に関し，その改善に資する研究を行うため特に必要があり，かつ，児童又は生徒の教育上適切な配慮がなされていると文部科学大臣が認める場合においては，文部科学大臣が別に定めるところにより，第百二十六条から第百二十九条までの規定によらないことができる。

第百三十二条の二　文部科学大臣が，特別支援学校の小学部，中学部又は高等部において，当該特別支援学校又は当該特別支援学校が設置されている地域の実態に照らし，より効果的な教育を実施するため，当該特別支援学校又は当該地域の特色を生かした特別の教育課程を編成して教育を実施する必要があり，かつ，当該特別の教育課程について，教育基本法及び学校教育法第七十二条の規定等に照らして適切であり，児童又は生徒の教育上適切な配慮がなされているものとして文部科学大臣が定める基準を満たしていると認める場合においては，文部科学大臣が別に定めるところにより，第百二十六条から第百二十九条までの規定の一部又は全部によらないことができる。

第百三十三条　校長は，生徒の特別支援学校の高等部の全課程の修了を認めるに当たつては，特別支援学校高等部学習指導要領に定めるところにより行うものとする。ただし，第百三十二条又は第百三十二条の二の規定により，特別支援学校の高等部の教育課程に関し第百二十八条及び第百二十九条の規定によらない場合においては，文部科学大臣が別に定めるところにより行うものとする。

2　前項前段の規定により全課程の修了の要件として特別支援学校高等部学習指導要領の定めるところにより校長が定める単位数又は授業時数のうち，第百三十五条第五項において準用する第八十八条の三に規定する授業の方法によるものは，それぞれ全課程の修了要件として定められた単位数又は授業時数の二分の一に満たないものとする。

第百三十四条　特別支援学校の高等部における通信教育に関する事項は，別に定める。

第百三十四条の二　校長は，特別支援学校に在学する児童等について個別の教育支援計画（学校と医療，保健，福祉，労働等に関する業務を行う関係機関及び民間団体（次項において「関係機関等」という。）との連携の下に行う当該児童等に対する長期的な支援に関する計画をいう。）を作成しなければならない。

2　校長は，前項の規定により個別の教育支援計画を作成するに当たつては，当該児童等又はその保護者の意向を踏まえつつ，あらかじめ，関係機関等と当該児童等の支援に関する必要な情報の共有を図らなければならない。

第百三十五条　第四十三条から第四十九条まで（第四十六条を除く。），第五十四条，第五十九条から第六十三条まで，第六十五条から第六十八条まで，第八十二条及び第百条の三の規定は，特別支援学校に準用する。この場合において，同条中「第百四条第一項」とあるのは，「第百三十五条第一項」と読み替えるものとする。

2　第五十六条の五から第五十八条まで，第六十四条及び第八十九条の規定は，特別支援学校の小学部，中学部及び高等部に準用する。

3・4　（略）

5　第七十条，第七十一条，第七十八条の二，第八十一条，第八十八条の三，第九十条第一項から第三項まで，第九十一条から第九十五条まで，第九十七条第一項及び第二項，第九十八条から第百条の二まで並びに第百四条第三項の規定は，特別支援学校の高等部に準用する。この場合において，第九十七条第一項及び第二項中「他の高等学校又は中等教育学校の後期課程」とあるのは「他の特別支援学校の高等部，高等学校又は中等教育学校の後期課程」と，同条第二項中「当該他の高等学校又は中等教育学校」とあるのは「当該他の特別支援学校，高等学校又は中等教育学校」と読み替えるものとする。

別表第三（第八十三条，第百八条，第百二十八条関係）

（一） 各学科に共通する各教科

各 教 科	各教科に属する科目
国　　　語	国語総合，国語表現，現代文A，現代文B，古典A，古典B
地 理 歴 史	世界史A，世界史B，日本史A，日本史B，地理A，地理B
公　　　民	現代社会，倫理，政治・経済
数　　　学	数学Ⅰ，数学Ⅱ，数学Ⅲ，数学A，数学B，数学活用
理　　　科	科学と人間生活，物理基礎，物理，化学基礎，化学，生物基礎，生物，地学基礎，地学，理科課題研究
保 健 体 育	体育，保健
芸　　　術	音楽Ⅰ，音楽Ⅱ，音楽Ⅲ，美術Ⅰ，美術Ⅱ，美術Ⅲ，工芸Ⅰ，工芸Ⅱ，工芸Ⅲ，書道Ⅰ，書道Ⅱ，書道Ⅲ
外　国　語	コミュニケーション英語基礎，コミュニケーション英語Ⅰ，コミュニケーション英語Ⅱ，コミュニケーション英語Ⅲ，英語表現Ⅰ，英語表現Ⅱ，英語会話
家　　　庭	家庭基礎，家庭総合，生活デザイン
情　　　報	社会と情報，情報の科学

（二） 主として専門学科において開設される各教科

各 教 科	各教科に属する科目
農　　　業	農業と環境，課題研究，総合実習，農業情報処理，作物，野菜，果樹，草花，畜産，農業経営，農業機械，食品製造，食品化学，微生物利用，植物バイオテクノロジー，動物バイオテクノロジー，農業経済，食品流通，森林科学，森林経営，林産物利用，農業土木設計，農業土木施工，水循環，造園計画，造園技術，環境緑化材料，測量，生物活用，グリーンライフ
工　　　業	工業技術基礎，課題研究，実習，製図，工業数理基礎，情報技術基礎，材料技術基礎，生産システム技術，工業技術英語，工業管理技術，環境工学基礎，機械工作，機械設計，原動機，電子機械，電子機械応用，自動車工学，自動車整備，電気基礎，電気機器，電力技術，電子技術，電子回路，電子計測制御，通信技術，電子情報技術，プログラミング技術，ハードウェア技術，ソフトウェア技術，コンピュータシステム技術，建築構造，建築計画，建築構造設計，建築施工，建築法規，設備計画，空気調和設備，衛生・防災設備，測量，土木基礎力学，土木構造設計，土木施工，社会基盤工学，工業化学，化学工学，地球環境化学，材料製造技術，工業材料，材料加工，セラミック化学，セラミック技術，セラミック工業，繊維製品，繊維・染色技術，染織デザイン，インテリア計画，インテリア装備，インテリアエレメント生産，デザイン技術，デザイン材料，デザイン史
商　　　業	ビジネス基礎，課題研究，総合実践，ビジネス実務，マーケティング，商品開発，広告と販売促進，ビジネス経済，ビジネス経済応用，経済活動と法，簿記，財務会計Ⅰ，財務会計Ⅱ，原価計算，管理会計，情報処理，ビジネス情報，電子商取引，プログラミング，ビジネス情報管理

付録1

各　教　科	各教科に属する科目
水　　産	水産海洋基礎，課題研究，総合実習，海洋情報技術，水産海洋科学，漁業，航海・計器，船舶運用，船用機関，機械設計工作，電気理論，移動体通信工学，海洋通信技術，資源増殖，海洋生物，海洋環境，小型船舶，食品製造，食品管理，水産流通，ダイビング，マリンスポーツ
家　　庭	生活産業基礎，課題研究，生活産業情報，消費生活，子どもの発達と保育，子ども文化，生活と福祉，リビングデザイン，服飾文化，ファッション造形基礎，ファッション造形，ファッションデザイン，服飾手芸，フードデザイン，食文化，調理，栄養，食品，食品衛生，公衆衛生
看　　護	基礎看護，人体と看護，疾病と看護，生活と看護，成人看護，老年看護，精神看護，在宅看護，母性看護，小児看護，看護の統合と実践，看護臨地実習，看護情報活用
情　　報	情報産業と社会，課題研究，情報の表現と管理，情報と問題解決，情報テクノロジー，アルゴリズムとプログラム，ネットワークシステム，データベース，情報システム実習，情報メディア，情報デザイン，表現メディアの編集と表現，情報コンテンツ実習
福　　祉	社会福祉基礎，介護福祉基礎，コミュニケーション技術，生活支援技術，介護過程，介護総合演習，介護実習，こころとからだの理解，福祉情報活用
理　　数	理数数学Ⅰ，理数数学Ⅱ，理数数学特論，理数物理，理数化学，理数生物，理数地学，課題研究
体　　育	スポーツ概論，スポーツⅠ，スポーツⅡ，スポーツⅢ，スポーツⅣ，スポーツⅤ，スポーツⅥ，スポーツ総合演習
音　　楽	音楽理論，音楽史，演奏研究，ソルフェージュ，声楽，器楽，作曲，鑑賞研究
美　　術	美術概論，美術史，素描，構成，絵画，版画，彫刻，ビジュアルデザイン，クラフトデザイン，情報メディアデザイン，映像表現，環境造形，鑑賞研究
英　　語	総合英語，英語理解，英語表現，異文化理解，時事英語

付録1

備考
一　（一）及び（二）の表の上欄に掲げる各教科について，それぞれの表の下欄に掲げる各教科に属する科目以外の科目を設けることができる。
二　（一）及び（二）の表の上欄に掲げる各教科以外の教科及び当該教科に関する科目を設けることができる。

別表第五（第百二十八条関係）
（一）　視覚障害者である生徒に対する教育を行う特別支援学校の主として専門学科において開設される各教科

各　教　科	各教科に属する科目
保　健　理　療	医療と社会，人体の構造と機能，疾病の成り立ちと予防，生活と疾病，基礎保健理療，臨床保健理療，地域保健理療と保健理療経営，保健理療基礎実習，保健理療臨床実習，保健理療情報活用，課題研究
理　　療	医療と社会，人体の構造と機能，疾病の成り立ちと予防，生活と疾病，基礎理療学，臨床理療学，地域理療と理療経営，理療基礎実習，理療臨床実習，理療情報活用，課題研究

理 学 療 法	人体の構造と機能，疾病と障害，保健・医療・福祉とリハビリテーション，基礎理学療法学，理学療法評価学，理学療法治療学，地域理学療法学，臨床実習，理学療法情報活用，課題研究

（二）　聴覚障害者である生徒に対する教育を行う特別支援学校の主として専門学科において開設される各教科

各 教 科	各教科に属する科目
印　　刷	印刷概論，写真製版，印刷機械・材料，印刷デザイン，写真化学・光学，文書処理・管理，印刷情報技術基礎，画像技術，印刷総合実習，課題研究
理容・美容	理容・美容関係法規，衛生管理，理容・美容保健，理容・美容の物理・化学，理容・美容文化論，理容・美容技術理論，理容・美容運営管理，理容実習，理容・美容情報活用，課題研究
クリーニング	クリーニング関係法規，公衆衛生，クリーニング理論，繊維，クリーニング機器・装置，クリーニング実習，課題研究
歯 科 技 工	歯科技工関係法規，歯科技工学概論，歯科理工学，歯の解剖学，顎口腔機能学，有床義歯技工学，歯冠修復技工学，矯正歯科技工学，小児歯科技工学，歯科技工実習，歯科技工情報活用，課題研究

備考
一　（一）及び（二）の表の上欄に掲げる各教科について，それぞれの表の下欄に掲げる各教科に属する科目以外の科目を設けることができる。
二　（一）及び（二）の表の上欄に掲げる各教科以外の教科及び当該教科に関する科目を設けることができる。

付録1

学校教育法施行規則の一部を改正する省令

平成三十年三月三十日文部科学省令第十三号

学校教育法施行規則（昭和二十二年文部省令第十一号）の一部を次のように改正する。

第八十三条中「総合的な学習の時間」を「総合的な探究の時間」に改める。

別表第三を次のように改める。

別表第三（第八十三条，第百八条，第百二十八条関係）

（一）　各学科に共通する各教科

各 教 科	各教科に属する科目
国　　　語	現代の国語，言語文化，論理国語，文学国語，国語表現，古典探究
地 理 歴 史	地理総合，地理探究，歴史総合，日本史探究，世界史探究
公　　　民	公共，倫理，政治・経済
数　　　学	数学Ⅰ，数学Ⅱ，数学Ⅲ，数学A，数学B，数学C
理　　　科	科学と人間生活，物理基礎，物理，化学基礎，化学，生物基礎，生物，地学基礎，地学
保 健 体 育	体育，保健
芸　　　術	音楽Ⅰ，音楽Ⅱ，音楽Ⅲ，美術Ⅰ，美術Ⅱ，美術Ⅲ，工芸Ⅰ，工芸Ⅱ，工芸Ⅲ，書道Ⅰ，書道Ⅱ，書道Ⅲ
外 国 語	英語コミュニケーションⅠ，英語コミュニケーションⅡ，英語コミュニケーションⅢ，論理・表現Ⅰ，論理・表現Ⅱ，論理・表現Ⅲ
家　　　庭	家庭基礎，家庭総合
情　　　報	情報Ⅰ，情報Ⅱ
理　　　数	理数探究基礎，理数探究

付録1

（二）　主として専門学科において開設される各教科

各 教 科	各教科に属する科目
農　　業	農業と環境，課題研究，総合実習，農業と情報，作物，野菜，果樹，草花，畜産，栽培と環境，飼育と環境，農業経営，農業機械，植物バイオテクノロジー，食品製造，食品化学，食品微生物，食品流通，森林科学，森林経営，林産物利用，農業土木設計，農業土木施工，水循環，造園計画，造園施工管理，造園植栽，測量，生物活用，地域資源活用
工　　業	工業技術基礎，課題研究，実習，製図，工業情報数理，工業材料技術，工業技術英語，工業管理技術，工業環境技術，機械工作，機械設計，原動機，電子機械，生産技術，自動車工学，自動車整備，船舶工学，電気回路，電気機器，電力技術，電子技術，電子回路，電子計測制御，通信技術，プログラミング技術，ハードウェア技術，ソフトウェア技術，コンピュータシステム技術，建築構造，建築計画，建築構造設計，建築施工，建築法規，設備計画，空気調和設備，衛生・防災設備，測量，土木基盤力学，土木構造設計，土木施工，社会基盤工学，工業化学，化学工学，地球環境化学，材料製造技術，材料工学，材料加工，セラミック化学，セラミック技術，セラミック工業，繊維製品，繊維・染色技術，染織デザイン，インテリア計画，インテリア装備，インテリアエレ

工 業	メント生産，デザイン実践，デザイン材料，デザイン史
商 業	ビジネス基礎，課題研究，総合実践，ビジネス・コミュニケーション，マーケティング，商品開発と流通，観光ビジネス，ビジネス・マネジメント，グローバル経済，ビジネス法規，簿記，財務会計Ⅰ，財務会計Ⅱ，原価計算，管理会計，情報処理，ソフトウェア活用，プログラミング，ネットワーク活用，ネットワーク管理
水 産	水産海洋基礎，課題研究，総合実習，海洋情報技術，水産海洋科学，漁業，航海・計器，船舶運用，船用機関，機械設計工作，電気理論，移動体通信工学，海洋通信技術，資源増殖，海洋生物，海洋環境，小型船舶，食品製造，食品管理，水産流通，ダイビング，マリンスポーツ
家 庭	生活産業基礎，課題研究，生活産業情報，消費生活，保育基礎，保育実践，生活と福祉，住生活デザイン，服飾文化，ファッション造形基礎，ファッション造形，ファッションデザイン，服飾手芸，フードデザイン，食文化，調理，栄養，食品，食品衛生，公衆衛生，総合調理実習
看 護	基礎看護，人体の構造と機能，疾病の成り立ちと回復の促進，健康支援と社会保障制度，成人看護，老年看護，小児看護，母性看護，精神看護，在宅看護，看護の統合と実践，看護臨地実習，看護情報
情 報	情報産業と社会，課題研究，情報の表現と管理，情報テクノロジー，情報セキュリティ，情報システムのプログラミング，ネットワークシステム，データベース，情報デザイン，コンテンツの制作と発信，メディアとサービス，情報実習
福 祉	社会福祉基礎，介護福祉基礎，コミュニケーション技術，生活支援技術，介護過程，介護総合演習，介護実習，こころとからだの理解，福祉情報
理 数	理数数学Ⅰ，理数数学Ⅱ，理数数学特論，理数物理，理数化学，理数生物，理数地学
体 育	スポーツ概論，スポーツⅠ，スポーツⅡ，スポーツⅢ，スポーツⅣ，スポーツⅤ，スポーツⅥ，スポーツ総合演習
音 楽	音楽理論，音楽史，演奏研究，ソルフェージュ，声楽，器楽，作曲，鑑賞研究
美 術	美術概論，美術史，鑑賞研究，素描，構成，絵画，版画，彫刻，ビジュアルデザイン，クラフトデザイン，情報メディアデザイン，映像表現，環境造形
英 語	総合英語Ⅰ，総合英語Ⅱ，総合英語Ⅲ，ディベート・ディスカッションⅠ，ディベート・ディスカッションⅡ，エッセイライティングⅠ，エッセイライティングⅡ

付録1

備考

一　（一）及び（二）の表の上欄に掲げる各教科について，それぞれの表の下欄に掲げる各教科に属する科目以外の科目を設けることができる。

二　（一）及び（二）の表の上欄に掲げる各教科以外の教科及び当該教科に関する科目を設けることができる。

附　則

1　この省令は，平成三十四年四月一日から施行する。

2　改正後の学校教育法施行規則（以下この項及び次項において「新令」という。）別表第三の規定は，施行の日以降高等学校（中等教育学校の後期課程及び特別支援学校の高等部を含む。以下この項及び次項において同じ。）に入学した生徒（新令第九十一条（新令第百十三条第一項及び第百三十五条第五項で準用する場合を含む。）の規定により入学した生徒であって同日前に入学した生徒に係る教育課程により履修するものを除く。）に係る教育課程から適用する。

3　前項の規定により新令別表第三の規定が適用されるまでの高等学校の教育課程については，なお従前の例による。

付録1

学校教育法施行規則の一部を改正する省令の一部を改正する省令

平成三十年八月三十一日文部科学省令第二十八号

　学校教育法施行規則の一部を改正する省令（平成三十年文部科学省令第十三号）の一部を次のように改正する。

　次の表により，改正前欄に掲げる規定の傍線を付した部分をこれに順次対応する改正後欄に掲げる規定の傍線を付した部分のように改め，改正前欄及び改正後欄に対応して掲げるその標記部分に二重傍線を付した規定（以下「対象規定」という。）は，改正前欄に掲げる対象規定で改正前欄にこれに対応するものを掲げていないものは，これを加える。

改正後	改正前
附　則 1　この省令は、平成三十四年四月一日から施行する。ただし、附則第四項及び第五項の規定は平成三十一年四月一日から施行する。 2　改正後の学校教育法施行規則（以下「新令」という。）第八十三条及び別表第三の規定は、施行の日以降高等学校（中等教育学校の後期課程及び特別支援学校の高等部を含む。次項及び附則第四項において同じ。）に入学した生徒（新令第九十一条（新令第百十三条第一項及び第百三十五条第五項で準用する場合を含む。附則第四項において同じ。）の規定により入学した生徒であって同日前に入学した生徒に係る教育課程により履修するものを除く。）に係る教育課程から適用する。 3　前項の規定により新令第八十三条及び別表第三の規定が適用されるまでの高等学校の教育課程については、なお従前の例による。 4‖　平成三十一年四月一日から平成三十四年三月三十一日までの間に高等学校に入学した生徒（新令第九十一条の規定により入学した生徒であって平成三十一年三月三十一日までに入学した生徒に係る教育課程により履修するものを除く。）に係る教育課程についての平成三十一年四月一日から新令第八十三条の規定が適用されるまでの間における改正前の学校教育法施行規則（以下「旧令」という。）第八十三条の規定の適用については、同条中「総合的な学習の時間」とあるのは「総合的な探究の時間」とする。 5‖　平成三十一年四月一日から新令別表第三の規定が適用されるまでの間における旧令別表第三の規定の適用については、同表（二）の表福祉の項中「福祉情報活用」とあるのは「福祉情報活用、福祉情報」とする。 備考　表中の〔　〕の記載及び対象規定の二重傍線を付した標記部分を除く全体に付した傍線は注記である。	附　則 1　この省令は、平成三十四年四月一日から施行する。 2　改正後の学校教育法施行規則（以下この項及び次項において「新令」という。）別表第三の規定は、施行の日以降高等学校（中等教育学校の後期課程及び特別支援学校の高等部を含む。以下この項及び次項において同じ。）に入学した生徒（新令第九十一条（新令第百十三条第一項及び第百三十五条第五項で準用する場合を含む。）の規定により入学した生徒であって同日前に入学した生徒に係る教育課程により履修するものを除く。）に係る教育課程から適用する。 3　前項の規定により新令別表第三の規定が適用されるまでの高等学校の教育課程については、なお従前の例による。 〔項を加える。〕 〔項を加える。〕

付録1

附　則

この省令は，公布の日から施行する。

学校教育法施行規則の一部を改正する省令

平成三十一年二月四日文部科学省令第三号

学校教育法施行規則（昭和二十二年文部省令第十一号）の一部を次のように改正する。

次の表により，改正前欄に掲げる規定の傍線を付した部分をこれに順次対応する改正後欄に掲げる規定の傍線を付した部分のように改める。

改正後

第百二十八条　特別支援学校の高等部の教育課程は、別表第三及び別表第五に定める各教科に属する科目、総合的な探究の時間、特別活動並びに自立活動によって編成するものとする。

2　前項の規定にかかわらず、知的障害者である生徒を教育する場合は、国語、社会、数学、理科、音楽、美術、保健体育、職業、家庭、外国語、情報、家政、農業、工業、流通・サービス及び福祉の各教科、第百二十九条に規定する特別支援学校高等部学習指導要領で定めるこれら以外の教科及び特別の教科である道徳、総合的な探究の時間、特別活動並びに自立活動によって教育課程を編成するものとする。

第百三十条　（略）

2　特別支援学校の小学部、中学部又は高等部においては、知的障害者である児童若しくは生徒又は複数の種類の障害を併せ有する児童若しくは生徒を教育する場合において特に必要があるときは、各教科、特別の教科である道徳、外国語活動、特別活動及び自立活動の全部又は一部について、合わせて授業を行うことができる。

別表第五（第百二十八条関係）

(一) 視覚障害者である生徒に対する教育を行う特別支援学校の主として専門学科において開設される各教科

各教科	各教科に属する科目
保健理療	医療と社会、人体の構造と機能、疾病の成り立ちと予防、生活と疾病、基礎保健理療、臨床保健理療、地域保健理療と保健理療経営、保健理療基礎実習、保健理療臨床実習、保健理療情報、課題研究
理療	医療と社会、人体の構造と機能、疾病の成り立ちと予防、生活と疾病、基礎理療学、臨床

改正前

第百二十八条　特別支援学校の高等部の教育課程は、別表第三及び別表第五に定める各教科に属する科目、総合的な学習の時間、特別活動並びに自立活動によって編成するものとする。

2　前項の規定にかかわらず、知的障害者である生徒を教育する場合は、国語、社会、数学、理科、音楽、美術、保健体育、職業、家庭、外国語、情報、家政、農業、工業、流通・サービス及び福祉の各教科、第百二十九条に規定する特別支援学校高等部学習指導要領で定めるこれら以外の教科及び道徳、総合的な学習の時間、特別活動並びに自立活動によって教育課程を編成するものとする。

第百三十条　（略）

2　特別支援学校の小学部、中学部又は高等部においては、知的障害者である児童若しくは生徒又は複数の種類の障害を併せ有する児童若しくは生徒を教育する場合において特に必要があるときは、各教科、特別の教科である道徳（特別支援学校の高等部にあっては、前条に規定する特別支援学校高等部学習指導要領で定める道徳）、外国語活動、特別活動及び自立活動の全部又は一部について、合わせて授業を行うことができる。

別表第五（第百二十八条関係）

(一) 視覚障害者である生徒に対する教育を行う特別支援学校の主として専門学科において開設される各教科

各教科	各教科に属する科目
保健理療	医療と社会、人体の構造と機能、疾病の成り立ちと予防、生活と疾病、基礎保健理療、臨床保健理療、地域保健理療と保健理療経営、保健理療基礎実習、保健理療臨床実習、保健理療情報活用、課題研究
理療	医療と社会、人体の構造と機能、疾病の成り立ちと予防、生活と疾病、基礎理療学、臨床

付録1

区分	各教科に属する科目
(二) 聴覚障害者である生徒に対する教育を行う特別支援学校の主として専門学科において開設される各教科	
理学療法	理療学、地域理療と理療経営、理療基礎実習、理療臨床実習、理療情報、課題研究、人体の構造と機能、疾病と障害、保健・医療・福祉とリハビリテーション、基礎理学療法学、理学療法管理学、理学療法評価学、理学療法治療学、地域理学療法学、理学療法臨床実習、理学療法情報、課題研究
各教科	各教科に属する科目
印刷	印刷概論、印刷デザイン、印刷製版技術、DTP技術、印刷情報技術、デジタル画像技術、印刷総合実習、課題研究
理容・美容	関係法規・制度、衛生管理、保健、香粧品化学、文化論、理容・美容技術理論、運営管理、理容実習、美容実習、理容・美容情報、課題研究
クリーニング	(略)
歯科技工	歯科技工関係法規、歯科技工学概論、歯科理工学、歯の解剖学、顎口腔機能学、有床義歯技工学、歯冠修復技工学、矯正歯科技工学、小児歯科技工学、歯科技工実習、歯科技工情報、課題研究
備考	(略)

区分	各教科に属する科目
(二) 聴覚障害者である生徒に対する教育を行う特別支援学校の主として専門学科において開設される各教科	
理学療法	理療学、地域理療と理療経営、理療基礎実習、理療臨床実習、理療情報活用、課題研究、人体の構造と機能、疾病と障害、保健・医療・福祉とリハビリテーション、基礎理学療法学、理学療法評価学、理学療法治療学、地域理学療法学、臨床実習、理学療法情報活用、課題研究
各教科	各教科に属する科目
印刷	印刷概論、写真製版、印刷機械・材料、印刷デザイン、写真化学・光学、文書処理・管理、印刷情報技術基礎、画像技術、印刷総合実習、課題研究
理容・美容	理容・美容関係法規、衛生管理、理容・美容保健、理容・美容の物理・化学、理容・美容文化論、理容・美容技術理論、理容・美容運営管理、理容実習、理容・美容情報活用、課題研究
クリーニング	(略)
歯科技工	歯科技工関係法規、歯科技工学概論、歯科理工学、歯の解剖学、顎口腔機能学、有床義歯技工学、歯冠修復技工学、矯正歯科技工学、小児歯科技工学、歯科技工実習、歯科技工情報活用、課題研究
備考	(略)

附　則

1　この省令は，平成三十四年四月一日から施行する。ただし，附則第四項及び第五項の規定は平成三十一年四月一日から，附則第六項の規定は平成三十二年四月一日から施行する。

2　この省令による改正後の学校教育法施行規則（以下「新令」という。）第百二十八条，第百三十条第二項及び別表第五の規定は，この省令の施行の日以降特別支援学校の高等部に入学した生徒（新令第百三十五条第五項の規定により準用される新令第九十一条の規定により入学した生徒であって同日前に入学した生徒に係る教育課程により履修するものを除く。）に係る教育課程から適用する。

3　前項の規定により新令第百二十八条，第百三十条第二項及び別表第五の規定が適用されるまでの特別支援学校の高等部の教育課程については，なお従前の例による。

付録1

4 平成三十一年四月一日から平成三十四年三月三十一日までの間に特別支援学校の高等部に入学した生徒（新令第百三十五条第五項の規定により準用される新令第九十一条の規定により入学した生徒であって平成三十一年三月三十一日までに入学した生徒に係る教育課程により履修するものを除く。）に係る教育課程についての平成三十一年四月一日から新令第百二十八条の規定が適用されるまでの間におけるこの省令による改正前の学校教育法施行規則（以下「旧令」という。）第百二十八条の規定の適用については，同条中「総合的な学習の時間」とあるのは「総合的な探究の時間」とする。

5 平成三十一年四月一日から新令別表第五の規定が適用されるまでの間における旧令別表第五の規定の適用については，同表（一）の表保健理療の項中「課題研究」とあるのは「課題研究，保健理療情報」とし，同表理療の項中「課題研究」とあるのは「課題研究，理療情報」とし，同表理学療法の項中「課題研究」とあるのは「課題研究，理学療法管理学，理学療法臨床実習，理学療法情報」とし，同表（二）の表印刷の項中「課題研究」とあるのは「課題研究，印刷製版技術，DTP技術，印刷情報技術，デジタル画像技術」とし，同表理容・美容の項中「課題研究」とあるのは「課題研究，関係法規・制度，保健，香粧品化学，文化論，運営管理，美容実習，理容・美容情報」とし，同表歯科技工の項中「課題研究」とあるのは「課題研究，歯科技工情報」とする。

6 平成三十二年四月一日から平成三十四年三月三十一日までの間に特別支援学校の高等部に入学した生徒（新令第百三十五条第五項の規定により準用される新令第九十一条の規定により入学した生徒であって平成三十二年三月三十一日までに入学した生徒に係る教育課程により履修するものを除く。）に係る教育課程についての平成三十二年四月一日から新令第百二十八条第二項及び第百三十条第二項の規定が適用されるまでの間における旧令第百二十八条第二項の規定の適用については，同項中「道徳」とあるのは「特別の教科である道徳」とし，旧令第百三十条第二項の規定の適用については，同項中「特別の教科である道徳（特別支援学校の高等部にあっては，前条に規定する特別支援学校高等部学習指導要領で定める道徳）」とあるのは「特別の教科である道徳」とする。

付録1

特別支援学校の高等部の学科を定める省令（抄）

学校教育法（昭和二十二年法律第二十六号）第七十三条の規定に基づき，盲学校及び聾学校の高等部の学科を定める省令を次のように定める。

第一条　特別支援学校の高等部の学科は，普通教育を主とする学科及び専門教育を主とする学科とする。

第二条　特別支援学校の高等部の普通教育を主とする学科は，普通科とする。

2　特別支援学校の高等部の専門教育を主とする学科は，次の表に掲げる学科その他専門教育を施す学科として適正な規模及び内容があると認められるものとする。

視覚障害者である生徒に対する教育を行う学科	一　家庭に関する学科 二　音楽に関する学科 三　理療に関する学科 四　理学療法に関する学科
聴覚障害者である生徒に対する教育を行う学科	一　農業に関する学科 二　工業に関する学科 三　商業に関する学科 四　家庭に関する学科 五　美術に関する学科 六　理容・美容に関する学科 七　歯科技工に関する学科
知的障害者，肢体不自由者又は病弱者（身体虚弱者を含む。）である生徒に対する教育を行う学科	一　農業に関する学科 二　工業に関する学科 三　商業に関する学科 四　家庭に関する学科 五　産業一般に関する学科

付録1

附　則

（平成十九年三月三〇日文部科学省令第五号）抄

（施行期日）

第一条　この省令は，学校教育法等の一部を改正する法律（以下「改正法」という。）の施行の日（平成十九年四月一日）から施行する。

293

特別支援学校高等部学習指導要領　第1章　総則（抄）

第1章　総　　則

第1節　教育目標

　高等部における教育については，学校教育法第72条に定める目的を実現するために，生徒の障害の状態や特性及び心身の発達の段階等を十分考慮して，次に掲げる目標の達成に努めなければならない。

1　学校教育法第51条に規定する高等学校教育の目標

2　生徒の障害による学習上又は生活上の困難を改善・克服し自立を図るために必要な知識，技能，態度及び習慣を養うこと。

第2節　教育課程の編成

第1款　高等部における教育の基本と教育課程の役割

1　各学校においては，教育基本法及び学校教育法その他の法令並びにこの章以下に示すところに従い，生徒の人間として調和のとれた育成を目指し，生徒の障害の状態や特性及び心身の発達の段階等，学科の特色及び学校や地域の実態を十分考慮して，適切な教育課程を編成するものとし，これらに掲げる目標を達成するよう教育を行うものとする。

2　学校の教育活動を進めるに当たっては，各学校において，第3款の1に示す主体的・対話的で深い学びの実現に向けた授業改善を通して，創意工夫を生かした特色ある教育活動を展開する中で，次の(1)から(4)までに掲げる事項の実現を図り，生徒に生きる力を育むことを目指すものとする。

(1)　基礎的・基本的な知識及び技能を確実に習得させ，これらを活用して課題を解決するために必要な思考力，判断力，表現力等を育むとともに，主体的に学習に取り組む態度を養い，個性を生かし多様な人々との協働を促す教育の充実に努めること。その際，生徒の発達の段階を考慮して，生徒の言語活動など，学習の基盤をつくる活動を充実するとともに，家庭との連携を図りながら，生徒の学習習慣が確立するよう配慮すること。

(2)　道徳教育や体験活動，多様な表現や鑑賞の活動等を通して，豊かな心や創造性の涵養を目指した教育の充実に努めること。

　　学校における道徳教育は，人間としての在り方生き方に関する教育を学校の教育活動全体を通じて行うことによりその充実を図るものとし，視覚障害者，聴覚障害者，肢体不自由者又は病弱者である生徒に対する教育を行う特別支援学校においては，各教科に属する科目（以下「各教科・科目」という。），総合的な探究の時間，特別活動及び自立活動（以下「各教科・科目等」という。）において，また，知的障害者である生徒に対する教育を行う特別支援学校においては，第3章に掲げる特別の教科である道徳（以下「道徳科」という。）を要として，各教科，総合的な探究の時間，特別活動及び自立活動において，それぞれの特質に応じて，適切な指導を行うこと。

　　道徳教育は，教育基本法及び学校教育法に定められた教育の根本精神に基づき，生徒が自己探求と自己実現に努め国家・社会の一員としての自覚に基づき行為しうる発達の段階にあることを考慮し，人間としての在り方生き方を考え，主体的な判断の下に行動し，自立した人間として他者と共によりよく生きるための基盤となる道徳性を養うことを目標とすること。

　　道徳教育を進めるに当たっては，人間尊重の精神と生命に対する畏敬の念を家庭，学校，その

他社会における具体的な生活の中に生かし，豊かな心をもち，伝統と文化を尊重し，それらを育んできた我が国と郷土を愛し，個性豊かな文化の創造を図るとともに，平和で民主的な国家及び社会の形成者として，公共の精神を尊び，社会及び国家の発展に努め，他国を尊重し，国際社会の平和と発展や環境の保全に貢献し未来を拓く主体性のある日本人の育成に資することとなるよう特に留意すること。

(3) 学校における体育・健康に関する指導を，生徒の発達の段階を考慮して，学校の教育活動全体を通じて適切に行うことにより，健康で安全な生活と豊かなスポーツライフの実現を目指した教育の充実に努めること。特に，学校における食育の推進並びに体力の向上に関する指導，安全に関する指導及び心身の健康の保持増進に関する指導については，保健体育科，家庭科及び特別活動の時間はもとより，各教科・科目，総合的な探究の時間及び自立活動（知的障害者である生徒に対する教育を行う特別支援学校においては，各教科，道徳科，総合的な探究の時間及び自立活動。）などにおいてもそれぞれの特質に応じて適切に行うよう努めること。また，それらの指導を通して，家庭や地域社会との連携を図りながら，日常生活において適切な体育・健康に関する活動の実践を促し，生涯を通じて健康・安全で活力ある生活を送るための基礎が培われるよう配慮すること。

(4) 学校における自立活動の指導は，障害による学習上又は生活上の困難を改善・克服し，自立し社会参加する資質を養うため，自立活動の時間はもとより，学校の教育活動全体を通じて適切に行うものとする。特に，自立活動の時間における指導は，各教科・科目，総合的な探究の時間及び特別活動（知的障害者である生徒に対する教育を行う特別支援学校においては，各教科，道徳科，総合的な探究の時間及び特別活動。）と密接な関連を保ち，個々の生徒の障害の状態や特性及び心身の発達の段階等を的確に把握して，適切な指導計画の下に行うよう配慮すること。

3　2の(1)から(4)までに掲げる事項の実現を図り，豊かな創造性を備え持続可能な社会の創り手となることが期待される生徒に，生きる力を育むことを目指すに当たっては，学校教育全体，各教科・科目等並びに知的障害者である生徒に対する教育を行う特別支援学校における各教科，道徳科，総合的な探究の時間，特別活動及び自立活動（以下「各教科等」という。）において，それぞれの指導を通してどのような資質・能力の育成を目指すのかを明確にしながら，教育活動の充実を図るものとする。その際，生徒の障害の状態や特性及び心身の発達の段階等を踏まえつつ，次に掲げることが偏りなく実現できるようにするものとする。

(1) 知識及び技能が習得されるようにすること。

(2) 思考力，判断力，表現力等を育成すること。

(3) 学びに向かう力，人間性等を涵養すること。

4　学校においては，生徒の障害の状態や特性及び心身の発達の段階等，学校や地域の実態等に応じて，就業やボランティアに関わる体験的な学習の指導を適切に行うようにし，勤労の尊さや創造することの喜びを体得させ，望ましい勤労観，職業観の育成や社会奉仕の精神の涵養に資するものとする。

5　各学校においては，生徒や学校，地域の実態を適切に把握し，教育の目的や目標の実現に必要な教育の内容等を教科等横断的な視点で組み立てていくこと，教育課程の実施状況を評価してその改善を図っていくこと，教育課程の実施に必要な人的又は物的な体制を確保するとともにその改善を図っていくことなどを通して，教育課程に基づき組織的かつ計画的に各学校の教育活動の質の向上を図っていくこと（以下「カリキュラム・マネジメント」という。）に努めるものとする。その際，生徒に何が身に付いたかという学習の成果を的確に捉え，第2款の3の(5)のイに示す個別の指導計画の実施状況の評価と改善を，教育課程の評価と改善につなげていくよう工夫すること。

付録2

1　各学校の教育目標と教育課程の編成

　　教育課程の編成に当たっては，学校教育全体，各教科・科目等及び各教科等において，それぞれ
　の指導を通して育成を目指す資質・能力を踏まえつつ，各学校の教育目標を明確にするとともに，
　教育課程の編成についての基本的な方針が家庭や地域とも共有されるよう努めるものとする。その
　際，第4章総合的な探究の時間において準ずるものとしている高等学校学習指導要領第4章の第2
　の1に基づき定められる目標との関連を図るものとする。

2　教科等横断的な視点に立った資質・能力の育成

　(1)　各学校においては，生徒の障害の状態や特性及び心身の発達の段階等を考慮し，言語能力，情
　　報活用能力（情報モラルを含む。），問題発見・解決能力等の学習の基盤となる資質・能力を育成
　　していくことができるよう，各教科・科目等又は各教科等の特質を生かし，教科等横断的な視点
　　から教育課程の編成を図るものとする。

　(2)　各学校においては，生徒や学校，地域の実態並びに生徒の障害の状態や特性及び心身の発達の
　　段階等を考慮し，豊かな人生の実現や災害等を乗り越えて次代の社会を形成することに向けた現
　　代的な諸課題に対応して求められる資質・能力を，教科等横断的な視点で育成していくことがで
　　きるよう，各学校の特色を生かした教育課程の編成を図るものとする。

3　教育課程の編成における共通的事項

　(1)　視覚障害者，聴覚障害者，肢体不自由者又は病弱者である生徒に対する教育を行う特別支援学
　　校における各教科・科目等の履修等

　　ア　各教科・科目及び単位数等

　　　(ｱ)　卒業までに履修させる単位数等

　　　　各学校においては，卒業までに履修させる（ｲ）から（ｵ）までに示す各教科・科目及びその
　　　単位数，総合的な探究の時間の単位数，特別活動及びその授業時数並びに自立活動の授業時
　　　数に関する事項を定めるものとする。この場合，卒業までに履修させる単位数の計は，イの
　　　（ｱ）及び（ｲ）に掲げる各教科・科目の単位数並びに総合的な探究の時間の単位数を含めて74
　　　単位（自立活動の授業については，授業時数を単位数に換算して，この単位数に含めること
　　　ができる。）以上とする。

　　　　単位については，1単位時間を50分とし，35単位時間の授業を1単位として計算するこ
　　　とを標準とする。

　　　(ｲ)　各学科に共通する各教科・科目及び標準単位数

　　　　各学校においては，教育課程の編成に当たって，次の表に掲げる各教科・科目及びその標
　　　準単位数を踏まえ，生徒に履修させる各教科・科目及びそれらの単位数について適切に定め
　　　るものとする。ただし，生徒の実態等を考慮し，特に必要がある場合には，標準単位数の標
　　　準の限度を超えて単位数を増加して配当することができる。

教　科	科　目	標　準単位数			
			地理歴史	地理総合	2
				地理探究	3
国　語	現代の国語	2		歴史総合	2
	言語文化	2		日本史探究	3
	論理国語	4		世界史探究	3
	文学国語	4	公　民	公共	2
	国語表現	4		倫理	2
	古典探究	4		政治・経済	2

数　学	数学 I	3	芸　術	工芸 I	2
	数学 II	4		工芸 II	2
	数学 III	3		工芸 III	2
	数学 A	2		書道 I	2
	数学 B	2		書道 II	2
	数学 C	2		書道 III	2
理　科	科学と人間生活	2	外 国 語	英語コミュニケーション I	3
	物理基礎	2		英語コミュニケーション II	4
	物理	4			
	化学基礎	2		英語コミュニケーション III	4
	化学	4			
	生物基礎	2		論理・表現 I	2
	生物	4		論理・表現 II	2
	地学基礎	2		論理・表現 III	2
	地学	4			
保健体育	体育	7〜8	家　庭	家庭基礎	2
	保健	2		家庭総合	4
芸　術	音楽 I	2	情　報	情報 I	2
	音楽 II	2		情報 II	2
	音楽 III	2	理　数	理数探究基礎	1
	美術 I	2		理数探究	2〜5
	美術 II	2			
	美術 III	2			

(ウ) 主として専門学科において開設される各教科・科目

　　各学校においては，教育課程の編成に当たって，視覚障害者である生徒に対する教育を行う特別支援学校にあっては次の表の⑦及び④，聴覚障害者である生徒に対する教育を行う特別支援学校にあっては次の表の⑦及び⑦，肢体不自由者又は病弱者である生徒に対する教育を行う特別支援学校にあっては次の表の⑦に掲げる主として専門学科（専門教育を主とする学科をいう。以下同じ。）において開設される各教科・科目及び設置者の定めるそれぞれの標準単位数を踏まえ，生徒に履修させる各教科・科目及びその単位数について適切に定めるものとする。

⑦　視覚障害者，聴覚障害者，肢体不自由者又は病弱者である生徒に対する教育を行う特別支援学校

教　科	科　　　目
農　業	農業と環境，課題研究，総合実習，農業と情報，作物，野菜，果樹，草花，畜産，栽培と環境，飼育と環境，農業経営，農業機械，植物バイオテクノロジー，食品製造，食品化学，食品微生物，食品流通，森林科学，森林経営，林産物利用，農業土木設計，農業土木施工，水循環，造園計画，造園施工管理，造園植栽，測量，生物活用，地域資源活用
工　業	工業技術基礎，課題研究，実習，製図，工業情報数理，工業材料技術，工業技術英語，工業管理技術，工業環境技術，機械工作，機械設計，原動機，電子機械，生産技術，自動車工学，自動車整備，船舶工学，電気回路，電気機器，電力技術，電子技術，電子回路，電子計測制御，通信技術，プログラミング技術，ハードウェア技術，ソフトウェア技術，コ

工 業	ンピュータシステム技術，建築構造，建築計画，建築構造設計，建築施工，建築法規，設備計画，空気調和設備，衛生・防災設備，測量，土木基盤力学，土木構造設計，土木施工，社会基盤工学，工業化学，化学工学，地球環境化学，材料製造技術，材料工学，材料加工，セラミック化学，セラミック技術，セラミック工業，繊維製品，繊維・染色技術，染織デザイン，インテリア計画，インテリア装備，インテリアエレメント生産，デザイン実践，デザイン材料，デザイン史
商 業	ビジネス基礎，課題研究，総合実践，ビジネス・コミュニケーション，マーケティング，商品開発と流通，観光ビジネス，ビジネス・マネジメント，グローバル経済，ビジネス法規，簿記，財務会計Ⅰ，財務会計Ⅱ，原価計算，管理会計，情報処理，ソフトウェア活用，プログラミング，ネットワーク活用，ネットワーク管理
水 産	水産海洋基礎，課題研究，総合実習，海洋情報技術，水産海洋科学，漁業，航海・計器，船舶運用，船用機関，機械設計工作，電気理論，移動体通信工学，海洋通信技術，資源増殖，海洋生物，海洋環境，小型船舶，食品製造，食品管理，水産流通，ダイビング，マリンスポーツ
家 庭	生活産業基礎，課題研究，生活産業情報，消費生活，保育基礎，保育実践，生活と福祉，住生活デザイン，服飾文化，ファッション造形基礎，ファッション造形，ファッションデザイン，服飾手芸，フードデザイン，食文化，調理，栄養，食品，食品衛生，公衆衛生，総合調理実習
看 護	基礎看護，人体の構造と機能，疾病の成り立ちと回復の促進，健康支援と社会保障制度，成人看護，老年看護，小児看護，母性看護，精神看護，在宅看護，看護の統合と実践，看護臨地実習，看護情報
情 報	情報産業と社会，課題研究，情報の表現と管理，情報テクノロジー，情報セキュリティ，情報システムのプログラミング，ネットワークシステム，データベース，情報デザイン，コンテンツの制作と発信，メディアとサービス，情報実習
福 祉	社会福祉基礎，介護福祉基礎，コミュニケーション技術，生活支援技術，介護過程，介護総合演習，介護実習，こころとからだの理解，福祉情報
理 数	理数数学Ⅰ，理数数学Ⅱ，理数数学特論，理数物理，理数化学，理数生物，理数地学
体 育	スポーツ概論，スポーツⅠ，スポーツⅡ，スポーツⅢ，スポーツⅣ，スポーツⅤ，スポーツⅥ，スポーツ総合演習
音 楽	音楽理論，音楽史，演奏研究，ソルフェージュ，声楽，器楽，作曲，鑑賞研究
美 術	美術概論，美術史，鑑賞研究，素描，構成，絵画，版画，彫刻，ビジュアルデザイン，クラフトデザイン，情報メディアデザイン，映像表現，環境造形
英 語	総合英語Ⅰ，総合英語Ⅱ，総合英語Ⅲ，ディベート・ディスカッションⅠ，ディベート・ディスカッションⅡ，エッセイライティングⅠ，エッセイライティングⅡ

⒤ 視覚障害者である生徒に対する教育を行う特別支援学校

教　科	科　目
保健理療	医療と社会，人体の構造と機能，疾病の成り立ちと予防，生活と疾病，基礎保健理療，臨床保健理療，地域保健理療と保健理療経営，保健理療基礎実習，保健理療臨床実習，保健理療情報，課題研究

⒥ 聴覚障害者である生徒に対する教育を行う特別支援学校

教　科	科　目
印　刷	印刷概論，印刷デザイン，印刷製版技術，ＤＴＰ技術，印刷情報技術，デジタル画像技術，印刷総合実習，課題研究
理容・美容	関係法規・制度，衛生管理，保健，香粧品化学，文化論，理容・美容技術理論，運営管理，理容実習，美容実習，理容・美容情報，課題研究
クリーニング	クリーニング関係法規，公衆衛生，クリーニング理論，繊維，クリーニング機器・装置，クリーニング実習，課題研究

⒣ 学校設定科目

　　学校においては，生徒や学校，地域の実態及び学科の特色等に応じ，特色ある教育課程の編成に資するよう，⒤及び⒥の表に掲げる教科について，これらに属する科目以外の科目（以下「学校設定科目」という。）を設けることができる。この場合において，学校設定科目の名称，目標，内容，単位数等については，その科目の属する教科の目標に基づき，高等部における教育としての水準の確保に十分配慮し，各学校の定めるところによるものとする。

⒪ 学校設定教科

　⒢　学校においては，生徒や学校，地域の実態及び学科の特色等に応じ，特色ある教育課程の編成に資するよう，⒤及び⒥の表に掲げる教科以外の教科（以下この項及び第４款の１の⑵において「学校設定教科」という。）及び当該教科に関する科目を設けることができる。この場合において，学校設定教科及び当該教科に関する科目の名称，目標，内容，単位数等については，高等部における教育の目標に基づき，高等部における教育としての水準の確保に十分配慮し，各学校の定めるところによるものとする。

　⒣　学校においては，学校設定教科に関する科目として「産業社会と人間」を設けることができる。この科目の目標，内容，単位数等を各学校において定めるに当たっては，産業社会における自己の在り方生き方について考えさせ，社会に積極的に寄与し，生涯にわたって学習に取り組む意欲や態度を養うとともに，生徒の主体的な各教科・科目の選択に資するよう，就業体験活動等の体験的な学習や調査・研究などを通して，次のような事項について指導することに配慮するものとする。

　　a　社会生活や職業生活に必要な基本的な能力や態度及び望ましい勤労観，職業観の育成

　　b　我が国の産業の発展とそれがもたらした社会の変化についての考察

　　c　自己の将来の生き方や進路についての考察及び各教科・科目の履修計画の作成

イ　各教科・科目の履修等

⒜　各学科に共通する必履修教科・科目及び総合的な探究の時間

　⒢　全ての生徒に履修させる各教科・科目（以下「必履修教科・科目」という。）は次のとおりとし，その単位数は，アの⒤に標準単位数として示された単位数を下らないものとする。ただし，生徒の実態及び専門学科の特色等を考慮し，特に必要がある場合には，「数学Ⅰ」及び「英語コミュニケーションⅠ」については２単位とすることができ，その

付録2

299

他の必履修教科・科目（標準単位数が２単位であるものを除く。）についてはその単位数の一部を減じることができる。

a 国語のうち「現代の国語」及び「言語文化」

b 地理歴史のうち「地理総合」及び「歴史総合」

c 公民のうち「公共」

d 数学のうち「数学Ⅰ」

e 理科のうち「科学と人間生活」，「物理基礎」，「化学基礎」，「生物基礎」及び「地学基礎」のうちから２科目（うち１科目は「科学と人間生活」とする。）又は「物理基礎」，「化学基礎」，「生物基礎」及び「地学基礎」のうちから３科目

f 保健体育のうち「体育」及び「保健」

g 芸術のうち「音楽Ⅰ」，「美術Ⅰ」，「工芸Ⅰ」及び「書道Ⅰ」のうちから１科目

h 外国語のうち「英語コミュニケーションⅠ」（英語以外の外国語を履修する場合は，学校設定科目として設ける１科目とし，その標準単位数は３単位とする。）

i 家庭のうち「家庭基礎」及び「家庭総合」のうちから１科目

j 情報のうち「情報Ⅰ」

㋑ 総合的な探究の時間については，全ての生徒に履修させるものとし，その単位数は，各学校において，生徒や学校の実態に応じて適切に定めるものとする。

㋒ 外国の高等学校等に留学していた生徒について，外国の高等学校等における履修により，必履修教科・科目又は総合的な探究の時間の履修と同様の成果が認められる場合においては，外国の高等学校等における履修をもって相当する必履修教科・科目又は総合的な探究の時間の履修の一部又は全部に替えることができる。

(イ) 専門学科における各教科・科目の履修

専門学科における各教科・科目の履修については，(ア)のほか次のとおりとする。

㋐ 専門学科においては，専門教科・科目（アの(ウ)の表に掲げる各教科・科目，同表の教科に属する学校設定科目及び専門教育に関する学校設定教科に関する科目をいう。以下同じ。）について，全ての生徒に履修させる単位数は，25単位を下らないこと。ただし，各学科の目標を達成する上で，専門教科・科目以外の各教科・科目の履修により，専門教科・科目の履修と同様の成果が期待できる場合においては，その専門教科・科目以外の各教科・科目の単位数の一部の履修をもって，当該専門教科・科目の単位数の一部の履修に替えることができること。

㋑ 専門教科・科目の履修によって，(ア)の必履修教科・科目の履修と同様の成果が期待できる場合においては，その専門教科・科目の履修をもって，必履修教科・科目の履修の一部又は全部に替えることができること。

㋒ 職業教育を主とする専門学科においては，総合的な探究の時間の履修により，農業，工業，商業，水産，家庭，情報，保健理療，印刷，理容・美容若しくはクリーニングの各教科の「課題研究」，看護の「看護臨地実習」又は福祉の「介護総合演習」（以下「課題研究等」という。）の履修と同様の成果が期待できる場合においては，総合的な探究の時間の履修をもって課題研究等の履修の一部又は全部に替えることができること。また，課題研究等の履修により，総合的な探究の時間の履修と同様の成果が期待できる場合においては，課題研究等の履修をもって総合的な探究の時間の履修の一部又は全部に替えることができること。

ウ 各教科・科目等の授業時数等

(ア) 各教科・科目，ホームルーム活動及び自立活動の授業は，年間35週行うことを標準とし，必要がある場合には，各教科・科目及び自立活動の授業を特定の学期又は特定の期間

（夏季，冬季，学年末等の休業日の期間に授業日を設定する場合を含む。）に行うことができる。

（イ）週当たりの授業時数は，30単位時間を標準とする。ただし，特に必要がある場合には，これを増加することができる。

（ウ）ホームルーム活動の授業時数については，原則として，年間35単位時間以上とするものとする。

（エ）生徒会活動及び学校行事については，生徒や学校の実態に応じて，それぞれ適切な授業時数を充てるものとする。

（オ）各学年の自立活動の時間に充てる授業時数は，生徒の障害の状態や特性及び心身の発達の段階等に応じて，適切に定めるものとする。

（カ）各教科・科目等のそれぞれの授業の1単位時間は，各学校において，各教科・科目等の授業時数を確保しつつ，生徒の実態及び各教科・科目等の特質を考慮して適切に定めるものとする。

（キ）各教科・科目等の特質に応じ，10分から15分程度の短い時間を活用して特定の各教科・科目等の指導を行う場合において，当該各教科・科目等を担当する教師が単元や題材など内容や時間のまとまりを見通した中で，その指導内容の決定や指導の成果の把握と活用等を責任をもって行う体制が整備されているときは，その時間を当該各教科・科目等の授業時数に含めることができる。

（ク）総合的な探究の時間における学習活動により，特別活動の学校行事に掲げる各行事の実施と同様の成果が期待できる場合においては，総合的な探究の時間における学習活動をもって相当する特別活動の学校行事に掲げる各行事の実施に替えることができる。

（ケ）理数の「理数探究基礎」又は「理数探究」の履修により，総合的な探究の時間の履修と同様の成果が期待できる場合においては，「理数探究基礎」又は「理数探究」の履修をもって総合的な探究の時間の履修の一部又は全部に替えることができる。

(2) 知的障害者である生徒に対する教育を行う特別支援学校における各教科等の履修等

ア　各教科等の履修

（ア）卒業までに履修させる各教科等

各学校においては，卒業までに履修させる（イ）から（エ）までに示す各教科及びその授業時数，道徳科及び総合的な探究の時間の授業時数，特別活動及びその授業時数並びに自立活動の授業時数に関する事項を定めるものとする。

（イ）各学科に共通する各教科等

㋐　国語，社会，数学，理科，音楽，美術，保健体育，職業及び家庭の各教科，道徳科，総合的な探究の時間，特別活動並びに自立活動については，特に示す場合を除き，全ての生徒に履修させるものとする。

㋑　外国語及び情報の各教科については，生徒や学校の実態を考慮し，必要に応じて設けることができる。

（ウ）主として専門学科において開設される各教科

㋐　専門学科においては，（イ）のほか，家政，農業，工業，流通・サービス若しくは福祉の各教科又は（エ）に規定する学校設定教科のうち専門教育に関するもの（以下「専門教科」という。）のうち，いずれか1以上履修させるものとする。

㋑　専門教科の履修によって，（イ）の㋐の全ての生徒に履修させる各教科の履修と同様の成果が期待できる場合においては，その専門教科の履修をもって，全ての生徒に履修させる各教科の履修に替えることができる。

（エ）学校設定教科

学校においては，生徒や学校，地域の実態及び学科の特色等に応じ，特色ある教育課程の編成に資するよう，(イ)及び(ウ)に掲げる教科以外の教科（以下この項において「学校設定教科」という。）を設けることができる。この場合において，学校設定教科の名称，目標，内容等については，高等部における教育の目標に基づき，高等部における教育としての水準の確保に十分配慮し，各学校の定めるところによるものとする。

イ　各教科等の授業時数等

(ア)　各教科等（ただし，この項及び(ク)において，特別活動についてはホームルーム活動に限る。）の総授業時数は，各学年とも1,050単位時間（１単位時間は，50分として計算するものとする。(ウ)において同じ。）を標準とし，特に必要がある場合には，これを増加することができる。この場合，各教科等の目標及び内容を考慮し，各教科及び総合的な探究の時間の配当学年及び当該学年における授業時数，道徳科，特別活動及び自立活動の各学年における授業時数を適切に定めるものとする。

(イ)　各教科，道徳科，ホームルーム活動及び自立活動の授業は，年間35週行うことを標準とし，必要がある場合には，各教科，道徳科及び自立活動の授業を特定の学期又は特定の期間（夏季，冬季，学年末等の休業日の期間に授業日を設定する場合を含む。）に行うことができる。

(ウ)　専門学科においては，専門教科について，全ての生徒に履修させる授業時数は，875単位時間を下らないものとする。

(エ)　ホームルーム活動の授業時数については，原則として，年間35単位時間以上とするものとする。

(オ)　生徒会活動及び学校行事については，生徒や学校の実態に応じて，それぞれ適切な授業時数を充てるものとする。

(カ)　総合的な探究の時間に充てる授業時数は，各学校において，生徒や学校の実態に応じて，適切に定めるものとする。

(キ)　各学年の自立活動の時間に充てる授業時数は，生徒の障害の状態や特性及び心身の発達の段階等に応じて，適切に定めるものとする。

(ク)　各教科等のそれぞれの授業の１単位時間は，各学校において，各教科等の授業時数を確保しつつ，生徒の実態及び各教科等の特質を考慮して適切に定めるものとする。

(ケ)　各教科等の特質に応じ，10分から15分程度の短い時間を活用して特定の各教科等の指導を行う場合において，当該各教科等を担当する教師が単元や題材など内容の時間のまとまりを見通した中で，その指導内容の決定や指導の成果の把握と活用等を責任をもって行う体制が整備されているときは，その時間を当該各教科等の授業時数に含めることができる。

(コ)　総合的な探究の時間における学習活動により，特別活動の学校行事に掲げる各行事の実施と同様の成果が期待できる場合においては，総合的な探究の時間における学習活動をもって相当する特別活動の学校行事に掲げる各行事の実施に替えることができる。

(3)　選択履修の趣旨を生かした適切な教育課程の編成

　　教育課程の編成に当たっては，生徒の障害の状態や特性及び心身の発達の段階等に応じた適切な各教科・科目（知的障害者である生徒に対する教育を行う特別支援学校においては各教科。以下この項，(4)のイ，(6)及び第５款において同じ。）の履修ができるようにし，このため，多様な各教科・科目を設け生徒が自由に選択履修することのできるよう配慮するものとする。また，教育課程の類型を設け，そのいずれかの類型を選択して履修させる場合においても，その類型において履修させることになっている各教科・科目以外の各教科・科目を履修させたり，生徒が自由に選択履修することのできる各教科・科目を設けたりするものとする。

(4)　各教科・科目等又は各教科等の内容等の取扱い

ア　学校においては，第2章以下に示していない事項を加えて指導することができる。また，第2章第1節第1款において準ずるものとしている高等学校学習指導要領第2章及び第3章並びに同節第3款から第9款までに示す各科目又は第2節第1款及び第2款に示す各教科の内容の取扱いのうち内容の範囲や程度等を示す事項は，当該科目（知的障害者である生徒に対する教育を行う特別支援学校においては各教科。）を履修する全ての生徒に対して指導するものとする内容の範囲や程度等を示したものであり，学校において必要がある場合には，この事項にかかわらず指導することができる。ただし，これらの場合には，第2章以下に示す各教科・科目等又は各教科等の目標や内容の趣旨を逸脱したり，生徒の負担が過重となったりすることのないようにするものとする。

イ　第2章以下に示す各教科・科目，特別活動及び自立活動の内容に掲げる事項の順序は，特に示す場合を除き，指導の順序を示すものではないので，学校においては，その取扱いについて適切な工夫を加えるものとする。

ウ　視覚障害者，聴覚障害者，肢体不自由者又は病弱者である生徒に対する教育を行う特別支援学校においては，あらかじめ計画して，各教科・科目の内容及び総合的な探究の時間における学習活動を学期の区分に応じて単位ごとに分割して指導することができる。

エ　視覚障害者，聴覚障害者，肢体不自由者又は病弱者である生徒に対する教育を行う特別支援学校においては，特に必要がある場合には，第2章に示す教科及び科目の目標の趣旨を損なわない範囲内で，各教科・科目の内容に関する事項について，基礎的・基本的な事項に重点を置くなどその内容を適切に選択して指導することができる。

オ　知的障害者である生徒に対する教育を行う特別支援学校において，各教科の指導に当たっては，各教科の段階に示す内容を基に，生徒の知的障害の状態や経験等に応じて，具体的に指導内容を設定するものとする。その際，高等部の3年間を見通して計画的に指導するものとする。

カ　知的障害者である生徒に対する教育を行う特別支援学校において，道徳科の指導に当たっては，第3章に示す道徳科の目標及び内容に示す事項を基に，生徒の知的障害の状態や経験等に応じて，具体的に指導内容を設定するものとする。

(5) 指導計画の作成等に当たっての配慮すべき事項

ア　各学校においては，次の事項に配慮しながら，学校の創意工夫を生かし，全体として，調和のとれた具体的な指導計画を作成するものとする。

(ア) 各教科・科目等又は各教科等の指導内容については，単元や題材など内容や時間のまとまりを見通しながら，そのまとめ方や重点の置き方に適切な工夫を加え，第3款の1に示す主体的・対話的で深い学びの実現に向けた授業改善を通して資質・能力を育む効果的な指導ができるようにすること。

(イ) 各教科・科目等又は各教科等について相互の関連を図り，系統的，発展的な指導ができるようにすること。

(ウ) 知的障害者である生徒に対する教育を行う特別支援学校において，各教科等の一部又は全部を合わせて指導を行う場合には，各教科，道徳科，特別活動及び自立活動の内容を基に，生徒の知的障害の状態や経験等に応じて，具体的に指導内容を設定するものとする。また，各教科，道徳科，特別活動及び自立活動の内容の一部又は全部を合わせて指導を行う場合は，授業時数を適切に定めること。

イ　各教科・科目等又は各教科等の指導に当たっては，個々の生徒の実態を的確に把握し，次の事項に配慮しながら，個別の指導計画を作成すること。

(ア) 生徒の障害の状態や特性及び心身の発達の段階等並びに学習の進度を考慮して，基礎的・基本的な事項に重点を置くこと。

(イ) 生徒が，基礎的・基本的な知識及び技能の習得も含め，学習内容を確実に身に付けることができるよう，それぞれの生徒に作成した個別の指導計画や学校の実態に応じて，指導方法や指導体制の工夫改善に努めること。その際，生徒の障害の状態や特性及び心身の発達の段階等並びに学習の進度を考慮して，個別指導を重視するとともに，グループ別学習，繰り返し学習，学習内容の習熟の程度に応じた学習，生徒の興味・関心等に応じた課題学習，補充的な学習や発展的な学習などの学習活動を取り入れることや，教師間の協力による指導体制を確保することなど，指導方法や指導体制の工夫改善により，個に応じた指導の充実を図ること。その際，第3款の1の(3)に示す情報手段や教材・教具の活用を図ること。

　(6) キャリア教育及び職業教育に関して配慮すべき事項
　　ア　学校においては，第5款の1の(3)に示すキャリア教育及び職業教育を推進するために，生徒の障害の状態や特性及び心身の発達の段階等，学校や地域の実態等を考慮し，地域及び産業界や労働等の業務を行う関係機関との連携を図り，産業現場等における長期間の実習を取り入れるなどの就業体験活動の機会を積極的に設けるとともに，地域や産業界や労働等の業務を行う関係機関の人々の協力を積極的に得るよう配慮するものとする。
　　イ　普通科においては，生徒の障害の状態や特性及び心身の発達の段階等，学校や地域の実態等を考慮し，必要に応じて，適切な職業に関する各教科・科目の履修の機会の確保について配慮するものとする。
　　ウ　職業教育を主とする専門学科においては，次の事項に配慮するものとする。
　　　(ア) 職業に関する各教科・科目については，実験・実習に配当する授業時数を十分確保するようにすること。
　　　(イ) 生徒の実態を考慮し，職業に関する各教科・科目の履修を容易にするため特別な配慮が必要な場合には，各分野における基礎的又は中核的な科目を重点的に選択し，その内容については基礎的・基本的な事項が確実に身に付くように取り扱い，また，主として実験・実習によって指導するなどの工夫をこらすようにすること。
　　エ　職業に関する各教科・科目については，次の事項に配慮するものとする。
　　　(ア) 職業に関する各教科・科目については，就業体験活動をもって実習に替えることができること。この場合，就業体験活動は，その各教科・科目の内容に直接関係があり，かつ，その一部としてあらかじめ計画し，評価されるものであることを要すること。
　　　(イ) 農業，水産及び家庭に関する各教科・科目の指導に当たっては，ホームプロジェクトなどの活動を活用して，学習の効果を上げるよう留意すること。この場合，ホームプロジェクトについては，適切な授業時数をこれに充てることができること。

4　学部段階間及び学校段階等間の接続
　教育課程の編成に当たっては，次の事項に配慮しながら，学部段階間及び学校段階等間の接続を図るものとする。
　(1) 現行の特別支援学校小学部・中学部学習指導要領又は中学校学習指導要領を踏まえ，中学部における教育又は中学校教育までの学習の成果が高等部における教育に円滑に接続され，高等部における教育段階の終わりまでに育成することを目指す資質・能力を，生徒が確実に身に付けることができるよう工夫すること。
　(2) 視覚障害者，聴覚障害者，肢体不自由者又は病弱者である生徒に対する教育を行う特別支援学校においては，生徒や学校の実態等に応じ，必要がある場合には，例えば次のような工夫を行い，義務教育段階での学習内容の確実な定着を図るようにすること。
　　ア　各教科・科目の指導に当たり，義務教育段階での学習内容の確実な定着を図るための学習機会を設けること。
　　イ　義務教育段階での学習内容の確実な定着を図りながら，必履修教科・科目の内容を十分に習

得させることができるよう，その単位数を標準単位数の標準の限度を超えて増加して配当すること。

　　ウ　義務教育段階での学習内容の確実な定着を図ることを目標とした学校設定科目等を履修させた後に，必履修教科・科目を履修させるようにすること。

(3) 大学や専門学校，教育訓練機関等における教育や社会的・職業的自立，生涯にわたる学習や生活のために，高等部卒業以降の進路先との円滑な接続が図られるよう，関連する教育機関や企業，福祉施設等との連携により，卒業後の進路に求められる資質・能力を着実に育成することができるよう工夫すること。

第3款　教育課程の実施と学習評価

1　主体的・対話的で深い学びの実現に向けた授業改善
　各教科・科目等又は各教科等の指導に当たっては，次の事項に配慮するものとする。
(1) 第1款の3の(1)から(3)までに示すことが偏りなく実現されるよう，単元や題材など内容や時間のまとまりを見通しながら，生徒の主体的・対話的で深い学びの実現に向けた授業改善を行うこと。
　　特に，各教科・科目等又は各教科等において身に付けた知識及び技能を活用したり，思考力，判断力，表現力等や学びに向かう力，人間性等を発揮させたりして，学習の対象となる物事を捉え思考することにより，各教科・科目等又は各教科等の特質に応じた物事を捉える視点や考え方（以下「見方・考え方」という。）が鍛えられていくことに留意し，生徒が各教科・科目等又は各教科等の特質に応じた見方・考え方を働かせながら，知識を相互に関連付けてより深く理解したり，情報を精査して考えを形成したり，問題を見いだして解決策を考えたり，思いや考えを基に創造したりすることに向かう過程を重視した学習の充実を図ること。
(2) 第2款の2の(1)に示す言語能力の育成を図るため，各学校において必要な言語環境を整えるとともに，国語科を要としつつ各教科・科目等又は各教科等の特質に応じて，生徒の言語活動を充実すること。あわせて，(6)に示すとおり読書活動を充実すること。
(3) 第2款の2の(1)に示す情報活用能力の育成を図るため，各学校において，コンピュータや情報通信ネットワークなどの情報手段を活用するために必要な環境を整え，これらを適切に活用した学習活動の充実を図ること。また，各種の統計資料や新聞，視聴覚教材や教育機器などの教材・教具の適切な活用を図ること。
(4) 生徒が学習の見通しを立てたり学習したことを振り返ったりする活動を，計画的に取り入れるよう工夫すること。
(5) 生徒が生命の有限性や自然の大切さ，主体的に挑戦してみることや多様な他者と協働することの重要性などを実感しながら理解することができるよう，各教科・科目等又は各教科等の特質に応じた体験活動を重視し，家庭や地域社会と連携しつつ体系的・継続的に実施できるよう工夫すること。
(6) 学校図書館を計画的に利用しその機能の活用を図り，生徒の主体的・対話的で深い学びの実現に向けた授業改善に生かすとともに，生徒の自主的，自発的な学習活動や読書活動を充実すること。また，地域の図書館や博物館，美術館，劇場，音楽堂等の施設の活用を積極的に図り，資料を活用した情報の収集や鑑賞等の学習活動を充実すること。
2　障害のため通学して教育を受けることが困難な生徒に対して，教師を派遣して教育を行う場合については，障害の状態や学習環境等に応じて，指導方法や指導体制を工夫し，学習活動が効果的に行われるようにすること。
3　学習評価の充実

付録2

305

学習評価の実施に当たっては，次の事項に配慮するものとする。

(1) 生徒のよい点や可能性，進歩の状況などを積極的に評価し，学習したことの意義や価値を実感できるようにすること。また，各教科・科目等又は各教科等の目標の実現に向けた学習状況を把握する観点から，単元や題材など内容や時間のまとまりを見通しながら評価の場面や方法を工夫して，学習の過程や成果を評価し，指導の改善や学習意欲の向上を図り，資質・能力の育成に生かすようにすること。

(2) 各教科・科目等又は各教科等の指導に当たっては，個別の指導計画に基づいて行われた学習状況や結果を適切に評価し，指導目標や指導内容，指導方法の改善に努め，より効果的な指導ができるようにすること。

(3) 創意工夫の中で学習評価の妥当性や信頼性が高められるよう，組織的かつ計画的な取組を推進するとともに，学年や学部段階を越えて生徒の学習の成果が円滑に接続されるように工夫すること。

第4款　単位の修得及び卒業の認定

1　視覚障害者，聴覚障害者，肢体不自由者又は病弱者である生徒に対する教育を行う特別支援学校

(1) 各教科・科目及び総合的な探究の時間の単位の修得の認定

ア　学校においては，生徒が学校の定める指導計画に従って各教科・科目を履修し，その成果が各教科及び科目の目標からみて満足できると認められる場合には，その各教科・科目について履修した単位を修得したことを認定しなければならない。

イ　学校においては，生徒が学校の定める指導計画に従って総合的な探究の時間を履修し，その成果が第4章において準ずるものとしている高等学校学習指導要領第4章第2の1に基づき定められる目標からみて満足できると認められる場合には，総合的な探究の時間について履修した単位を修得したことを認定しなければならない。

ウ　学校においては，生徒が1科目又は総合的な探究の時間を2以上の年次にわたって履修したときは，各年次ごとにその各教科・科目又は総合的な探究の時間について履修した単位を修得したことを認定することを原則とする。また，単位の修得の認定を学期の区分ごとに行うことができる。

(2) 卒業までに修得させる単位数

学校においては，卒業までに修得させる単位数を定め，校長は，当該単位数を修得した者で，特別活動及び自立活動の成果がそれらの目標からみて満足できると認められるものについて，高等部の全課程の修了を認定するものとする。この場合，卒業までに修得させる単位数は，74単位（自立活動の授業については，授業時数を単位数に換算して，この単位数に含めることができる。）以上とする。なお，普通科においては，卒業までに修得させる単位数に含めることができる学校設定科目及び学校設定教科に関する科目に係る修得単位数は，合わせて20単位を超えることができない。

(3) 各学年の課程の修了の認定

学校においては，各学年の課程の修了の認定については，単位制が併用されていることを踏まえ，弾力的に行うよう配慮するものとする。

2　知的障害者である生徒に対する教育を行う特別支援学校

学校においては，卒業までに履修させる各教科等のそれぞれの授業時数を定めるものとする。

校長は，各教科等を履修した者で，その成果がそれらの目標からみて満足できると認められるものについて，高等部の全課程の修了を認定するものとする。

第5款　生徒の調和的な発達の支援

1　生徒の調和的な発達を支える指導の充実
　教育課程の編成及び実施に当たっては，次の事項に配慮するものとする。
　(1) 学習や生活の基盤として，教師と生徒との信頼関係及び生徒相互のよりよい人間関係を育てるため，日頃からホームルーム経営の充実を図ること。また，主に集団の場面で必要な指導や援助を行うガイダンスと，個々の生徒の多様な実態を踏まえ，一人一人が抱える課題に個別に対応した指導を行うカウンセリングの双方により，生徒の発達を支援すること。
　(2) 生徒が，自己の存在感を実感しながら，よりよい人間関係を形成し，有意義で充実した学校生活を送る中で，現在及び将来における自己実現を図っていくことができるよう，生徒理解を深め，学習指導と関連付けながら，生徒指導の充実を図ること。
　(3) 生徒が，学ぶことと自己の将来とのつながりを見通しながら，社会的・職業的自立に向けて必要な基盤となる資質・能力を身に付けていくことができるよう，特別活動を要としつつ各教科・科目等又は各教科等の特質に応じて，キャリア教育の充実を図ること。その中で，生徒が自己の在り方生き方を考え主体的に進路を選択することができるよう，学校の教育活動全体を通じ，組織的かつ計画的な進路指導を行うこと。その際，家庭及び地域や福祉，労働等の業務を行う関係機関との連携を十分に図ること。
　(4) 学校の教育活動全体を通じて，個々の生徒の特性等の的確な把握に努め，その伸長を図ること。また，生徒が適切な各教科・科目や類型を選択し学校やホームルームでの生活によりよく適応するとともに，現在及び将来の生き方を考え行動する態度や能力を育成することができるようにすること。
　(5) 生徒が，学校教育を通じて身に付けた知識及び技能を活用し，もてる能力を最大限伸ばすことができるよう，生涯学習への意欲を高めるとともに，社会教育その他様々な学習機会に関する情報の提供に努めること。また，生涯を通じてスポーツや文化芸術活動に親しみ，豊かな生活を営むことができるよう，地域のスポーツ団体，文化芸術団体及び障害者福祉団体等と連携し，多様なスポーツや文化芸術活動を体験することができるよう配慮すること。
　(6) 学習の遅れがちな生徒などについては，各教科・科目等の選択，その内容の取扱いなどについて必要な配慮を行い，生徒の実態に応じ，例えば義務教育段階の学習内容の確実な定着を図るための指導を適宜取り入れるなど，指導内容や指導方法を工夫すること。
　(7) 家庭及び地域並びに医療，福祉，保健，労働等の業務を行う関係機関との連携を図り，長期的な視点で生徒への教育的支援を行うために，個別の教育支援計画を作成すること。
　(8) 複数の種類の障害を併せ有する生徒（以下「重複障害者」という。）については，専門的な知識，技能を有する教師や特別支援学校間の協力の下に指導を行ったり，必要に応じて専門の医師やその他の専門家の指導・助言を求めたりするなどして，学習効果を一層高めるようにすること。
　(9) 学校医等との連絡を密にし，生徒の障害の状態等に応じた保健及び安全に十分留意すること。
　(10) 実験・実習に当たっては，特に安全と保健に留意すること。
2　海外から帰国した生徒などの学校生活への適応や，日本語の習得に困難のある生徒に対する日本語指導
　(1) 海外から帰国した生徒などについては，学校生活への適応を図るとともに，外国における生活経験を生かすなどの適切な指導を行うものとする。
　(2) 日本語の習得に困難のある生徒については，個々の生徒の実態に応じた指導内容や指導方法の工夫を組織的かつ計画的に行うものとする。

付録2

1　教育課程の改善と学校評価等，教育課程外の活動との連携等
　(1) 各学校においては，校長の方針の下に，校務分掌に基づき教職員が適切に役割を分担しつつ，相互に連携しながら，各学校の特色を生かしたカリキュラム・マネジメントを行うよう努めるものとする。また，各学校が行う学校評価については，教育課程の編成，実施，改善が教育活動や学校運営の中核となることを踏まえ，カリキュラム・マネジメントと関連付けながら実施するよう留意するものとする。
　(2) 教育課程の編成及び実施に当たっては，学校保健計画，学校安全計画，食に関する指導の全体計画，いじめの防止等のための対策に関する基本的な方針など，各分野における学校の全体計画等と関連付けながら，効果的な指導が行われるように留意するものとする。
　(3) 教育課程外の学校教育活動と教育課程との関連が図られるように留意するものとする。特に，生徒の自主的，自発的な参加により行われる部活動については，スポーツや文化，科学等に親しませ，学習意欲の向上や責任感，連帯感の涵養等，学校教育が目指す資質・能力の育成に資するものであり，学校教育の一環として，教育課程との関連が図られるよう留意すること。その際，学校や地域の実態に応じ，地域の人々の協力，社会教育施設や社会教育関係団体等の各種団体との連携などの運営上の工夫を行い，持続可能な運営体制が整えられるようにするものとする。
2　家庭や地域社会との連携及び協働と学校間の連携
　教育課程の編成及び実施に当たっては，次の事項に配慮するものとする。
　(1) 学校がその目的を達成するため，学校や地域の実態等に応じ，教育活動の実施に必要な人的又は物的な体制を家庭や地域の人々の協力を得ながら整えるなど，家庭や地域社会との連携及び協働を深めること。また，高齢者や異年齢の子供など，地域における世代を越えた交流の機会を設けること。
　(2) 他の特別支援学校や，幼稚園，認定こども園，保育所，小学校，中学校，高等学校及び大学などとの間の連携や交流を図るとともに，障害のない幼児児童生徒との交流及び共同学習の機会を設け，共に尊重し合いながら協働して生活していく態度を育むようにすること。
　　　特に，高等部の生徒の経験を広げて積極的な態度を養い，社会性や豊かな人間性を育むために，学校の教育活動全体を通じて，高等学校の生徒などと交流及び共同学習を計画的，組織的に行うとともに，地域の人々などと活動を共にする機会を積極的に設けること。
3　高等学校等の要請により，障害のある生徒又は当該生徒の教育を担当する教師等に対して必要な助言又は援助を行ったり，地域の実態や家庭の要請等により保護者等に対して教育相談を行ったりするなど，各学校の教師の専門性や施設・設備を生かした地域における特別支援教育のセンターとしての役割を果たすよう努めること。その際，学校として組織的に取り組むことができるよう校内体制を整備するとともに，他の特別支援学校や地域の高等学校等との連携を図ること。

　道徳教育を進めるに当たっては，道徳教育の特質を踏まえ，第1節及び第1款から第6款までに示す事項に加え，次の事項に配慮するものとする。
1　各学校においては，第1款の2の(2)に示す道徳教育の目標を踏まえ，道徳教育の全体計画を作成し，校長の方針の下に，道徳教育の推進を主に担当する教師（「道徳教育推進教師」という。）を中心に，全教師が協力して道徳教育を展開すること。なお，道徳教育の全体計画の作成に当たっては，生徒や学校，地域の実態に応じ，指導の方針や重点を明らかにして，各教科・科目等との関係を明らかにすること。その際，視覚障害者，聴覚障害者，肢体不自由者又は病弱者である生徒に対

付録2

する教育を行う特別支援学校においては，第2章第1節第1款において準ずるものとしている高等学校学習指導要領第2章第3節の公民科の「公共」及び「倫理」並びに第5章の特別活動が，人間としての在り方生き方に関する中核的な指導の場面であることに配慮すること。

　　また，知的障害者である生徒に対する教育を行う特別支援学校においては，学校の道徳教育の重点目標を設定するとともに，道徳科の指導方針，第3章特別の教科道徳（知的障害者である生徒に対する教育を行う特別支援学校）に示す内容との関連を踏まえた各教科，総合的な探究の時間，特別活動及び自立活動における指導の内容及び時期並びに家庭や地域社会との連携の方法を示すこと。

2　道徳教育を進めるに当たっては，中学部又は中学校までの特別の教科である道徳の学習等を通じて深めた，主として自分自身，人との関わり，集団や社会との関わり，生命や自然，崇高なものとの関わりに関する道徳的諸価値についての理解を基にしながら，様々な体験や思索の機会等を通して，人間としての在り方生き方についての考えを深めるよう留意すること。また，自立心や自律性を高め，規律ある生活をすること，生命を尊重する心を育てること，社会連帯の自覚を高め，主体的に社会の形成に参画する意欲と態度を養うこと，義務を果たし責任を重んじる態度及び人権を尊重し差別のないよりよい社会を実現しようとする態度を養うこと，伝統と文化を尊重し，それらを育んできた我が国と郷土を愛するとともに，他国を尊重すること，国際社会に生きる日本人としての自覚を身に付けることに関する指導が適切に行われるよう配慮すること。

3　学校やホームルーム内の人間関係や環境を整えるとともに，就業体験活動やボランティア活動，自然体験活動，地域の行事への参加などの豊かな体験を充実すること。また，道徳教育の指導が，生徒の日常生活に生かされるようにすること。その際，いじめの防止や安全の確保等にも資することとなるように留意すること。

4　学校の道徳教育の全体計画や道徳教育に関する諸活動などの情報を積極的に公表したり，道徳教育の充実のために家庭や地域の人々の積極的な参加や協力を得たりするなど，家庭や地域社会との共通理解を深め，相互の連携を図ること。

第8款　重複障害者等に関する教育課程の取扱い

付録2

1　生徒の障害の状態により特に必要がある場合には，次に示すところによるものとする。
　(1) 各教科・科目（知的障害者である生徒に対する教育を行う特別支援学校においては各教科。）の目標及び内容の一部を取り扱わないことができること。
　(2) 高等部の各教科・科目（知的障害者である生徒に対する教育を行う特別支援学校においては各教科。）の目標及び内容の一部を，当該各教科・科目に相当する中学部又は小学部の各教科の目標及び内容に関する事項の一部によって，替えることができること。
　(3) 視覚障害者，聴覚障害者，肢体不自由者又は病弱者である生徒に対する教育を行う特別支援学校の外国語科に属する科目及び知的障害者である生徒に対する教育を行う特別支援学校の外国語科については，小学部・中学部学習指導要領に示す外国語活動の目標及び内容の一部を取り入れることができること。

2　知的障害者である生徒に対する教育を行う特別支援学校の高等部に就学する生徒のうち，高等部の2段階に示す各教科の内容を習得し目標を達成している者については，高等学校学習指導要領第2章に示す各教科・科目，中学校学習指導要領第2章に示す各教科又は小学校学習指導要領第2章に示す各教科及び第4章に示す外国語活動の目標及び内容の一部を取り入れることができるものとする。また，主として専門学科において開設される各教科の内容を習得し目標を達成している者については，高等学校学習指導要領第3章に示す各教科・科目の目標及び内容の一部を取り入れることができるものとする。

3　視覚障害者，聴覚障害者，肢体不自由者又は病弱者である生徒に対する教育を行う特別支援学校に就学する生徒のうち，知的障害を併せ有する者については，次に示すところによるものとする。

(1) 各教科・科目の目標及び内容の一部又は各教科・科目を，当該各教科・科目に相当する第2章第2節第1款及び第2款に示す知的障害者である生徒に対する教育を行う特別支援学校の各教科の目標及び内容の一部又は各教科によって，替えることができること。この場合，各教科・科目に替えて履修した第2章第2節第1款及び第2款に示す各教科については，1単位時間を50分とし，35単位時間の授業を1単位として計算することを標準とするものとすること。

(2) 生徒の障害の状態により特に必要がある場合には，第2款の3の(2)に示す知的障害者である生徒に対する教育を行う特別支援学校における各教科等の履修等によることができること。

(3) 校長は，(2)により，第2款の3の(2)に示す知的障害者である生徒に対する教育を行う特別支援学校における各教科等を履修した者で，その成果がそれらの目標からみて満足できると認められるものについて，高等部の全課程の修了を認定するものとすること。

4　重複障害者のうち，障害の状態により特に必要がある場合には，次に示すところによるものとする。

(1) 各教科・科目若しくは特別活動（知的障害者である生徒に対する教育を行う特別支援学校においては，各教科，道徳科若しくは特別活動。）の目標及び内容の一部又は各教科・科目若しくは総合的な探究の時間（知的障害者である生徒に対する教育を行う特別支援学校においては，各教科若しくは総合的な探究の時間。）に替えて，自立活動を主として指導を行うことができること。この場合，実情に応じた授業時数を適切に定めるものとすること。

(2) 校長は，各教科・科目若しくは特別活動（知的障害者である生徒に対する教育を行う特別支援学校においては，各教科，道徳科若しくは特別活動。）の目標及び内容の一部又は各教科・科目若しくは総合的な探究の時間（知的障害者である生徒に対する教育を行う特別支援学校においては，各教科若しくは総合的な探究の時間。）に替えて自立活動を主として履修した者で，その成果がそれらの目標からみて満足できると認められるものについて，高等部の全課程の修了を認定するものとすること。

5　障害のため通学して教育を受けることが困難な生徒に対して，教師を派遣して教育を行う場合については，次に示すところによるものとする。

(1) 1，2，3の(1)若しくは(2)又は4の(1)に示すところによることができること。

(2) 特に必要がある場合には，実情に応じた授業時数を適切に定めること。

(3) 校長は，生徒の学習の成果に基づき，高等部の全課程の修了を認定することができること。

6　療養中の生徒及び障害のため通学して教育を受けることが困難な生徒について，各教科・科目の一部を通信により教育を行う場合の1単位当たりの添削指導及び面接指導の回数等（知的障害者である生徒に対する教育を行う特別支援学校においては，通信により教育を行うこととなった各教科の一部の授業時数に相当する添削指導及び面接指導の回数等。）については，実情に応じて適切に定めるものとする。

第9款　専攻科

1　視覚障害者又は聴覚障害者である生徒に対する教育を行う特別支援学校の専攻科における教科及び科目のうち標準的なものは，次の表に掲げるとおりである。視覚障害者又は聴覚障害者である生徒に対する教育を行う特別支援学校においては，必要がある場合には同表に掲げる教科について，これらに属する科目以外の科目を設けることができる。

	教　科	科　　目
視覚障害者である生徒に対する教育を行う特別支援学校	保 健 理 療	医療と社会，人体の構造と機能，疾病の成り立ちと予防，生活と疾病，基礎保健理療，臨床保健理療，地域保健理療と保健理療経営，保健理療基礎実習，保健理療臨床実習，保健理療情報，課題研究
	理　　療	医療と社会，人体の構造と機能，疾病の成り立ちと予防，生活と疾病，基礎理療学，臨床理療学，地域理療と理療経営，理療基礎実習，理療臨床実習，理療情報，課題研究
	理 学 療 法	人体の構造と機能，疾病と障害，保健・医療・福祉とリハビリテーション，基礎理学療法学，理学療法管理学，理学療法評価学，理学療法治療学，地域理学療法学，理学療法臨床実習，理学療法情報，課題研究
聴覚障害者である生徒に対する教育を行う特別支援学校	理容・美容	関係法規・制度，衛生管理，保健，香粧品化学，文化論，理容・美容技術理論，運営管理，理容実習，美容実習，理容・美容情報，課題研究
	歯 科 技 工	歯科技工関係法規，歯科技工学概論，歯科理工学，歯の解剖学，顎口腔機能学，有床義歯技工学，歯冠修復技工学，矯正歯科技工学，小児歯科技工学，歯科技工実習，歯科技工情報，課題研究

2　視覚障害者又は聴覚障害者である生徒に対する教育を行う特別支援学校の専攻科においては，必要がある場合には1の表に掲げる教科及び科目以外の教科及び科目を設けることができる。

付録2

311

高等学校学習指導要領における障害のある生徒などへの指導に関する規定

●高等学校学習指導要領解説総則編の抜粋

第6章　生徒の発達の支援

第2節　特別な配慮を必要とする生徒への指導

1　障害のある生徒などへの指導

(1) 生徒の障害の状態等に応じた指導の工夫（第1章総則第5款2(1)ア）

> ア　障害のある生徒などについては，特別支援学校等の助言又は援助を活用しつつ，個々の生徒の障害の状態等に応じた指導内容や指導方法の工夫を組織的かつ計画的に行うものとする。

　学校教育法第81条第1項では，幼稚園，小学校，中学校，高等学校等において，障害のある生徒等に対し，障害による学習上又は生活上の困難を克服するための教育を行うことが規定されている。

　また，我が国においては，「障害者の権利に関する条約」に掲げられている教育の理念の実現に向けて，一人一人の教育的ニーズに応じた多様な学びの場の整備を進めていること，高等学校等にも，障害のある生徒のみならず，教育上特別の支援を必要とする生徒が在籍している可能性があることを前提に，全ての教職員が特別支援教育の目的や意義について十分に理解することが不可欠である。

　そこで，今回の改訂では，特別支援教育に関する教育課程編成の基本的な考え方や個に応じた指導を充実させるための教育課程実施上の留意事項などが一体的にわかるよう，学習指導要領の示し方について充実を図ることとした。

　障害のある生徒などには，視覚障害，聴覚障害，知的障害，肢体不自由，病弱・身体虚弱，言語障害，情緒障害，自閉症，LD（学習障害），ADHD（注意欠陥多動性障害）などのほか，学習面又は行動面において困難のある生徒で発達障害の可能性のある者も含まれている。このような障害の種類や程度を的確に把握した上で，障害のある生徒などの「困難さ」に対する「指導上の工夫の意図」を理解し，個に応じた様々な「手立て」を検討し，指導に当たっていく必要がある。また，このような考え方は学習状況の評価に当たって生徒一人一人の状況をきめ細かに見取っていく際にも参考となる。その際に，高等学校学習指導要領解説の各教科等編のほか，文部科学省が作成する「教育支援資料」などを参考にしながら，全ての教師が障害に関する知識や配慮等についての正しい理解と認識を深め，障害のある生徒などに対する組織的な対応ができるようにしていくことが重要である。

　例えば，弱視の生徒についての理科における観察・実験の指導，難聴や言語障害の生徒についての国語科における音読の指導，芸術科における歌唱の指導，肢体不自由の生徒についての保健体育科における実技の指導や家庭科における実習の指導，病弱・身体虚弱の生徒についての芸術科や保健体育科におけるアレルギー等に配慮した指導など，生徒の障害の状態や特性及び心身の発達の段階等（以下「障害の状態等」という。）に応じて個別的に特別な配慮が必要である。また，読み書きや計算などに困難があるLDの生徒についての国語科における書くことに関する指導や，数学科における計算の指導など，教師の適切な配慮により対応することが必要である。更に，ADHDや自閉症の生徒に対して，話して伝えるだけでなく，メモや絵などを付加する指導などの配慮も必要である。

　このように障害の種類や程度を十分に理解して指導方法の工夫を行うことが大切である。指導に当たっては，音声教材，デジタル教科書やデジタル教材等を含めICT等の適切な活用を図ることも考えられる。

　一方，障害の種類や程度によって一律に指導内容や指導方法が決まるわけではない。特別支援教育において大切な視点は，生徒一人一人の障害の状態等により，学習上又は生活上の困難が異なることに十分留意し，個々の生徒の障害の状態等に応じた指導内容や指導方法の工夫を検討し，適切な指導を行うことであると言える。

付録3

312

そこで，校長は，特別支援教育実施の責任者として，校内委員会を設置して，特別支援教育コーディネーターを指名し，校務分掌に明確に位置付けるなど，学校全体の特別支援教育の体制を充実させ，効果的な学校運営に努める必要がある。その際，各学校において，生徒の障害の状態等に応じた指導を充実させるためには，特別支援学校等に対し専門的な助言又は援助を要請するなどして，組織的・計画的に取り組むことが重要である。

　こうした点を踏まえ，各教科等の指導計画に基づく内容や方法を見通した上で，個に応じた指導内容や指導方法を計画的に検討し実施することが大切である。

　更に，障害のある生徒などの指導に当たっては，担任を含む全ての教師間において，個々の生徒に対する配慮等の必要性を共通理解するとともに，教師間の連携に努める必要がある。また，集団指導において，障害のある生徒など一人一人の特性等に応じた必要な配慮等を行う際は，教師の理解の在り方や指導の姿勢が，学級内の生徒に大きく影響することに十分留意し，学級内において温かい人間関係づくりに努めながら，全ての生徒に「特別な支援の必要性」の理解を進め，互いの特徴を認め合い，支え合う関係を築いていくことが大切である。

　なお，今回の改訂では，総則のほか，各教科等においても，「各科目にわたる指導計画の作成と内容の取扱い」等に当該教科等の指導における障害のある生徒などに対する学習活動を行う場合に生じる困難さに応じた指導内容や指導方法の工夫を組織的・計画的に行うことが規定されたことに留意する必要がある。

(2) 通級による指導を行い，特別の教育課程を編成した場合の配慮事項（第1章総則第5款2 (1) イ）

> イ　障害のある生徒に対して，学校教育法施行規則第140条の規定に基づき，特別の教育課程を編成し，障害に応じた特別の指導（以下「通級による指導」という。）を行う場合には，学校教育法施行規則第129条の規定により定める現行の特別支援学校高等部学習指導要領第6章に示す自立活動の内容を参考とし，具体的な目標や内容を定め，指導を行うものとする。その際，通級による指導が効果的に行われるよう，各教科・科目等と通級による指導との関連を図るなど，教師間の連携に努めるものとする。
> 　なお，通級による指導における単位の修得の認定については，次のとおりとする。
> (ｱ) 学校においては，生徒が学校の定める個別の指導計画に従って通級による指導を履修し，その成果が個別に設定された指導目標からみて満足できると認められる場合には，当該学校の単位を修得したことを認定しなければならない。
> (ｲ) 学校においては，生徒が通級による指導を2以上の年次にわたって履修したときは，各年次ごとに当該学校の単位を修得したことを認定することを原則とする。ただし，年度途中から通級による指導を開始するなど，特定の年度における授業時数が，1単位として計算する標準の単位時間に満たない場合は，次年度以降に通級による指導の時間を設定し，2以上の年次にわたる授業時数を合算して単位の修得の認定を行うことができる。また，単位の修得の認定を学期の区分ごとに行うことができる。

　通級による指導は，高等学校等の通常の学級に在籍している障害のある生徒に対して，各教科等の大部分の授業を通常の学級で行いながら，一部の授業について当該生徒の障害に応じた特別の指導を特別の指導の場（通級指導教室）で行う教育形態である。

　これまで，高等学校等においては通級による指導を行うことができなかったが，小・中学校における通級による指導を受けている児童生徒の増加や，中学校卒業後の生徒の高等学校等への進学状況などを踏まえ，小・中学校等からの学びの連続性を確保する観点から，「高等学校における通級による

313

指導の制度化及び充実方策について（報告）」（平成28年3月　高等学校における特別支援教育の推進に関する調査研究協力者会議）などにおいて，高等学校等においても通級による指導を導入する必要性が指摘されてきた。このため，平成28年12月に学校教育法施行規則及び「学校教育法施行規則第140条の規定による特別の教育課程について定める件」（平成5年文部省告示第7号）の一部改正等が行われ，平成30年4月から高等学校等における通級による指導ができることとなった。

　高等学校等における通級による指導の対象となる者は，小・中学校等と同様に，学校教育法施行規則第140条各号の一に該当する生徒で，具体的には，言語障害者，自閉症者，情緒障害者，弱視者，難聴者，学習障害者，注意欠陥多動性障害者，肢体不自由者，病弱者及び身体虚弱者である。

　通級による指導を行う場合には，学校教育法施行規則第83条及び第84条（第108条第2項において準用する場合を含む。）の規定にかかわらず，特別の教育課程によることができ，障害による特別の指導を，高等学校等の教育課程に加え，又は，その一部に替えることができる（学校教育法施行規則第140条，平成5年文部省告示第7号）。

　教育課程に加える場合とは，放課後等の授業のない時間帯に通級による指導の時間を設定し，対象となる生徒に対して通級による指導を実施するというものである。この場合，対象となる生徒の全体の授業時数は他の生徒に比べて増加することになる。

　一方，教育課程の一部に替える場合とは，他の生徒が選択教科・科目等を受けている時間に，通級による指導の時間を設定し，対象となる生徒に対して通級による指導を実施するというものである。対象となる生徒は選択教科・科目に替えて通級による指導を受けることになり，この場合，対象となる生徒の全体の授業時数は増加しない。

　なお，通級による指導を，必履修教科・科目，専門学科において全ての生徒に履修させる専門教科・科目，総合学科における「産業社会と人間」，総合的な探究の時間及び特別活動に替えることはできないことに留意する必要がある。

　今回の改訂では，通級による指導を行う場合について，「特別支援学校高等部学習指要領第6章に示す自立活動の内容を参考とし，具体的な目標や内容を定め，指導を行うものとする。」と規定された。これにより，通級による指導を行う場合には，生徒が自立を目指し，障害による学習上又は生活上の困難を主体的に改善・克服するために必要な知識及び技能，態度及び習慣を養い，もって心身の調和的発達の基盤を培うことをねらいとし，その際，特別支援学校高等部学習指導要領第6章に示す自立活動の内容を参考とすることを明記したものである。なお，特別支援学校高等部学習指導要領第6章では，自立活動の内容として，「健康の保持」，「心理的な安定」，「人間関係の形成」，「環境の把握」，「身体の動き」及び「コミュニケーション」の六つの区分及び区分の下に各項目を設けている。自立活動の内容は，各教科等のようにその全てを取り扱うものではなく，個々の生徒の障害の状態等の的確な把握に基づき，障害による学習上又は生活上の困難を主体的に改善・克服するために必要な項目を選定して取り扱うものである。よって，生徒一人一人に個別に指導計画を作成し，それに基づいて指導を展開する必要がある。

　個別の指導計画の作成の手順や様式は，それぞれの学校が生徒の障害の状態，発達や経験の程度，興味や関心，生活や学習環境などの実態を的確に把握し，自立活動の指導の効果が最も上がるように考えるべきものである。したがって，ここでは，手順の一例を示すこととする。

　（手順の一例）

a　個々の生徒の実態を的確に把握する。

b　実態把握に基づいて得られた指導すべき課題や課題相互の関連を整理する。

c　個々の実態に即した指導目標を設定する。

d　特別支援学校高等部学習指導要領第6章第2款の内容から，個々の生徒の指導目標を達成させるために必要な項目を選定する。

---

e　選定した項目を相互に関連付けて具体的な指導内容を設定する。

　今回の改訂を踏まえ，自立活動における個別の指導計画の作成について更に理解を促すため，「特別支援学校学習指導要領解説　自立活動編」においては，上記の各過程において，どのような観点で整理していくか，発達障害を含む多様な障害に対する生徒等の例を充実して解説しているので参照することも大切である。

　なお，「学校教育法施行規則第140条の規定による特別の教育課程について定める件の一部を改正する告示」（平成28年文部科学省告示第176号）において，それまで「特に必要があるときは，障害の状態に応じて各教科の内容を補充するための特別の指導を含むものとする。」と規定されていた趣旨が，障害による学習上又は生活上の困難の克服とは直接関係のない単なる各教科の補充指導が行えるとの誤解を招いているという指摘がなされていたことから，当該規定について「特に必要があるときは，障害の状態に応じて各教科の内容を取り扱いながら行うことができるものとする。」と改正された。つまり，通級による指導の内容について，各教科・科目の内容を取り扱う場合であって，障害による学習上又は生活上の困難の改善又は克服を目的とする指導であるとの位置付けが明確化されたところである。

　また，「その際，通級による指導が効果的に行われるよう，各教科・科目等と通級による指導との関連を図るなど，教師間の連携に努めるものとする。」とあるように，生徒が在籍する通常の学級の担任と通級による指導の担当教師とが随時，学習の進捗状況等について情報交換を行うとともに，通級による指導の効果が，通常の学級においても波及することを目指していくことが重要である。

　生徒が在籍校以外の高等学校又は特別支援学校の高等部等において特別の指導を受ける場合には，当該生徒が在籍する高等学校等の校長は，これら他校で受けた指導を，特別の教育課程に係る授業とみなすことができる（学校教育法施行規則第141条）。このように生徒が他校において指導を受ける場合には，当該生徒が在籍する高等学校等の校長は，当該特別の指導を行う学校の校長と十分協議の上で，教育課程を編成するとともに，定期的に情報交換を行うなど，学校間及び担当教師間の連携を密に教育課程の編成，実施，評価，改善を行っていく必要がある。

　「生徒が学校の定める個別の指導計画に従って通級による指導を履修し，その成果が別に設定された指導目標からみて満足できると認められる場合」とは，生徒がその指導目標の実現に向けてどのように変容しているかを具体的な指導内容に対する生徒の取組状況を通じて評価することを基本とし，指導目標に照らして適切に評価するものである。そのため，各学校においては，組織的・計画的な取組を推進し，学習評価の妥当性，信頼性等を高めるように努めることが重要である。

　生徒が通級による指導を2以上の年次にわたって履修する場合には，年次ごとに履修した単位を修得したことを認定することが原則となる。しかし，例えば，通級による指導を年度途中から履修する場合など，特定の年度における授業時数が，1単位として計算する標準の単位時間（35単位時間）に満たなくとも，次年度以降に通級による指導を履修し，2以上の年次にわたる授業時数を合算して単位の認定を行うことも可能である。また，単位の修得の認定を学期の区分ごとに行うことも可能である。

　なお，通級による指導に係る単位を修得したときは，年間7単位を超えない範囲で当該修得した単位数を当該生徒の在学する高等学校等が定めた全課程の修了を認めるに必要な単位数に加えることができる。

(3) 個別の教育支援計画や個別の指導計画の作成と活用（第1章総則第5款2(1)ウ）

　ウ　障害のある生徒などについては，家庭，地域及び医療や福祉，保健，労働等の業務を行う関
　　係機関との連携を図り，長期的な視点で生徒への教育的支援を行うために，個別の教育支援計

付録3

画を作成し活用することに努めるとともに，各教科・科目等の指導に当たって，個々の生徒の実態を的確に把握し，個別の指導計画を作成し活用することに努めるものとする。特に，通級による指導を受ける生徒については，個々の生徒の障害の状態等の実態を的確に把握し，個別の教育支援計画や個別の指導計画を作成し，効果的に活用するものとする。

　個別の教育支援計画及び個別の指導計画は，障害のある生徒など一人一人に対するきめ細やかな指導や支援を組織的・継続的かつ計画的に行うために重要な役割を担っている。

　今回の改訂では，通級による指導を受ける生徒については，二つの計画を全員作成し，効果的に活用することとした。

　また，通級による指導を受けていない障害のある生徒などの指導に当たっては，個別の教育支援計画及び個別の指導計画を作成し，活用に努めることとした。

　そこで，個別の教育支援計画及び個別の指導計画について，それぞれの意義，位置付け及び作成や活用上の留意点などについて示す。

① 　個別の教育支援計画

　平成15年度から実施された障害者基本計画においては，教育，医療，福祉，労働等の関係機関が連携・協力を図り，障害のある生徒の生涯にわたる継続的な支援体制を整え，それぞれの年代における生徒の望ましい成長を促すため，個別の支援計画を作成することが示された。この個別の支援計画のうち，幼児児童生徒に対して，教育機関が中心となって作成するものを，個別の教育支援計画という。

　障害のある生徒などは，学校生活だけでなく家庭生活や地域での生活を含め，長期的な視点で幼児期から学校卒業後までの一貫した支援を行うことが重要である。このため，教育関係者のみならず，家庭や医療，福祉などの関係機関と連携するため，それぞれの側面からの取組を示した個別の教育支援計画を作成し活用していくことが考えられる。具体的には，障害のある生徒などが生活の中で遭遇する制約や困難を改善・克服するために，本人及び保護者の願いや将来の希望などを踏まえ，在籍校のみならず，例えば，家庭や医療，福祉，労働等の関係機関などと連携し，実際にどのような支援が必要で可能であるか，支援の目標を立て，それぞれが提供する支援の内容を具体的に記述し，支援の内容を整理したり，関連付けたりするなど関係機関の役割を明確にすることとなる。

　このように，個別の教育支援計画の作成を通して，生徒に対する支援の目標を長期的な視点から設定することは，学校が教育課程の編成の基本的な方針を明らかにする際，全教職員が共通理解をすべき大切な情報となる。また，在籍校において提供される教育的支援の内容については，教科等横断的な視点から個々の生徒の障害の状態等に応じた指導内容や指導方法の工夫を検討する際の情報として個別の指導計画に生かしていくことが重要である。

　個別の教育支援計画の活用に当たっては，例えば，中学校における個別の支援計画を引き継ぎ，適切な支援の目的や教育的支援の内容を設定したり，進路先に在学中の支援の目的や教育的支援の内容を伝えたりするなど，入学前から在学中，そして進路先まで，切れ目ない支援に生かすことが大切である。その際，個別の教育支援計画には，多くの関係者が関与することから，保護者の同意を事前に得るなど個人情報の適切な取扱いと保護に十分留意することが必要である。

② 　個別の指導計画

　個別の指導計画は，個々の生徒の実態に応じて適切な指導を行うために学校で作成されるものである。個別の指導計画は，教育課程を具体化し，障害のある生徒など一人一人の指導目標，指導内容及び指導方法を明確にして，きめ細やかに指導するために作成するものである。

　今回の改訂では，総則のほか，各教科等の指導において，「各科目にわたる指導計画の作成と内容の取扱い」として，当該教科等の指導における障害のある生徒などに対する学習活動を行う場合

付録3

に生じる困難さに応じた指導内容や指導方法の工夫を計画的，組織的に行うことが規定された。このことを踏まえ，通常の学級に在籍する障害のある生徒等への各教科等の指導に当たっては，適切かつ具体的な個別の指導計画の作成に努める必要がある。

　通級による指導において，特に，他校において通級による指導を受ける場合には，学校間及び担当教師間の連携の在り方を工夫し，個別の指導計画に基づく評価や情報交換等が円滑に行われるよう配慮する必要がある。

　各学校においては，個別の教育支援計画と個別の指導計画を作成する目的や活用の仕方に違いがあることに留意し，二つの計画の位置付けや作成の手続きなどを整理し，共通理解を図ることが必要である。また，個別の教育支援計画及び個別の指導計画については，実施状況を適宜評価し改善を図っていくことも不可欠である。

　こうした個別の教育支援計画と個別の指導計画の作成・活用システムを校内で構築していくためには，障害のある生徒などを担任する教師や特別支援教育コーディネーターだけに任せるのではなく，全ての教師の理解と協力が必要である。学校運営上の特別支援教育の位置付けを明確にし，学校組織の中で担任する教師が孤立することのないよう留意する必要がある。このためには，校長のリーダーシップの下，学校全体の協力体制づくりを進めたり，全ての教師が二つの計画についての正しい理解と認識を深めたりして，教師間の連携に努めていく必要がある。

学習指導要領等の改善に係る検討に必要な専門的作業等協力者
(敬称略・五十音順)

※職名は平成31年2月現在

(総括)

宍 戸 和 成　　独立行政法人国立特別支援教育総合研究所理事長

古 川 勝 也　　西九州大学教授

(総則)

飯 野　　明　　山形県教育庁特別支援教育課課長補佐

一 木　　薫　　福岡教育大学教授

松 見 和 樹　　千葉県教育庁教育振興部特別支援教育課指導主事

(視覚障害者である児童生徒に対する教育を行う特別支援学校の各教科)

〔保健理療, 理療〕

藤 井 亮 輔　　筑波技術大学教授

栗 原 勝 美　　東京都立文京盲学校主任教諭

片 平 明 彦　　北海道函館盲学校校長

〔理学療法〕

水 野 知 浩　　大阪府立大阪南視覚支援学校教諭

長 島 大 介　　筑波大学附属視覚特別支援学校教諭

(聴覚障害者である児童生徒に対する教育を行う特別支援学校の各教科)

〔印刷〕

角　　哲 郎　　滋賀県立聾話学校教諭

〔理容・美容〕

宮 代 武 彦　　宮城県立聴覚支援学校教諭

〔クリーニング〕

島 田 睦 郎　　北海道高等聾学校教諭

〔歯科技工〕

福 田 靖 江　　筑波大学附属聴覚特別支援学校教諭

(知的障害者である児童生徒に対する教育を行う特別支援学校の各教科)

〔国語〕

上仮屋 祐 介　　鹿児島大学教育学部附属特別支援学校教諭

田 丸 秋 穂　　筑波大学附属桐が丘特別支援学校教諭

林　　麻佐美　　神奈川県立足柄高等学校副校長

樋 口 普美子　　埼玉県教育局南部教育事務所管理主事

〔社会〕

尾 高 邦 生　　筑波大学附属大塚特別支援学校教諭

黒　川　利　香　　仙台市立新田小学校教頭
増　田　謙太郎　　東京学芸大学教職大学院准教授
〔数学〕
相　坂　　　潤　　青森県総合学校教育センター指導主事
有　澤　直　人　　東京都江戸川区立本一色小学校指導教諭
髙　橋　　　玲　　群馬県教育委員会特別支援教育課補佐
〔理科〕
齋　藤　　　豊　　筑波大学附属桐が丘特別支援学校教諭
原　島　広　樹　　東京都教育庁指導部主任指導主事
茂　原　伸　也　　千葉県立桜が丘特別支援学校教諭
〔音楽〕
尾　﨑　美惠子　　千葉県総合教育センター研究指導主事
工　藤　傑　史　　東京福祉大学社会福祉部専任講師
永　島　崇　子　　東京都立大泉特別支援学校校長
〔美術〕
大　磯　美　保　　神奈川県立鶴見養護学校教頭
小　倉　京　子　　千葉県教育庁教育振興部特別支援教育課主幹兼教育支援室長
三　上　宗　佑　　東京都立城東特別支援学校主幹教諭
〔保健体育〕
鈴　木　英　資　　神奈川県立高津養護学校副校長
増　田　知　洋　　東京都立江東特別支援学校指導教諭
松　浦　孝　明　　筑波大学附属桐が丘特別支援学校主幹教諭
〔職業，家庭〕
伊　丹　由　紀　　京都市立北総合支援学校教頭
大　澤　和　俊　　静岡県立浜名特別支援学校教諭
佐　藤　圭　吾　　秋田県教育庁特別支援教育課主任指導主事
畠　山　和　也　　埼玉県立所沢おおぞら特別支援学校教諭
〔外国語〕
日　下　奈緒美　　千葉県立八千代特別支援学校教頭
中　野　嘉　樹　　横浜市立共進中学校副校長
渡　邉　万　里　　福島県立郡山支援学校教諭
〔情報〕
古　舘　秀　樹　　東京都目黒区教育委員会統括指導主事
鈴　木　龍　也　　福島県立相馬支援学校校長
〔家政〕
米　原　孝　志　　富山県教育委員会県立学校課特別支援教育班主幹
〔農業〕
三　瓶　　　聡　　北海道教育委員会主任指導主事
〔工業〕
村　上　直　也　　岡山県総合教育センター特別支援教育部指導主事
〔流通・サービス〕
三　原　彰　夫　　大分県教育委員会指導主事
〔福祉〕
吉　池　　　久　　東京都立南大沢学園副校長

〔発達段階等〕

徳 永　　豊　　福岡大学人文学部教育・臨床心理学科教授

米 田 宏 樹　　筑波大学准教授

（自立活動）

飯 田 幸 雄　　鈴鹿大学非常勤講師

井 上 昌 士　　千葉県立千葉特別支援学校校長

内 田 俊 行　　広島県教育委員会教職員課管理主事

小 林 秀 之　　筑波大学准教授

櫻 澤 浩 人　　東京都稲城市立向陽台小学校主任教諭

谷 本 忠 明　　広島大学准教授

樋 口 一 宗　　東北福祉大学教授

宮 尾 尚 樹　　長崎県立諫早特別支援学校主幹教諭

（視覚障害）

小 林 秀 之　　筑波大学准教授

山 田 秀 代　　岐阜県立岐阜盲学校中学部主事

吉 田 道 広　　熊本県立熊本はばたき高等支援学校校長

（聴覚障害）

武 居　　渡　　金沢大学学校教育系教授

谷 本 忠 明　　広島大学大学院教育学研究科准教授

最 首 一 郎　　筑波大学附属聴覚特別支援学校教諭

（知的障害）

井 上 昌 士　　千葉県立千葉特別支援学校校長

菊 地 一 文　　植草学園大学発達教育学部准教授

（肢体不自由）

西 垣 昌 欣　　筑波大学附属桐が丘特別支援学校副校長

宮 尾 尚 樹　　長崎県立諫早特別支援学校主幹教諭

渡 邉 文 俊　　埼玉県立川島ひばりが丘特別支援学校主幹教諭

（病弱・身体虚弱）

飯 田 幸 雄　　鈴鹿大学非常勤講師

丹 羽　　登　　関西学院大学教育学部教授

古 野 芳 毅　　新潟県立吉田特別支援学校教諭

（言語障害）

今 井 昭 子　　神奈川県葉山町立葉山小学校総括教諭
櫻 澤 浩 人　　東京都稲城市立向陽台小学校主任教諭

（自閉症・情緒障害等）

内 田 俊 行　　広島県教育委員会教職員課管理主事
宮 本　　剛　　やまぐち総合教育支援センター研究指導主事

（LD・ADHD等）

板 倉 伸 夫　　熊本市立富士見中学校教頭
樋 口 一 宗　　東北福祉大学教授
吉 成 千 夏　　東京都豊島区立池袋本町小学校主幹教諭

なお，文部科学省においては，次の者が本書の編集に当たった。

中 村 信 一　　初等中等教育局特別支援教育課長
青 木 隆 一　　初等中等教育局視学官（併）特別支援教育課特別支援教育調査官
庄 司 美千代　　初等中等教育局特別支援教育課特別支援教育調査官
田 中 裕 一　　初等中等教育局特別支援教育課特別支援教育調査官
中 村 大 介　　初等中等教育局特別支援教育課特別支援教育調査官
菅 野 和 彦　　初等中等教育局特別支援教育課特別支援教育調査官
深 草 瑞 世　　初等中等教育局特別支援教育課特別支援教育調査官
山 下 直 也　　初等中等教育局特別支援教育課課長補佐

特別支援学校学習指導要領解説
聴覚障害者専門教科編（高等部）

MEXT 1-2003

令和2年3月26日	初版第1刷発行	
令和2年4月30日	初版第2刷発行	
令和4年1月14日	初版第3刷発行	

著作権所有　　　　文部科学省

発　行　者　　　　東京都千代田区神田錦町1-23
　　　　　　　　　宗保第2ビル
　　　　　　　　　株式会社ジアース教育新社
　　　　　　　　　代表者　加藤勝博

印　刷　者　　　　東京都江戸川区松江7-6-18
　　　　　　　　　株式会社新藤慶昌堂

発　行　所　　　　東京都千代田区神田錦町1-23
　　　　　　　　　宗保第2ビル
　　　　　　　　　株式会社ジアース教育新社
　　　　　　　　　電話（03）5282-7183

定価　本体2,200円＋税